扬帆

数字经济

蓝海

刘清春 刘誉菲 著

中国商业出版社

图书在版编目（CIP）数据

扬帆数字经济蓝海 / 刘清春, 刘誉菲著. -- 北京 : 中国商业出版社, 2023.7

ISBN 978-7-5208-2520-7

Ⅰ. ①扬… Ⅱ. ①刘… ②刘… Ⅲ. ①信息经济－研究 Ⅳ. ①F49

中国国家版本馆CIP数据核字(2023)第112477号

责任编辑：杨善红

中国商业出版社出版发行

（www.zgsycb.com 100053 北京广安门内报国寺1号）

总编室：010-63180647 编辑室：010-83125014

发行部：010-83120835/8286

新华书店经销

郑州印之星印务有限公司印刷

*

710毫米×1000毫米 16开 23.25印张 308千字

2023年7月第1版 2023年7月第1次印刷

定价：88.00元

* * * *

（如有印装质量问题可更换）

点亮数字之光

刘誉菲

只要触摸，数字便会微笑；
只要想象，数据随时燃烧；
似珍珠散落在人间，如乡愁藏身于歌谣；
似细雨深溶在大地，如幸福舒展于奔跑。

移动支付，共享出行真高；
工业互联，智慧城管挺妙；
看数字行走在课堂，瞧数据支撑着医疗；
看指令传输在光纤，瞧平台抒写着美好。

创新驱动，万物链接你我；
数据赋能，春天更加妖娆；
当应用牵引着前行，让产业同数据拥抱；
当开放牵手着合作，让世界正加速浓缩。

驱动数字，丰收时刻相邀；
智能引领，已是成功之钥；
我们激荡数字浪花，我们培育春的秧苗；
我们扬帆数字蓝海，我们共享秋的丰饶。

前　言

当今世界，数字经济作为引领未来的新经济形态，既是经济提质增效的新变量，也是经济转型发展的新蓝海，其正前所未有地重构着经济社会发展的新图景。伴随互联网特别是产业互联网的普及和应用，数据资源正在加速产生、传播和应用，数据作为生产要素的重要作用日益凸显，数据的开放、共享和应用已经在优化资源配置和提升资源利用效率。当今社会，“万物互联”已经成为经济发展的新基础，信息网络已经逐渐突破传统信息处理终端以及传输方式限制，朝着更广、更快、更深的方向发展，人、机、物互联的新时代已经到来。作为经济发展的重要引擎，人工智能已经随着深度的学习、算法的成熟、网络海量数据的积累、信息系统算力的提升，步入第三次发展热潮，其正重构生产、分配、交换、消费等经济活动的各环节，渗透到金融、交通、医疗、教育、养老等领域，驱动全球经济的智能化跨越。适应这百年未有之大变局，全球主要经济体都把加快发展数字经济、最大限度释放数字红利作为提升全要素生产率、促进传统产业提质增效的新依托，作为应对“后金融危机”时代增长不稳定性和不确定性、重塑全球竞争力的共同选择。

中国数字经济发展已进入快车道，日益成为推动经济快速增长、包容性增长、可持续增长的强大驱动力。当前，数字产业化加速，前沿技术加快迭代，5G、人工智能、车联网、无人机、量子通信等领域的创新能力快速提升，关键技术不断突破；产业数字化提速，全国各地纷纷出台相关政策和行动方案，超前布局5G网络、工业互联网，带动产业特别是制造业数字化转型；融合发展已经成为主战场，新一代信息技术正在深度扩散到传统产业之中，产业的边界被打破，产业链、供应链、价值链加快整合重构。据统计，“十三五”期间，中国数字经济对 GDP 增长的贡献率始终保持在 50% 以上，2019 年的贡献率为 67.7%，成为驱动中国经济增长的核心力量。2020 年以来，在新冠疫情和经济下行压力的双重影响下，数字经济更显现出巨大的生机，成为推动国民经济持续稳定增长的关键引擎。

扬帆数字经济蓝海，已经成为我们的共同选择。我们要下大力气加快数字产业化融合创新发展，在加快信息通信基础设施建设的同时，加速新技术的探索和应用，筑牢数字建设的技术基石；要下大力气推动产业数字化向更深层次拓展，积极通过人工智能、工业互联网、物联网等，提升传统基础设施的智能化水平，利用数字技术对传统产业进行全方位、多角度、全链条的改造提升，努力让数字技术加速向更多领域渗透，让数字应用向更高阶段拓展；要下大力气全面提升数字治理能力，坚持以数字化手段推进政府决策科学化、社会治理精准化、公共服务高效化，全面提升社会治理的数字化水平；要下大力气探索数字经济生产要素充分流通机制，建立数据资产评估定价、交易规则、标准合约等政策体系，高效配置数字经济生产要素，探索构建数字经济新型生产关系，建立适应数字经济发展的治理模式和体制机制，全面激活数据、信息、知识、技术等新生产要素；要下大力气探索符合国情的数字化贸易发展规则，建设数字化贸易综合服务平台，参与数据资产国际贸易规则和协议制定。

扬帆数字经济蓝海，我们要始终坚持面向世界、面向未来、创新驱动，始终把准数字产业化、产业数字化、城市数字化路径，始终保持在数字经济前沿基础和关键核心技术创新、重点产业领域数字化转型、社会治理数字化应用等方面领跑全球，为全球数字经济发展建设当好先锋、提供样本，始终在数字经济的蔚蓝大海中乘风破浪、扬帆远航。

Contents

目 录

数字经济已经是推动高质量发展的新动能

作为当代核心技术，数字技术令人称奇与陶醉。在“数字”与“经济”携手的转瞬之间，其便以磅礴之力激荡全球，成为推动社会经济发展的新动能：一是数据已经成为推动经济高质量发展的关键要素；二是数字经济基础设施建设将为我们带来众多新的发展机遇。相关数据显示，中国到2025年将投入10万亿元在7个领域进行新基建，而这7个领域基本上都与数字经济发展有关；三是数据素养已经成为劳动者和消费者的基本能力；四是数字经济正推动着时间和空间的重组；五是数字经济推动生产方式和生活方式发生重大变革。目前，各个领域都在加速开展数字化改造，智慧城市、智能交通、智能制造、智能能源等建设，提高了社会和经济的发展效率。在数字经济驱动下，新兴产业不断地脱颖而出，跨界融合已经成为必然趋势，其正重构着产业链和价值链，传统产业升级换代已经成为新常态，社会服务正走向精准化、温馨化。全球数字经济在国民经济中的地位持续提升。2019年，全球47个国家数字经济占GDP比重为41.5%，较2018年提升1.2个百分点。从不同收入水平来看，全球高收入国家数字经济占

GDP比重超全球平均水平，为47.9%；从不同经济发展水平来看，全球发达国家数字经济占GDP比重已达51.3%，高于发展中国家24.5个百分点；从具体国家来看，德国、英国、美国数字经济占GDP比重已超过60%。

一、规模越来越大

近年来，全球经济数字化发展趋势愈加明显，传统产业加速向数字化、网络化、智能化转型升级，数字经济规模持续扩大，数字经济增加值规模已由2018年的30.2万亿美元扩大至2019年的31.8万亿美元，规模增长了1.6万亿美元。一是高收入国家数字经济规模占全球比重超过75%。从不同收入组别国家来看，高收入国家数字经济体量大，远超中高收入和中低收入国家。2019年，34个高收入国家数字经济增加值规模为24.5万亿美元，占47个经济体数字经济总量的76.9%，10个中高收入国家数字经济增加值规模为6.6万亿美元。二是发达国家数字经济规模约是发展中国家的3倍。从不同经济发展水平来看，发达国家经济发展水平较高，数字经济发展优势明显，2019年发达国家数字经济增加值规模为23.5万亿美元，占47个经济体数字经济总量的73.9%，发展中国家数字经济增加值规模为8.3万亿美元，占47个经济体数字经济总量的26.1%。三是美洲数字经济规模领跑各大洲。从数字经济在各大洲的分布情况来看，经济发展水平较高的发达国家多聚集于美洲（测算包含美国、加拿大、墨西哥、巴西）、欧洲（测算包含德国、法国、英国、爱尔兰、奥地利、比利时、丹麦、芬兰、荷兰、卢森堡、挪威、瑞典、瑞士、意大利、爱沙尼亚、保加利亚、波兰、捷克、克罗地亚、拉脱维亚、立陶宛、罗马尼亚、葡萄牙、斯洛伐克、斯洛文尼亚、西班牙、希腊、匈牙利）、大洋洲（测算包括澳大利亚、新西兰），数量众多的发展中国家多聚集于亚洲（测算包括俄罗斯、印度、印度尼西亚、中国、马来西亚、泰国、越南、塞浦路斯、土耳其）、非洲（测算包括南非），由此造成各大洲数字经济发展存在较大差距。美洲集合了全球数字经济第一的美国，以及加拿大、墨西哥、巴西等国家，2019年数字经济增加值规模为14.3万亿美元，占47个经济体数字经济总量的44.9%。四是美国数字经济规模蝉联全球第一。从单个国家数字经济发展情况来看，美国凭借技术创新优势，走在全球数字经济前列，数字经济规模蝉联全球第一，2019年为13.1万亿美元；中国凭借强大的国内市场优势，倒逼技术革新与模式创新，数字经济体量位居全球第二，规模为5.2万亿美元；德国、日本位列第三、第四位，数字经济规模超过2万亿美元，英国、法国位列第五、第六位，数字经济规模超过1万亿美元。韩国、印度、加拿大、墨西哥、巴西、俄罗斯、新加坡、印度尼西亚、比利时等17个国家数字经济规模介于1000亿美元至1万亿美元之间。其中，排名前五的国家数字经济规模占47个经济体数字经济总量的78.1%，排名前十的国家数字经济规模在47个经济体数字经济总量中占比高达88.7%。

二、占比越来越高

全球数字经济在国民经济中的地位持续提升。近年来，数字经济已成为各国国民经济的重要组成部分。全球数字经济占GDP比重已由2018年的40.3%增长至2019年的41.5%，提升了1.2个百分点，数字经济对全球经济的贡献持续增强。高收入国家数字经济GDP占比超全球平均水平。从不同收入水平来看，收入水平越高的国家数字经济占比越高。一是发达国家数字经济GDP占比约是发展中国家的2倍。从不同经济发展水平来看，经济发展水平越高的国家数字经济占比越高，数字经济在发达国家国民经济中已占据主导地位，2019年发达国家数字经济在GDP中已占据“半壁江山”，占比为51.3%，而发展中国家数字经济GDP占比仅为26.8%，发达国家是发展中国家的1.9倍。二是美洲数字经济在国民经济中的地位更加稳固。从各大洲数字经济在国民经济中的地位来看，2019年，美洲数字经济占GDP比重最高，为54.4%，欧洲位居第二位，占比为37.9%，亚洲紧随其后，占比为33.7%，大洋洲和非洲水平较为接近，分别为19.0%和18.5%。三是领先国家数字经济GDP占比超过60%。从单个国家数字经济占GDP比重来看，2019年，德国、英国、美国数字经济占GDP比重排名前三，占比

分别为63.4%、62.3%和61.0%，韩国、日本、爱尔兰、法国位列第四至七位，占比均超过40%，新加坡、中国、芬兰、墨西哥位列第八至十一位，占比均超过30%。2019年中国数字经济在国民经济中地位进一步提升，占GDP比重为36.2%，对经济增长的贡献为67.7%。

三、增速越来越快

全球数字经济已经步入快速增长的车道。2019年全球经济增长乏力，发达国家增速放缓，新兴经济体增长动能不足，在此背景下，数字经济的持续高速增长，为缓解经济下行压力，带动全球经济复苏贡献了巨大力量。经测算，2019年全球数字经济平均名义增速为5.4%，高于同期全球GDP名义增速3.1个百分点，数字经济已成为拉动经济增长、缓解经济下行压力、带动经济复苏的关键抓手。一是中高收入国家数字经济增长动能释放。中高收入国家集中了大部分新兴经济体，凭借市场优势、成本优势以及后发优势等，数字经济增长迅猛。2019年，中高收入国家数字经济增速为8.7%，高于其同期GDP增速4.7个百分点；中低收入国家数字经济增速紧随其后，增速为8.5%，高于其同期GDP增速2.4个百分点；高收入国家数字经济增长较慢，增速为4.5%，高于其同期GDP增速3.1个百分点。二是发展中国家数字经济增速远超发达国家。2019年，发达国家数字经济同比仅增长4.5%，而发展中国家数字经济实现了7.9%的增长，超过发达国家3.4个百分点。发展中国家数字经济体量较小，数字经济发展处于信息化普及的初级阶段，数字经济增长较快，而发达国家数字经济体量较大，数字经济发展正向深层次、高水平阶段迈进，数字经济高级阶段效果尚未显现，增速相对较慢。三是亚洲受新兴经济体带动数字经济增长最快。亚洲受中国、印度等新兴经济体带动，数字经济快速增长，2019年增速为7.7%，高于同期GDP增速3.4个百分点；美洲数字经济也实现了较快增长，增速为5.7%，高于同期GDP增速1.9个百分点；大洋洲数字经济同比增长4.9%，高于同期GDP增速7.2个百分点；非洲数字经济同比增长2.3%；欧洲数字经济增长相对较慢，仅增长2.0%，但仍高于同期GDP增速3.8个百分点。四是各国数字经济实现正增长，中国数字经济增长领跑全球。2019年主要国家经济增长出现明显下滑，美国经济增长有所放缓，较上年回落0.6个百分点，欧元区经济增长疲弱，较上年回落0.7个百分点，日本经济低速增长，较上年基本持平，印度经济增速大幅回落，较上年下降2.6个百分点，巴西经济稳步复苏，较上年略微回落0.1个百分点，俄罗斯经济缓慢增长，较上年回落1.1个百分点。在此背景下，2019年主要国家数字经济均实现了正增长，中国近年来从中央到地方大力发展数字经济，在强化顶层设计的同时，推动相关政策落地实施，数字产业化加速创新、产业数字化深入推进，数字经济增长动力强劲，增速全球第一，高达15.6%。此外，塞浦路斯、保加利亚、泰国、越南数字经济增速均超过10%，印度尼西亚、爱尔兰、印度、墨西哥、马来西亚等10个国家数字经济增速均超过6%，其余大部分国家数字经济增速介于1%至6%之间，另有西班牙、芬兰、挪威、希腊、瑞典等国数字经济增速不足1%。

四、融合越来越深

产业数字化是全球数字经济发展的主导力量。产业数字化代表数字经济在实体经济中的融合渗透，是数字经济的关键组成，发展潜力巨大。数字产业化占比趋稳，产业数字化占比逐步提升是全球数字经济发展的普遍规律。2019年全球数字产业化占数字经济比重为15.7%，占全球GDP比重为6.5%，产业数字化占数字经济比重达到84.3%，占全球GDP比重为34.9%，产业数字化成为驱动全球数字经济发展的关键主导力量。一是收入水平越高的国家产业数字化占比越高。2019年中低收入国家产业数字化占数字经济比重为70.1%，中高收入国家产业数字化占数字经济比重为80.0%，高收入国家产业数字化占数字经济比重为85.9%，较中高收入和中低收入国家水平分别高5.9和15.8个百分点，高收入国家数字经济融合应用更加深入，中高收入和中低收入国家产业数字化发展潜力更大。二是经济

发展水平越高的国家产业数字化占比越高。从不同经济发展水平来看，发达国家通信业、软件业等基础较强、实力雄厚，同时电子商务、先进制造等产业数字化起步较早，对数字经济发展的驱动作用较强。2019年，发达国家和发展中国家数字经济中，产业数字化占比均高于数字产业化，发达国家占比更高，发达国家产业数字化占数字经济比重为86.3%，发展中国家产业数字化占比为78.6%，低于发达国家产业数字化占比7.7个百分点。三是各国产业数字化占数字经济比重均超过50%。从单个国家来看，数字经济中产业数字化占比超过数字产业化，是各国数字经济结构的共性特征。2019年，德国产业数字化高度发达，占比达到90.3%，英国、美国、俄罗斯、日本、南非、巴西、挪威等15个国家产业数字化占比超过80%，新西兰、意大利、韩国、印度、新加坡、荷兰、马来西亚等26个国家产业数字化占比介于60%至80%之间，另有塞浦路斯、奥地利、印度尼西亚、斯洛伐克、土耳其5个国家产业数字化占比不足60%。2019年，中国产业数字化持续快速发展，占数字经济比重达到80.2%，超过中高收入国家和发展中国家平均水平。

五、渗透越来越强

全球服务业数字化转型快于工业和农业。受行业属性影响，固定成本低、交易成本高的服务业更易于进行数字化转型。2019年，全球服务业数字经济渗透率达到39.4%，较2018年提升1.5个百分点；固定成本高、交易成本低的工业进行数字化转型的难度较大，2019年工业数字经济渗透率为23.5%，较2018年提升0.7个百分点；而生产经营严重依赖自然条件的农业进行数字化转型的制约因素更多，2019年农业数字经济渗透率仅为7.5%，较2018年提升0.5个百分点。一是高收入国家三次产业数字经济渗透率显著高于其他国家。从不同收入水平来看，收入水平越高的国家三次产业数字化转型的程度越深，2019年高收入国家农业、工业、服务业数字经济渗透率分别为11.9%、30.5%和43.7%，分别较2018年提升0.6、1.0和

1.7个百分点；中高收入国家农业、工业、服务业数字经济渗透率分别为7.3%、17.5%和30.3%，较2018年分别提升0.6、1.1和1.5个百分点；中低收入国家农业、工业、服务业数字经济渗透率分别为3.2%、7.9%和16.4%，较2018年分别提升0.1、0.2和0.5个百分点。二是发达国家三次产业数字化转型水平更为均衡。从不同经济发展水平来看，发达国家产业数字化转型起步早、基础强，正由数字化加速向网络化、智能化发展阶段迈进。2019年，发达国家农业、工业、服务业数字经济渗透率分别为13.3%、33.0%和46.7%，分别较2018年提升0.6、1.0和1.5个百分点，是各国家分组中数字化渗透最为均衡的组别；发展中国家农业、工业、服务业数字经济渗透率分别为5.9%、15.7%和25.2%，较2018年分别提升0.3、1.1和1.4个百分点。三是德英美产业数字化转型水平显著高于其他国家。以德国、英国为代表的国家三次产业数字化渗透水平均较高，属于产业数字化均衡发展国家。2019年，德国农业、工业、服务业数字经济渗透率分别为23.1%、45.3%和60.4%，英国三次产业数字经济渗透率分别为27.5%、32.0%和58.1%，以韩国、爱尔兰为代表的国家工业数字经济渗透率高于其他行业，属于工业数字化领先国家，以美国、中国等为代表的绝大部分国家服务业数字经济渗透率明显高于其他行业，属于服务业数字化领先国家。中国农业、工业、服务业数字经济渗透率分别为8.2%、19.5%和37.8%，高于中高收入国家和发展中国家平均水平，但仍显著低于世界平均水平以及高收入国家和发达国家平均水平，与美国、德国、英国等国家相比，仍有较大差距。

全球数字经济关键领域的布局正在加快

数字技术创新日新月异，数字化、网络化、智能化深入发展，在推动经济社会发展、促进国家治理体系和治理能力现代化、满足人民日益增长的美好生活需要方面发挥着日益重要的作用。数字经济快速发展，国际社会关注的焦点也在不断发展变化，当前，世界各国围绕新型基础设施、数字化转型、数据跨境流动、数字税、数字贸易、数字货币等焦点问题加快布局，数字经济关键领域竞合显著加剧。

一、新型基础设施建设在不断加快

信息基础设施是数字经济发展的基石，也是数字产业化发展的重要部分。加强信息基础设施建设一直是各国共识，近年来，信息基础设施加速向高速率、全覆盖、智能化方向发展，新型基础设施建设的创新发展成为新的国际热点。一是5G已经成为世界各大经济体的战略焦点。2019年，韩国、美国、瑞士、英国、意大利、西班牙、德国、中国的通信运营商纷纷推出5G业务，拉开了5G商业化的序幕，各国纷纷发力5G基础设施建设。目前，中国已经建成了全球规模最大的光纤网络和5G网络，网络普及率远高于世界平均水平。截至2022年5月已经建设了170万个5G基站。韩国5G用户覆盖率处于领先地位，用户突破2000万，相当于所有移动服务账户的28%，但5G覆盖率和网络质量还有待提高。为此，韩国政府希望通过一系列的税收优惠政策，2023年建设45000个5G基站，2025年将全国5G覆盖率提升至70%。2020年4月，日本三大电信运营商正式对外推出了5G网络商用服务。日本正式进入5G时代较晚，但不断加大的政策和资金上的投入表明了日本追赶的决心。日本内务和通信省于2020年6月宣布，到2023年底将5G基站数量增加到21万个，为初始计划的3倍。瑞士Sunrise于2019年推出5G商用服务，使得瑞士成为欧洲率先建设5G网络以及5G发展最快的国家，其5G网络规模覆盖了超过400多个城市/城镇，并且这些地区5G覆盖率在80%以上。德国柏林、法兰克福、索林根、杜伊斯堡和不来梅等地2019年启用了5G移动基站，都是由运营商沃达丰提供。德国电信报告称，5G网络已覆盖6600万人，约占德国人口的80%。美国AT&T于2020年7月称其实现了5G网络全国覆盖，企业用户及个人用户均可接入。截至2019年10月Verizon在美国13个城市推出了5G家庭宽带。Verizon共计投入19亿美元购买5G频谱，并与三星签订了价值7.9万亿韩元的网络设备长期供应合同。

在5G商用道路上，多国运营商、设备商本着互惠互利的原则共同推动各国5G发展。二是空天地一体化信息网络加速布局。世界很多国家和地区，尤其是一些偏远地区以及海上区域，面临信息基站难以建立或维护困难等问题。当前，能够通过手机信号连上互联网的区域面积不到地球总面积的20%，全球至今还有30亿人没有接入互联网。为解决这一难题，弥合全球数字鸿沟，各大科技企业已开展天空和太空的信息网络布局。卫星互联网方面，Facebook公司自2018年开始着手筹划“雅典娜”卫星项目，旨在通过毫米波无线电信号向地面提供互联网接入。2020年，Facebook旗下名为PointView的公司向美国联邦通信委员会提交的申请获批，“雅典娜”互联网卫星正式升空提上日程。2020年9月，“雅典娜”卫星项目通过阿里安航天公司经营的Vega运载火箭发射了首个小型航天器任务服务，已成功进入预定轨道。SpaceX公司于2015年提出了“Starlink星链计划”，表示旨在为整个地球全天候提供高速卫星互联网服务，预计在9年内向太空轨道发射约1.2万颗通信卫星。2019年5月，马斯克通过星链网络发布了首条推特，标志着“星链”迈出了商用步伐。2020年3月，美国联邦通信委员会已授权SpaceX搭建将用户连接到其Starlink卫星互联网网络所需的地面天线。截至2020年8月，Starlink部门每月可制造120颗卫星，并且已投资超过7000万美元，每月开发和生产数千个消费者用户终端。截至2022年3月SpaceX已累计发射2000多颗“星链”卫星，为美国、英国、加拿大、澳大利亚等国的25万名用户提供互联网接入服务。亚马逊公司于2019年开始加速推进千颗互联网卫星计划，建设卫星互联网系统Kuiper，与SpaceX的“星链”进行竞争，2020年7月30日美国联邦通信委员会宣布批准亚马逊互联网卫星计划，亚马逊的Kuiper项目将分五个阶段向低空轨道发射3236颗卫星，只要有578颗卫星进入轨道，便可提供宽带服务。天空通信方面，无人机、气球的概念被用于提供互联网服务。2020年7月，谷歌“气球”项目正式启动商用。谷歌母公司Alphabet旗下“气球”部门发放35个高空气球，利用机器学习的算法自行飘到合适的位置，提供用户服务或作

为传递信号的中继站，向肯尼亚的电信用户提供4G无线互联网服务。气球网络覆盖肯尼亚中西部地区5万平方公里的范围。在向肯尼亚提供互联网服务之前，谷歌气球已在2017年波多黎各飓风灾害和秘鲁2019年地震中提供紧急互联网服务，但此次服务启动标志着该服务的首次大规模商用。三是数据中心成为5G时代重要算力支撑。随着5G网络、人工智能、联网、边缘计算、VR、AR等新型网络技术发展，数据中心成为重要的算力基础设施和数字经济发展的重要支撑，承担了数据存储、数据流通的关键作用，受到全球范围内的广泛关注。市场调研机构Synergy Research Group的最新数据显示，截至2020年第二季度末，全球超大规模数据中心的数量增长至541个，相比2015年同期增长一倍有余。EMEA（欧洲、中东和非洲地区）以及亚太地区的增长率仍然最高，但美国仍然占据了近30%。

二、制造业的数字化转型在不断加速

各国制造业数字化转型政策加速迭代，且越来越重视政策落地应用。一是各国政策目标加速向构建全局性、系统性转型生态体系演进。德国致力于构建互联互通的数字化转型产业生态。2019年，《德国工业战略2030（草案）》将机器与互联网互联（工业4.0）作为数字化发展的颠覆性创新技术加速推动，通过政府直接干预等手段确保国家掌握新技术，保证其在竞争中处于领先地位。2019年4月，德国联邦经济能源部发布最新工业4.0战略前瞻性文件《德国2030年工业4.0愿景》，明确将构建全球数字生态作为未来10年德国数字化转型的新愿景，并阐述了数字化转型的重点任务。美国以强化创新和技术成果转化为核心推动制造业转型升级。2017年以来，美国在国家制造创新网络基础上，继续推动美国制造业计划，该计划希望通过联邦政府与产业界、学术界及专家合作，建立各关键利益相关者的互利合作关系。美国制造业计划在原有美国数字制造与设计创新机构等研究中心的基础上，继续资助先进制造相关研究机构，力图打造一个以创新中心和研究院为核心的创新生态和成果转化生态，努力弥补技术研发和融合应用之间的巨大鸿沟。2020年3月20日，中国工信部印发《关于推动工业互联网加快发展的通知》，要求各有关单位加快新型基础设施建设、加快拓展融合创新应用、加快健全安全保障体系、加快壮大创新发展动能、加快完善产业生态布局、加大政策支持力度，推动工业互联网在更广范围、更深程度、更高水平上融合创新，培植壮大经济发展新动能，支撑实现高质量发展。二是各国加速推动数字化转型关键举措落地应用。一方面，加快推动底层技术产品研发。德国聚焦基础共性技术产品研发，开发工业4.0组件推动实现数字孪生，同时加强工业4.0平台基础性系统研发，如弗劳恩霍夫协会正在开发设备改装的解决方案，推出生产传感系统“INA sense”，通过为传统机器设备装配新的部件，使其集成升级到工业4.0生产环境中。另一方面，创新数字化转型落地机制。各国纷纷推出“加速器”“孵化器”“弹射器”等数字化落地机制，建立投资创新中心和创新网络成为加速数字化的普遍方式。英国在其《数字化战略》中计划通过数字化弹射器项目共享最佳实践并提供商业培训“训练营”，从而帮助英国各早期数字化企业顺利发展。澳大利亚推出工业4.0estlabs，为企业和研究人员提供空间共同试用工业4.0技术。德国发起“工业4.0”即“从科研到企业落地”计划，并积极建设“中小微企业4.0能力中心”，为中小微企业提供数字化、生产流程网络以及工业4.0应用方面的支持。美国、新加坡等均大力推动开放实验室建设，为数字化创新提供非竞争性的实验场所。三是各国积极为行业数字化积聚动力。众多企业积极在现有战略和投资的基础上发展成为规模化数字企业，2020年，全球数字化转型技术和服务支出增长已经超过10.4%。预计到2023年，数字化转型支出在ICT总投资中的占比将从目前的36%增至50%以上，增长最大的领域是数据智能与分析领域。预计2020—2023年，企业数字化转型投资将达到7.4万亿美元，年复合增长率将达到17.5%。美国继续成为数字化转型支出的最大市场，占全球总支出的三分之一；西欧将是数字化转型支出的第二大区域，紧随其后的是中国，这两个地区的数字化转型支出同比分别增长12.8%和13.6%。

2020年美国国家科学基金会对计算机领域科学研究的资助占总资助规模的85%，也是连续第15年将工业互联网核心使能技术——信息物理系统研发纳入国家科学基金会资助范围，其明确，提供1.06亿美元支持量子信息科学领域，在人工智能科研领域投资4.92亿美元，在微电子和半导体领域投入6800万美元的基金。德国联邦教育与研究部累计拨付上亿欧元经费支持工业4.0技术研发项目，德国经济与能源部出资5600万欧元建立10个中小微企业数字化能力中心，德国地方政府也积极筹措配套资金加大工业4.0落地。四是各国企业切实加快数字化转型创新步伐。全球领军企业从点、面、体三个维度全面调整布局、协同推进制造业数字化转型。从单点看，领军企业正通过战略并购、建立联盟、推出新产品和新服务等多种方式，在点上突破，以期把握新技术带来的红利，占领转型制高点。其中，数字孪生体系的建设和竞争尤为引人注目。比如，西门子在2016年分别花费9.8亿和45亿美元并购计算流体力学仿真企业CD Adapco和EDA仿真巨头Mentor Graphics，并在2017年和2018年再次分别收购了汽车和自动驾驶仿真测试企业TASS International、前传网络创新测试企业Sarokal Test Systemsoy，等等。通过一系列的仿真软件并购与战略合作等多种方式，西门子建立了覆盖全生命周期的完整数字孪生模型体系，其可将产品创新、制造效率提升至新的高度。从面上看，领军企业一方面将多种数字化工具和能力进行整合，着力构建覆盖全价值链的数字化解决方案，提供全链条服务；另一方面，也不断将数字化解决方案拓展到更多行业领域，提供全行业服务。2019年，西门子推动过去各种割裂的数字化解决方案大集成大融合，推出Xcelerator，率先实现了多种工业数字化解决方案的改善与整合。美国工业巨头GE通过将包括Predix在内的GE Digital部门独立出来，构建GE全资拥有、独立运营的公司，整合GE数字集团内部多种数字化工具、资产和能力，包括Predix平台、资产绩效管理、自动化、制造执行系统、运营绩效管理等，构建了领先的工业互联网完整解决方案，可以为多个行业提供服务。SAP推出涵盖边缘计算、大数据处理与应用开发功能的Leonardo

平台，横跨企业研发、生产、供应、销售、服务全价值链，连接产业链利益相关方，在物联网、数字孪生、企业资产管理、数字化实时工厂、机器学习、区块链透明交易等六大领域，支持企业全方位的数字化转型。从整体看，越来越多的领军企业开始搭建低门槛的数字化平台生态，将更多需求端的服务开发者和需求端量大面广的中小微企业纳入生态之中，从而跨越网络效应启动的临界点，实现平台生态的快速扩张。比如，西门子面向平台的供给端，花费6亿欧元并购低代码应用开发平台Mendix，降低工业应用软件的开发难度，吸引更多应用开发者进入西门子的数字化生态当中。再比如，PTC则面向平台的需求端，通过并购软件即服务产品开发平台的创造者Onshape，推动整体解决方案云化迁移，并加快推动从原来的单次购买开始向订阅付费的商业模式转变，这一系列的变革让PTC可以为工业企业，特别是中小工业企业，提供弹性、按效果付费的服务，从而降低了工业企业数字化转型的成本，有利于更多中小微企业加快进入其数字化平台生态之中。五是各国不断加快完善制造业数字化转型生态。德国电工电子与数字技术标准化委员会、德国电气电子制造商协会、德国机械制造商协会、德国工程师协会、德国电气工程师协会等传统标准化组织均积极合作开展工业4.0标准化研究。美国OPC基金会致力于创建和维护开放性规范，充分利用过程数据、事件记录、历史数据和批处理数据进行标准化验证，从而实现工业自动化领域的互操作。OPC基金会与PI国际组织、EtherCAT技术协会、EUROMAP、CC-Link协会等达成协议共同推进标准互通。目前已有超过4200家供应商在1700多万个应用领域里生产了超过35000种不同类型的OPC产品，单在工程资源方面就节省了数十亿美元。德国的非营利性组织不断加大投资，率先建成符合智能化理念的“示范工程”“智慧工厂”等样例，展示融合应用的可实现性，激发“工业4.0”潜在客户群体的需求。例如，Smart Factory OWL是基于工业物联网构建的尖端技术实验室，致力于解决未来工厂车间层最重要的数字化研究课题。Smart Factory KL打造了世界首条独立于制造商的工业4.0示范线，每年都成

为汉诺威工业展的火爆展台，且每一年都带来新的变化和技术进展。在国家制造创新网络推动下，位于芝加哥的数字制造和设计创新中心，成为推进数字化设计和制造技术，进行应用推广探索与实践的权威第三方机构，逐步成为数字化制造的协作创新平台和中小微企业数字化转型策源地。同时，各产业联盟之间切实加强深度合作，协同推进体系架构，如标准、测试等方面，促进产业生态发展壮大。例如，美国工业互联网联盟IIC与电气和电子工程师协会、国际标准化组织、国际电工委员会等全球20多个知名行业组织建立合作关系，共同探讨工业互联网发展大计。2019年2月，IIC和OpenFog联盟合并，极大地促进雾计算（边缘计算）技术在工业互联网中的应用。IIC先后成立了德国、印度、中国区域分部，并围绕架构、安全、路线图等关键领域与德国工业4.0成立6个联合工作组。德国工业4.0也已经与中国、美国、日本、法国、意大利、澳大利亚等国的产业组织建立了合作机制。此外，中国、新加坡、俄罗斯、韩国等国家也都成立了本国的工业互联网产业联盟，并与IIC对接，意在聚合优势资源，增进产业协同，积极融入全球工业互联网产业生态。

三、全球经贸关系因数字贸易在加快变革

数字贸易重构国际贸易模式。伴随着数字技术在全球范围内的深度应用和数字经济的快速发展，以互联网为基础的数字贸易蓬勃兴起，带动全球创新链、产业链和价值链加速优化整合，正在成为数字时代的重要贸易方式。一方面表现为贸易方式的数字化，数字技术与国际贸易各领域深度融合渗透，电商平台成为国际贸易的重要枢纽，信息展示、贸易洽谈、支付结算、税收通关等环节向线上迁移，国际贸易的固定成本大幅降低、效率显著提升；另一方面贸易对象的数字化，互联网为国际数据流通提供了高效便捷的传输渠道，数据和以数据形式存在的商品和服务可贸易程度大幅提升，成为重要的贸易商品，对各国生活、生产等诸多领域的影响不断扩大。贸易方式的数字化、贸易对象的数字化极大地改变了现有贸易模

式，推动国际经贸交往活动从物理世界转向数字世界，国际分工和分配模式面临巨大调整。一是全球数字交付服务贸易迅猛增长。UNCTAD数据显示，2008—2018年，全球数字交付服务出口规模从1.8万亿美元增长到2.9万亿美元，增长约61%，年平均增长率约为5.8%（同期服务贸易出口增速为3.8%，货物贸易出口增速为1.9%），在服务贸易出口中的占比从45.7%增长到50.2%。中国数字交付服务出口规模和排名均低于货物贸易，但在主要国家中增速位居前列。从规模看，2018年中国数字交付服务出口规模达1314.5亿美元，国际市场占有率为4.5%，全球排名为第8位（126个国家）。从增速看，2014—2018年中国数字交付服务出口年平均增长率为7.4%，排在全球第26位，但超过日本、德国、美国、印度、南非、巴西等主要发达国家和新兴经济体国家。二是数字贸易发展背后是云、网、端等数字技术深度融入经济社会各领域。存储载体在不断演进，磁盘、光盘、移动硬盘等传统的数字化存储设备正在被虚拟的、线上的云存储所取代，推动存储成本的降低、存储方式的优化和存储服务的演进；传输渠道在不断改善，全球网络普及率、速率稳步提升，网络使用价格持续下降，形成一个高效的数字化航道，数字化的产品和服务从云端通过网络快速流入千家万户；输入、输出设备在不断升级，从台式计算机、笔记本电脑到现在的智能手机、车载智能终端，硬件和终端设备快速升级迭代，为更优质、更丰富的数字产品服务提供了可能。由于数字产品和服务本身具有零边际成本的特性，可贸易程度的提升将进一步促进相关产业与贸易的发展。三是数字贸易对国家间经贸关系带来了多方面影响：第一，新旧业态在加速交替。例如，因为电子商务快速发展，2015—2018年间，中国亿元以上商品交易市场数减少了13.3%，摊位数减少了8.4%，营业面积减少了2.9%，零售企业出现关店和退出现象。数字化的产品和服务跨越国境，可能意味着一国传统产业衰败，以及新崛起的产业并非出自本国，新旧业态间的交替变得更为复杂。2019年，G20发布“大阪数字经济宣言”，标志着主要国家对于建立允许数据跨境自由流动的“数据流通圈”达成初步共识。但

需要注意的是，印度、印尼、南非等国拒绝签字。印度方面认为，数据是一种新形式的财富，数据跨国间的分隔与流通“严重阻碍发展中国家从数据贸易中获利”，需加强数据本地储存。最典型的就是印度有海量的中小批发零售商，来自境外或者境外机构控股的电子商务平台严重冲击了当地就业，并剥夺了一部分原本留存在境内的收益。第二，数字产品和服务融入全球价值链。全球范围内数字化转型是大势所趋，数字化的技术、产品和服务对数字化转型意义重大。美国国际贸易委员会的一份研究报告，从在线销售（电子商务）的比例、与信息技术（IT）相关的总投入采购的比例、从事数字职业的员工的比例、针对云服务的总IT支出的比例四个维度，分析了各行业的数字化强度，即某一特定行业企业在其业务中采用互联网技术的程度。从线上销售占比看，制造业货运、批发、旅行和住宿服务、信息服务和网络搜索服务的电子商务占公司总收入比重最大，均超过20%。从ICT产品和服务投入看，电信广播业、政府采购、其他运输设备制造业、证券服务、专业服务等部门的数字化投入比例最高，在中间投入中占比超过10%。可以看出，数字技术、产品和服务在生产经营活动中应用的不断深化，正成为价值链中新的重要一环。第三，一部分贸易转向数字产品和服务。数字技术通过数字贸易对全球分工产生影响，而分工变化又进一步影响全球价值创造和收益分配：“中游”价值创造能力在持续降低，服务的增长可能会加速流程自动化、模块化，意味着价值链中部的公司越来越多地生产相对标准化的组件，各行业一线生产和制造过程的附加值下降；“上游”“下游”价值创造水平在不断提升，数字化服务的扩展将主要发生在生产前阶段（如更广泛的设计软件和数据驱动服务）和生产后阶段（如嵌入软件的服务和增强的售后服务），在这一过程中，数字化的服务变得更分散，更可交易，从而支持复杂的产品和服务生产。为了顺应这一趋势，许多中间环节的制造企业开始向价值链两端延伸，以生产环节所储备的知识和信息为基础，开发前后端的数字化技术和服务，在推动企业自身数字化转型的同时，也向外输出数字服务。

四、数据跨境流动日益成为国际交流合作的新焦点

数据跨境流动已成大势所趋，诸国纷纷针对本国国情和优先目标选择适当的数据跨境流动方案。受当前经济全球化和数字化的趋势影响，数据大规模的跨境传输不可避免，多国通过国内立法、签署国际协定的方式确立数据跨境流动规则。如欧盟发布《通用数据保护条例》，美国以维护数字发展优势为主旨，颁布了《澄清境外数据的合法使用法》，日本以跨境数据流动政策灵活性为主，在国内立法形式上采取更为弹性化的政策，在国际上全面加强与美欧两大跨境数据流动监管框架对接，并积极推动跨境数据自由流动规则构建。《中华人民共和国网络安全法》明确了数据存储、保护等基本制度，保障网络数据的完整性、保密性、可用性的能力。一是高水准数据跨境流动规则的制定，在抢占数字贸易规则决策者身份的过程中起到重要作用。2019年9月，日本与美国签署的贸易协定提到，“确保各领域数据无障碍跨境传输”以及“禁止对包括金融业在内的机构提出数据本地化要求”，希望制定旨在促进数据自由流动的规则，继续发挥两国在数字贸易领域世界规则制定方面的引领作用。二是数据主权、网络数据安全、数据隐私保护、法律适用与管辖、数据本地化存储、国际贸易规则等成为在数据跨境流动领域各国关注的焦点问题。欧盟最高法院驳回欧美签订的数据跨境传输协议一事备受世界关注，欧洲最高法认为“在美国的服务器上存储欧盟居民的数据将有可能使欧洲人受到美国政府的监控，但欧洲人却没有该法院所称的‘可起诉权利’来应对这种监控”，其裁定结果涵盖了欧盟最高法院对欧洲公民的个人数据隐私保护、网络数据跨境存储的安全性等问题的诸多考虑，也是在数据共享与数据主权之间做出的一个平衡。在数据存储本地化方面，一些国家出于保护本国数据、维护国家安全及促进国家发展的目的，对数据提出本地化存储要求。印度在2018年发布的《印度电子商务国家政策框架草案》中强调限制数据跨境流动，并表明印度将会逐步推进数据本地化政策，增加本国数据存储能力，实现数据价值的本地化。俄罗斯第242-FZ号联邦法在第二条规定：“该

法律要求必须使用位于俄罗斯的服务器来处理俄罗斯公民的个人数据。处理俄罗斯公民个人数据的运营商必须及时将其存储数据的服务器位置上报给俄联邦电信、数字技术和大众传媒监督局。”2019年6月，土耳其对E-SIM技术施加数据本地化要求，要求所有相关结构、服务器、软件和设备都由授权运营商在土耳其境内建立，所有数据也在境内保存。日本政府也要求涉及国家安全的数据必须实现本地化储存。《中华人民共和国网络安全法》第三十七条规定，关键信息基础设施的运营者在中华人民共和国境内运营中收集和产生的个人信息和重要数据应当在境内存储。在网络数据安全和数据隐私保护方面，各国针对数据隐私安全进行明确立法的趋势明显，GDPR成为诸多国家的数据隐私保护参考范例。以欧盟为例，其在数据保护领域持续输送制度影响力：GDPR的落地执行，以及欧盟个人数据保护国际公约（第108号公约）和充分性保护白名单认定程序的推进，均在不断提高欧盟在数据保护领域的国际话语权。2019年度伊始，法国数据保护机构CNIL完成了GDPR生效后的第一案，对谷歌实施违规处罚。在数据隐私保护方面，日本设立了“个人信息保护委员会”，作为独立的第三方监管机构，其制定了向境外传输数据的规则和指南。此外，巴西、印度、泰国等国家均在GDPR的框架基础上起草或颁布了相关法令，在个人数据采集、存储、处理和传输共享领域作出规定。三是各国在数据跨境流动领域频繁发力。2020年3月，基于《合法使用境外数据明确法》，澳大利亚联邦政府修订《电信（拦截和接入）法案》，允许协议国在出于执法目的时，互相跨境访问通信数据；同月，澳大利亚信息专员办公室与新加坡个人数据保护委员会签订关于跨境数据流动的谅解备忘录，加强数据治理方面的合作，促进澳大利亚和新加坡之间的经济一体化。2020年6月，英国宣布脱欧后的未来科技贸易战略，允许英国和某些亚太国家间的数据自由流动，并希望与日本等国达成比其作为欧盟成员国时期更进一步的数据协议。2020年7月，欧盟最高法院出于对欧盟公民数据隐私安全的考虑，宣布废除了《隐私盾》跨大西洋数据保护协议；2021年，中国出台了《中华人民共和国数据安全法》，规定支持、促进数据安全与发展的措施，提升数据安全治理和数据开发利用水平，促进以数据为关键要素的数字经济快速发展。

五、数字服务税规则带来了数字经济发展的新挑战

数字贸易的发展给全球税收体系造成了巨大挑战：首先是税收征管的范围由线下加速向线上拓展，征税对象呈现出数字化、虚拟化、隐蔽化等特点，许多交易信息被隐藏，导致企业利润难以有效衡量。其次是互联网企业的数字服务突破了时间和空间约束，跨区域、跨国界经营成为常态，经济活动可能同时面临多个不同的税收监管主体，可能出现跨国企业转移到低税率国家报税的现象。例如，大量互联网科技企业巧妙地运用“荷兰三明治”法避税，在税率较低的爱尔兰、卢森堡等国申报企业所得税，合法地保留了庞大的海外利益。根据有关机构整理数据，2017年谷歌、脸书、亚马逊、eBay等超大型跨国数字企业在获取高额收入的同时，纳税收入比却不足2%，最低的亚马逊竟然只有0.1%，远低于传统企业。随着税基侵蚀和利润转移问题的增多，越来越多的国家意识到必须推动国际税收体系的改革。一是OECD是国际数字税谈判的主要推动机构，试图形成一套适用于全球的“统一方案”。2020年7月，经济合作与发展组织（OECD）发布声明称，全球130个国家和地区已同意支持跨国公司征税地和15%全球最低企业税率的新规，以应对数字经济发展带来的税制挑战。二是联合国提出了相对宽松的基于双边谈判的数字服务税讨论稿。2020年8月6日，联合国国际税务合作专家委员会发布了关于联合国税收协定范本第12B条的讨论稿，确保成员国可以根据《联合国示范公约》开展双边税收谈判，以及提供谈判的技术性框架，允许通过预提税的形式对自动化数字服务征税，并通过双边税收协定谈判对税率达成共识。12B条涉及在一缔约国产生并支付给另一缔约国居民的自动数字服务的收入。自动化服务包括在线广告服务、在线中介平台服务、社交媒体服务、数字内容服务、

云计算服务、用户数据的出售或其他转让、标准化的在线教学服务，不包括专业人员提供的定制服务、定制在线教学服务、提供进入互联网或电子网络的服务、在线销售自动化数字服务以外的商品和服务、广播服务、嵌入在物理商品中的复合数字服务。委员会指出，数字服务税的征收需要考虑到以下因素的影响：第一是数字服务提供者将税负转嫁给消费者；第二是可能会阻碍对本国的投资；第三是可能会给部分数字服务带来过高的有效税率；第四是考虑从发展中国家流向发达国家的数字服务。三是数字服务税的分歧主要集中于美国等国家，美国坚决反对征收数字服务税，特别是单边征收数字服务税的做法。美国的超大互联网企业数量冠绝全球，且业务广泛覆盖全球主要国家和地区。一旦各国开始征收数字服务税，苹果、谷歌、亚马逊、微软、脸书等美国企业将成为最主要的征税对象。2019年7月，美国贸易代表办公室宣布对法国政府于11日通过的数字服务税法案发起调查。美国贸易代表莱特希泽在声明中指出，总统已下令调查法国此项立法影响，判定它是否具有歧视性，是否不合理，是否会对美国商业造成负担或带来限制。2020年6月，美国贸易代表办公室宣布对多个贸易伙伴的数字服务税发起“301调查”，包括欧盟、英国、奥地利、捷克、意大利、西班牙、土耳其、巴西、印度和印度尼西亚，紧接着其宣布退出国际数字服务税谈判。美国的退群做法引起欧盟强烈反对，法国经济财政部部长布鲁诺·勒梅尔认为美国的做法是对经合组织内所有合作伙伴的挑衅。

六、全球央行加速数字货币研发抢夺支付新赛道

一是主要国家对数字货币的探索由来已久。央行数字货币这一概念早在2008年比特币发布时就已提出，自2013年开始，很多国家的央行也高度关注数字货币。英格兰银行最早发起关于央行数字货币前景的全球讨论。2014年，厄瓜多尔中央银行发行了数字货币“厄瓜多尔币”，同年，中国人民银行开始着手研究央行数字货币。荷兰银行从2015年开始使用基

于分布式账本技术的Dukaton进行数字货币的内部实验。此后，乌拉圭、东加勒比、瑞典、中国、韩国等国的中央银行相继宣布开展本国的CBDC试点。国际清算银行在2020年8月发布的工作报告中表示，在其调查的66家中央银行中，20%的银行表示将在短期（一年内）发行CBDC；同时，约20%的中央银行表示很可能在未来的一至六年内发行数字货币，比例为2019年的2倍；总计有约80%的中央银行正在从事CBDC的研究、试验或开发，较2019年增加10%（受访央行代表21个先进经济体和45个新兴市场经济体，覆盖了全球75%的人口和90%的经济产出）。截至2020年7月，至少有36家中央银行发布了其CBDC工作进展。二是以国家信用背书的央行数字货币越发受到重视。2019—2020年间，受到Libra等超国界超主权加密数字货币的研发压力，有越来越多的国家将央行数字货币作为国家重要研发战略。同时，新冠疫情引发的隔离措施以及现金可能会传播病毒等因素，更加快了传统支付方式向数字支付方式的转变，加快了合法交易的无现金化趋势，有关数字货币的官方讨论进一步升温，原本对央行数字货币持谨慎观望态度的日本、美国等国家也逐渐放开限制，加大对央行数字货币的探索力度。三是多国央行数字货币研究的核心构成要素基本相同，但受各国国情、战略规划及发展政策影响，其具体技术构成及研发用途有所差异。从多国（中国、英国、新加坡和加拿大等）推出的法定数字货币构思来看，其核心构成要素包括发行人、发行载体、技术、进入门槛、匿名程度、运行可得性、是否支付利息等。从具体国家的央行数字货币技术及合作者角度来看，已披露信息显示一些国家将基于区块链技术开发央行数字货币，并与区块链技术公司或区块链联盟合作，如马绍尔群岛和柬埔寨等国家研发的央行数字货币；一些国家则是部分采用区块链技术，根据国情研发针对央行数字货币的技术和框架，合作者主要为该国的高技术企业，如中国的DCEP。从各国探索和研发央行数字货币的原因来看，各国出发点各不相同，有的国家主要为了降本提效，提升交易的便利性和透明度，减少监管成本，提升央行对货币供给和流通的控制力；有的则是为了维系

国家地位，提升法币的国内/国际地位，实现国家经济独立，或是跟上经济变化的步伐，确保国家未来在数字支付领域有一席之地；有的国家是为了提高支付领域安全性，聚焦跨境支付结算和证券结算，保障跨境资金流通安全。

数字经济领域早已春色满园百花齐放

我们每个人已经越来越离不开手机、电脑了，家用电子设备也越来越多。新冠疫情防控期间，我们扫健康码、网购、线上会议、健康咨询等都是数字经济的具体体现。数字经济究竟是啥？说到底，数字经济是数字化的知识与信息通过一系列的运作实现了资源快速的优化配置，形成的一种新的经济形态。其可以分为三大类：第一是数字经济的基础产业，也就是我们说的广义的信息产业；第二是数字化服务业，也就是数字在数据平台的基础上，通过数字化改造向需求方提供各种服务；第三是数字化产业，指的是传统产业通过数字化改造形成先进制造、精密制造、智能制造等产业。“数字经济”中的“数字”至少有两方面的含义：一是作为数字技术，包括仍在不断发展的信息网络、信息技术，如大数据、云计算、人工智能、区块链、物联网、增强现实（AR）、虚拟现实（VR）、无人机、自动驾驶等，将极大地提高生产力，扩大经济发展空间，产生新的经济形态，创造新的增量财富，同时也将推动传统产业转型升级，优化产业结构，从传统实体经济向新实体经济转型。在这些数字技术中，人工智能的重要性越来越凸显，其已经渗透到经济生活的各个环节，相对于工业经济时代的新技术解放人的体力，数字经济时代的技术将解放人的脑力。二是数字即数据，特别是大数据，既是新的生产要素，也是新的消费品。大数据作为新的生产要素，不仅能够提高其他生产要素，如资本、劳动的使用效率和质量，更重要的是将改变整个生产函数，即经济活动的组织方式，通过平台化的方式加速资源重组，提升全要素生产率，推动经济增长。而作为消费品，数字所包含的信息、知识、数字内容、数字产品已经形成了非常大的市场，同时也成为新的财富载体，直播、短视频、数字音乐、新闻推送等产业极富创造力，且增长速度飞快。“数字经济”作为一个整体，包含了新的数字技术、新的经济活动处理过程和新的经济活动组织方式，也将带来新的经济效果。走进数字经济领域，我们会发现，这里早已是春色满园百花齐放。

一、这里有蓬勃发展的数据经济

农耕文明时代的基础资源是土地，工业文明时代的基础资源是原材料，而数据则是数字经济时代的基础资源。2013年7月，习近平总书记在视察中国科学院期间，曾这样评价大数据：大数据是工业社会的“自由”资源，谁掌握了数据，谁就掌握了主动权。2017年5月，《经济学人》封面文章将数据资源形容为“未来的石油”，并称之为当今世界最有价值的资源。目前，全球市值前十的上市公司中，亚马逊、苹果、Facebook和微软的商业模式背后依靠的都是数据。

海量数据是金矿银矿，而数据挖掘技术与算法技术是“冶金炼银”的法宝。总的来说，数据精准挖掘有四大模型：一是逻辑回归，即通过设计变量和权重，预测事件概率，支持精准营销和风险控制等。例如，银行通过逻辑回归的思路针对用户对信用卡业务贡献度和全行范围贡献度（信用卡除外）设计变量和权重，从而对客户做简单的信用评级，以便提供差异化服务。二是聚类分析，即根据数据的相似性进行划分归类。其中涉及九大算法，即K－均值算法、相似性传播算法、均值漂移算法、谱聚类算法、Ward层次聚类算法、合成聚类算法、DBSCAN算法、高斯混合算法、BIRCH算法。例如，中国移动就是通过聚类分析的K－均值算法来对移动用户进行划分，根据总通话时长和上班时间占比等变量，将客户划分为高端商用、终端商用、终端日常、长聊客户和不常使用客户五类，从而提供针对性服务。三是决策树分析，即根据不同的重要特征，以树形表示分类或决策过程。例如，高尔夫球场根据天气情况，如刮风与否、湿度高低等若干决策节点构建决策树来预测天气状况变化和客流的关系。四是神经网络，即在逻辑回归的基础上，通过机器的自学习不断改良和优化人工神经网络模型。例如，谷歌开发的围棋程序AlphaGo就是通过机器学习的方式不断掌握比赛技巧，并相继战胜了世界著名棋手李世石和柯洁等。神经网络还可以运用于金融行业，中国工商银行通过神经网络的模型开发出了防金融诈骗的软件，用来控制金融风险。这些数据挖掘模型和其背后的算法无时无刻不在影响着数字经济的发展。

全球著名科技咨询公司Gartner在每年的7、8月份都会发布一条新兴技术的成熟度曲线Hype Cycle。在这条曲线上，2011年，“大数据”处于萌芽期；2012年、2013年、2014年分别处于过热期、过热期、低谷期；2015年，“大数据”改称“全民数据科学”，处于“萌芽期”；2016年，“大数据”又改称“数据湖泊”。根据Gartner近年的说法，“数据湖泊”的价值取决于分析技能的可获得性与有效性，其核心是数据存储策略，而非其存储特征。

我们认为，大数据技术的迅速发展和以下几个条件是分不开的：一是新的科技手段与大数据的积累和挖掘相辅相成。在电商领域，亚马逊、京东等通过大数据提前预测用户需求，并进行精准推送；在金融领域，成功上市的拍拍贷利用大数据风控模型“魔镜”系统，依靠算法技术，通过机器自学习不断自我迭代升级。二是数据经济的持续发展依赖于已经崛起和即将崛起的无数从事数据经济的企业。目前，中国从事数据经济（即大数据专业）的企业有2000多家，其中包括百度、阿里、腾讯等互联网企业，华为、浪潮、中兴等IT企业，以及一批如人大金仓、数据堂等聚焦大数据创新应用的初创企业。在这些企业中，可分为以下三大类细分市场：第一是融合应用市场，包括政府、工业、农业、金融、医疗、营销、交通与电信的大数据应用；第二是数据服务市场，包括数据交易服务、数据采集和预处理服务、数据分析与可视化服务、数据安全服务；第三是基础支撑市场，包括网络、存储和计算等硬件基础设施，资源管理平台与数据采集、预处理、分析和展示相关的方法和工具。三是数据经济的发展需要推动积极协同。在大数据骨干企业不断加大研发投入的背景下，大数据与其他技术融合的创新取得了一系列重要进展。阿里巴巴的飞天技术平台融合了大

数据和云计算的核心技术，每秒能实现高达17.5万笔的订单交易量；百度的“百度大脑”和科大讯飞的“讯飞超脑”等重大项目也是融合了海量数据分析、人工智能和云计算的成果。随着数据经济的不断发展，技术的融合创新将不断涌现、持续深入。数据经济市场已经孕育出越来越多的全新的商业模式和新兴业态。四是数据经济的发展离不开国家的支持。中国大数据市场从2009年开始萌芽。当前，大数据已经成为国家基础性战略资源。2015年，“大数据”首次被写入中国政府工作报告，当年，国务院颁布了《促进大数据发展行动纲要》。2016年，中国“十三五”发展规划中明确提出了实施国家大数据战略，全面实施促进大数据发展行动，加快推动数据资源共享开放和开发应用，助力产业转型升级和社会治理创新。北京、上海、天津、重庆、广州、贵州等省市制订了大数据发展规划，其中贵州率先颁布实施了全国首个省级大数据法规《贵州省大数据发展应用促进条例》。大数据产业基地开始在全国各地开展建设，如天津与北京、河北联合建设的“京津冀大数据走廊”。此外，贵州贵安新区、陕西西咸新区、湖北武汉“光谷”等地纷纷开始建设国家级大数据基地。

目前，数据交易产业化正逐步成形。上海市于2016年4月成立了数据交易中心，围绕“资源、技术、产业、应用、安全”主线，布局“交易机构+创新基地+产业基金+发展联盟+研究中心”五位一体的大数据产业链生态，形成集数据贸易、应用服务、先进产业为一体的大数据战略高地。在一系列产业政策的支持下，数据经济产业规模迎来加速增长。在希腊神话中，普罗米修斯为人类盗取火种，带来光明。大数据就像是数字经济时代的“火种”，点亮了人类智能文明。

二、这里有蓬勃发展的服务经济

服务经济是继农业经济、工业经济之后出现的，其是以提供服务产品为核心的一种崭新的经济形态。如果说服务是一种非交易性质的活动的话，那么服务业则是一种产业，是一种有交易活动的经济行为，在产业经济学中被称为第三产业，而服务经济则是一种经济形态，它包含服务产业及其相关的制度（如税收等）。吴敬琏教授在《中国增长模式抉择》一书中，共有306次提到了“服务”二字。他认为，服务产业的快速发展源于科技进步与数字技术。多年前，人们曾担忧服务经济的发展会挤压制造业经济、工业经济的生存空间。诚然，由此而产生的市场竞争会挑战许多行业和企业，但发展服务经济是发达国家经济发展的经验，也是发展中国家走向繁荣的切实体验。

在服务经济年代，最重要的技术之一就是云计算与云服务，而云服务将成为服务经济中的后起之秀。虽然迄今为止，服务经济的内涵和外延并没有形成广为接受的定义，但一般而言，服务经济都具备非实物性、非生产性、即时性等经济学特征。在服务经济时代，出现了商品的服务化（满足消费者的个性化需求）和生产的服务化（生产制造更灵活、更具弹性）两大趋势。我们知道，生产的服务化离不开云计算技术的发展。2015年，IBM曾对全球5000多名CXO（CEO/CFO/CIO等的统称）做了调研，选出了5项明星技术，其中云计算与云服务位居第一。过去几年中，在全球企业信息化、数字化的背景下，云服务产业迅速发展壮大。国内外涌现出一批云服务的领军企业，如国内的阿里（阿里云）、腾讯（腾讯云）、华为（华为云）、百度（百度云）等和国外的亚马逊、谷歌、微软、IBM等。中国企业在云服务的赛道上不甘居后，一些大的企业集团提供多项云服务，例如，阿里巴巴至少拥有11个“云”——除了国内的几个“云”以外，还在美国、欧洲、中东、新加坡、澳大利亚、日本等地也建立了云中心。京东作为一家以零售与电商起步的企业，云服务也得到了空前的重视。

云服务的进一步发展扩容，需要底层通信技术的建设和升级。在5G时代，云服务提供着更加快速的存储或读取，此时，我们的电脑主机就显得不太重要了，因为依靠云存储与云计算就能实现数据的在线实时交互。以前，智能手机最大内存只有256G，PC机的内存远超手机。可是，当智能手机和PC机的上网速度和搜索资料的耗时几乎相同时，内存或许就不再重

要，重要的是云！大量的东西都是在云端存储。5G提速，最终提高了工作效率。一些企业将会因此调整产品结构，向云服务的硬件制造与软件服务倾斜。

在5G技术的研发上，我国提前布局，先发优势明显。媒体披露，中国电信运营商、芯片制造商和终端厂商等都在积极参与5G开发。中国移动、中国电信、中国联通在2020年之前已经实现5G的规模商用。我国率先提出的“5G之花”的9个指标中，有8个被ITU（国际电信联盟）采纳，领跑全球移动通信舞台。由华为等中国公司主导的Polar码（极化码），以及由中兴通讯提出的全新的5G物理层和多址技术等表明，中国在5G标准制定上已逐渐拥有话语权。截至2023年1月11日，我国累计建成开通5G基站超过230万个，新型数据中心建设成效明显。

未来，云服务将在服务经济中首屈一指。作为支撑数字经济时代的底层服务技术，云服务将是区块链、量子传输、量子通信等新兴科技的孵化源泉。

三、这里有蓬勃发展的平台经济

平台是双边市场、多边市场的产物，它必须借助移动互联网的优势。平台经济的特点是开放、服务最大化，并提供部分免费服务。在数字经济时代到来之前，简单的物理平台在商业上作为平平；而今天，数字经济借助平台的形式成就了一大批企业，其中既有创新型企业，也有传统型企业。对平台经济的了解，不能忽略平台的特点。“开放”可以让平台经济企业赢得更多的市场份额，提升竞争力和效率。在决胜市场的过程中，企业的“开放”心态往往能使其更胜一筹。随着AlphaGo战胜柯洁，谷歌在人工智能领域开放的布局浮出水面。2015年，谷歌开源了AI分析处理系统TensorFlow，为基于TensorFlow的项目提供了一流的操作环境。这使得全球领先的机器学习团队在开发智能服务时将TensorFlow框架作为首选，反过来这也促使谷歌在智能服务中占到明显的比较优势。众所周知，中国的科大讯飞人工智能生态也在逐步构建之中。2010年，它发布了全球首个移动互联网智能语音交互平台，即“讯飞开放平台”，该平台基于多元化的场景，与合作伙伴共同开发细分领域的个性化智能应用服务，即所谓的人机交互的“AIUI智能开放平台”。截至2016年6月，该平台覆盖终端用户数已达到8.1亿，合作伙伴超过16万家，日服务量达24亿人次。此外，中国也有比肩谷歌的开放平台，那就是旷视科技推出的Face++人工智能平台，一个面向开发者的开放平台。该平台总共为600家企业和5万余位开发者提供了智能服务，每天被用户调用超过2600万次，其中包括蚂蚁金服、美图秀秀、菜鸟驿站、亚马逊联合创新中心、中国银行等知名企业。最新的Face++平台拥有四大利器：第一是算法升级，检测更准、更快、更稳；第二是更多的API（应用程序编程接口），除了人脸识别以外，还提供了证件识别、图像识别、文字识别的能力；第三是服务更透明，开发者可以实时监控服务质量与状态；第四是继续免费。开放的特质使得旷视科技的Face++逐渐成为中国市场上的主流人脸识别技术。

为什么说平台经济方兴未艾？2017年9月中旬，新闻媒体报道了“上海银税互动信息服务平台”“中国科学院机构知识管理平台”等平台的成立。通过建立国家层面的电子政务平台，更有利于宏观审视、实时监管、及时协调各个政府部门平台的运作与联通，为企业提供最快捷的服务。

平台是基于移动互联网优势的双边市场的产物，从初创的那一天起，它就以服务最大化为宗旨。优质平台所提供的一流服务深入人心，而相比过去传统的服务，平台服务的效率既有利于生产者，更有利于消费者。迄今为止，绝大部分的平台型企业都擅长赋能消费者，并为此进行了一系列技术创新。例如，为了让消费者更轻松地浏览商品、下单购物，平台型企业引入语音技术、视频技术，甚至AR、VR技术；为了及时分拨、配货、递送，让消费者尽快收到货品，平台型企业开始引入人工智能存储系统，乃至无人车、无人机；为了让消费者更便捷地支付货款，平台型企业引入了射频识别系统（RFID）和各种电子支付（二维码）系统。

我们认为，平台发展、平台转型的良好境界是赋能生产者。在双边市场和多边市场中，平台连接着采购商与供应商，连接着消费者与生产者，连接着供应链的双边、多边。平台自问世以来，正面效益显著，负面反映也不少，假冒伪劣渐渐成了电商平台成长中的烦恼。消费者抱怨在电商平台频遇假货，生产者抱怨在电商平台上屡被冒牌，电商平台成为众矢之的。阿里巴巴用自身积累了几十年的诚信体系的宝贵数据，用算法这个利器，携手生产者，共同杜绝制假售假。其主要通过“优先排名”“向客户推荐”等方式，帮助信用良好的中小微企业建立品牌与信誉。

我们都知道，天下所有的总经理总是以尽快取得效益、收回成本为职责，企业真的能做到始终如一的免费吗？一路拼杀至今的林林总总的电商平台深谙其道，它们在创立之初总是以免费开路，无论是马云的淘宝、马化腾的免费聊天、周鸿祎的360杀毒软件，还是百度、搜狐、新浪、网易的搜索引擎，无不凭借数字化的特有优势，通过免费服务的成功导流，获得了海量的用户。在互联网和物联网年代，从某种意义上说，拥有用户就拥有定价权。当今，免费的模式层出不穷：硬件收费，软件免费；软件收费，硬件免费；此项收费，他项免费。这些形形色色的免费范式，令消费者在省钱的同时萌生隐忧。免费享受了服务，难免泄露个人信息。如今，大型电商平台也开始收费了。理性地思考免费与收费，是平台经济发展中值得注意的一种策略。要知道，平台经济是双边市场、多边市场的产物，开放和服务最大化是其本质特点和核心优势，“免费”只是开放和服务最大化带来的边际效应。但如果本末倒置，将“免费”等同于平台，把“免费”看作平台必然的产物，则会对数字经济健康的创业生态造成伤害，因为这背离了基本的经济学原理。

四、这里有蓬勃发展的物联经济

在数字经济时代，“无处不终端、处处皆计算”的移动技术，让联系“人与人”的互联网快速进化成为联系“人与物”“物与物”的物联网。

由物联网催生的物联经济，被善于洞察先机的企业家们视为发展良机。零售业成了物联经济的先试先行者。《物联网+》一书中指出，“通过将每部设备转变为拥有者与用户之间的交易点和经济价值创造者，物联网将创造新的实时数字经济和新的价值来源”。我们将这种转型称为“物联经济”。其同时指出，“我们周围的无数种资产与任何在线商品一样，能够轻松地进入索引、搜索和交易”。由此，“所有的行业都面临着巨大的经济增长和进步机遇”“这将创造一种具有重大意义的全新的物联经济”。此外，我们可以看到亚马逊采用IBM的“数据洞察与分析优化方法论”，成功预测客户的购买行为，精准地实现“提前出货”，既不爆仓也不缺货，这是一种高超而又极富价值的运营管理技术。今天中国的企业如京东物流、菜鸟网络、苏宁物流等都在这方面进行了深入研究，目前已能应对自如。

研究表明，前几年亚马逊在分拨中心配货系统中，成功采用了物联网技术：首先是颠覆了零售行业传统的存放货品的模式（固定存储即固定货架、固定区位），代之以“随机存放、随机入架”的模式，即把入库的物品随机插在任何空置货架上，有效地利用存储空间，省时提效，降低花在新员工培训上的物力和精力；其次是颠覆了传统的拣货配货模式，即以“货架找人”替代“人找货架”，该技术采用了Kiva机器人。Kiva是亚马逊斥资8亿美元收购的，它实现了5项科技创新，包括巡航技术（用于读取地上的网格视觉记号）、视觉系统（用于读取货柜条形码以定位货物）、无线连接（保证与其他无线系统无缝整合）、自动充电（即系统自动控制Kiva回站点充电的时间点），以及通过软件系统无线定位，规划往返最短路径。

亚马逊所采用的物联网技术，其背后是算法技术，比如启发式算法和A*算法。启发式算法是一个基于直观或经验构造的算法，在可接受的花费（指计算时间和空间）下，对每一个实例中待解决的组合优化问题给出一个可行解，该可行解与最优解的偏离程度一般不能被预计。A*算法

（A-Star）是一种静态路网中求解最短路径的最有效的直接搜索方法。当搜索函数的估价值与实际值越接近，此函数就是越好的估价函数。

今天，我国的企业已经开始在物联网领域中崭露头角，而且发展前景良好。北京极智嘉科技股份有限公司（Geek+）是一家专注仓储物流领域的科技公司，采用机器人和人工智能技术为物流行业提供高度柔性和智能的物流自动解决方案，该解决方案已在天猫超市、唯品会、苏宁电器、联华超市等多家企业的物流管理中实现商用。北京极智嘉科技股份有限公司的核心研发团队成员均毕业于国内一流高校，其中多名成员曾在国内外机器人比赛中获奖。

Geek+机器人系统，整合库存管理、订单管理，形成整体解决方案，从而在上架、理货、订单拣选等多个环节中提升作业效率（大约为传统人工作业效率的3倍）。同时，Geek+的机器人调度、智能仓储模块可根据不同的业务场景实现定制化，它的算法仿真系统包含全局聚类、动态批次、关联挖掘等优化策略。位于上海嘉定区的京东“亚洲一号”是国内最大的单体物流中心之一，2014年10月投入运营，其建筑面积接近10万平方米，仓储层高达24米。“亚洲一号”大规模应用自动化设备和机器人对商品在立体化空间中进行存储、拣选、包装、输送和分拣，自动化率达90%。2017年6月18日，央视《经济半小时》栏目对京东的分拣机器人“小黄人”进行了报道——300个“小黄人”借助二维码和惯性导航，自动识别快递面单信息，自动完成包裹的扫码与称重，以最优线路1秒钟完成投递，其效率是人工效率的8倍。“小黄人”还能自动充电，即使出了故障，维修时间也仅需20秒。“菜鸟物流”于2017年9月20日正式宣布启动超级机器人仓群，以确保在物流单量高速增长的情况下，依然能大幅提升运营效率。据悉，这些建于上海、天津、广东、浙江、湖北等地的仓群，将通过算法技术、自动化流水线、AGV机器人等提升仓内无人化作业水平。如今，商家为求在激烈比拼中胜出，都在积极求助于超前的物联经济理念与全面的物联网技术。一年一度的“双十一”大促销活动，其订单支付就是依靠物联网技术保驾护航。一般情况下，人工分拣一小时能处理1000件包裹，而智能包裹分拣系统的自动化分拣大大提升了效率——传送带装备了自动扫码系统，利用物联网图像采集、传感、信息处理等技术，快速扫描货位，并能实时访问服务器数据库，获得每个包裹的地址信息，再将包裹送到相应的分拣口。

曾几何时，物联经济发展犹如星星之火，渐成燎原之势。2020年，全球出售硬件、软件和综合解决方案的物联网服务供应商年收入高达5000亿美元，利润高达700亿美元。同时，云服务提供商、分析和基础设施软件供应商将对物联网交易产生重要影响。

2017年1月6日，埃森哲发布《2017动态数字消费者报告》，首次将数字语音辅助设备（如Amazon Echo和Google Home）的购买意愿纳入调查范围。尽管目前仅有4%的受访者拥有此类产品，但有65%的受访者表示会经常使用这些设备。这表明，此类新技术的接受度很高。此外，有46%的受访者称计划在未来5年内购买家用网络摄像机，有44%的消费者称计划在未来5年内购买可穿戴健康监测设备，同时，还有42%的受访者称计划在未来5年内购买智能家用恒温器。无论是工业经济时代还是数字经济时代，赢得先机的关键在于拥有相应的基础设施。数字经济企业中的佼佼者BAT、科大讯飞、京东、华为、亚马逊等，以及领跑数字经济的北、上、广、深、黔、渝、浙、苏等地区，无一例外地对“大、云、平、移”等数字经济相关的基础设施作了倾力部署。

除了基础设施之外，对物联网相关的各类前沿技术的及时把握也是制胜的关键。据统计，与物联经济相关的前沿技术有30余项，其中包括数字许可证授权管理、硬件安全、数字镜像/数字双胞胎、自动驾驶技术、泛在独立物流网格、低功耗网络（LPN）、物联网ERP、供应链区块链、城市智慧交通预测解决方案、仓储执行系统（WES）、用于物流的可穿戴设备、仓储机器人、供应链物流衔接等。事实上，“中国制造2025”“工业4.0”等战略部署应用的核心技术就是物联网技术，它们的实施最终也必然

会推动物联经济的发展。

在特定领域中，如医疗领域的物联经济（包括移动医疗、医联体、互联网医院、分级诊疗等）正在探索中前行。河出伏流，干霄凌云，未来物联经济或将成为移动互联网应用的后起之秀。普华永道的一份咨询报告指出，人口老龄化、患者的个性化需求、基础设施的日新月异（如电子医疗记录、远程监控及通信、远程医疗服务）等都为移动医疗的发展创造了条件。经过近几年的快速发展，人们对移动医疗已不再陌生。业内对其迭代的大致共识如下：移动医疗1.0时代涵盖面向C端用户的预约挂号、咨询问诊、移动支付等外围医疗服务，尚不涉及具体诊疗；2.0时代将在1.0时代的基础上，实现从医到药的就医诊疗服务，但全流程尚未移动化；3.0时代则要解决移动医疗的可持续发展，找到持续盈利的商业模式，其中与保险公司合作或许是一个途径，例如可以探索建立某种商业健康保险，以形成移动医疗稳定的支付方与控费方。

“中国制造2025”、德国的“工业4.0”等都是物联经济的国家级范式。2017年11月28日，国务院印发《关于深化“互联网+先进制造业”发展工业互联网的指导意见》，意见中明确了3个发展阶段：到2025年，覆盖各地区、各行业的工业互联网网络基础设施基本建成，工业互联网标识解析体系不断健全并规模化推广，基本形成具备国际竞争力的基础设施和产业体系；到2035年，建成国际领先的工业互联网网络基础设施和平台，工业互联网全面深度应用并在优势行业形成创新引领能力，重点领域实现国际领先；到本世纪中叶，工业互联网创新发展能力、技术产业体系以及融合应用等全面达到国际先进水平，综合实力进入世界前列。

五、这里有蓬勃发展的共享经济

足不出户，您便可以收到网购的物品，这是因为您共享到了快递员的上门送货服务；不用上街扬招，您便可坐等滴滴接驾，这是因为您共享到了网约车平台的快捷派车服务。共享经济为创业、创新等提供了一种新思维，即充分利用自身资源，借助物联网渠道降低原始投资成本，创造出新的商业模式和生活方式。共享经济的概念，首次出现在20世纪70年代，当时被称为“合作消费”。2011年，“共享经济”被美国《时代》周刊称为“将改变世界的十大创意之一”。分享经济和共享经济，在经济学上几乎是同一个概念，即“sharing economy”。近几年，中国共享经济的创业、创新成绩有目共睹。2017年11月，习近平总书记在APEC会议的演讲中多次提到了“共享”一词，并指出“新一轮科技和产业革命形成势头，数字经济、共享经济加速发展，新产业、新模式、新业态层出不穷，新的增长动能不断积聚。”

关于共享经济，10年前风行的共享经济是外包与众包。2006年，弗里德曼的《世界是平的》一书揭示了互联网时代的到来，指出互联网是“碾平世界的十大动力之一”。凭借数字技术，人们可以采用外包的方式，实现服务贸易的跨国、跨境交易。10年来，全球服务外包发展很快。仅在2017年中国国务院与商务部就四次推出有关文件与政策。“众包”一词的首提者是《众包》的作者美国知名学者杰夫·豪。其认为企业开发产品可以由众多置身于公司之外的国内、国际的技术人员借助互联网实现跨国、跨时区、跨界的协作来完成。

跨国的服务外包，以B2B见多，国内的外包则既有B2B，也有B2C。而众包业务，无论是国际还是国内，B2C与B2B均可发展。到了共享经济的层面，无论是外包还是众包，共享的是时间、技能、知识、劳务等因素。时下成为热点的共享经济涵盖了衣食住行等16个领域。人们可以共享内容、共享产品、共享空间、共享知识、共享资金，乃至闲置资源等。共享的目标是优化资源配置。2017年9月23日，腾讯证券转载美国博客网站BI的文字称，从全球范围来看，大多数“独角兽”公司都设在美国和中国。的确，细数全球十大“独角兽”公司，有4家注册于中国。

数字技术的发展令共享经济如虎添翼。如果没有数字技术，面对海量人群的海量需求，面对需要共享给海量消费者的海量资源，共享经济企业

将束手无策，何谈提速发展。没有大数据技术，滴滴无法实时定价；没有云服务技术，摩拜无法扫描开锁；没有平台技术，“上海停车”App无法更新车位；没有移动互联网与物联网技术，爱彼迎（Airbnb）、一起办公（WeWork）无法便捷招租。大数据、云计算、平台、移动互联网、物联网等，为共享经济、产消者经济、长尾经济、普惠经济、协同经济以及智能经济奠定了基础。中国政府支持发展共享经济。2016年3月，“共享经济”一词在中国政府工作报告中首次亮相。2017年，中国国务院专门提出支持共享经济发展的有关政策。

近年来，共享单车从国内红到国外，可谓解决绿色出行、便捷出行的“一招鲜”，其运营模式和技术含量令人脑洞大开。不得不承认，创业年代的国人不仅敢想，而且敢干。不过，赞誉声尚未落定，接踵而来的却是共享单车“一停一大片，一坏一大堆”的质疑声。此外，一些共享经济的项目纯属媒体炒作，如“共享睡眠舱”“共享雨伞”“共享马扎”“共享遛娃车”等，其可推广性是值得推敲的。因为，共享经济原本是充分利用闲置资源、调动沉睡资源。对起步阶段的共享经济，人们应当包容试错、宽容失误。但听凭炒作，无序乱“享”，被搅局的不仅是传统经济，创新型经济也难避伤害。倘若生造需求，无限制地扩容产品制造，那就严重地背离了供给侧结构性改革的初衷，必须及时预警，适时制止。

六、这里有蓬勃发展的产消者经济

战略学家托夫勒在《第三次浪潮》一书中预言：未来，生产者与消费者之间的界限将会逐渐模糊，甚至融为一体。传统意义上的消费者将更多地参与到产品开发和设计环节，成为产消者。在工业经济年代，人们经历过原料不足、产品短缺、服务匮乏的岁月，生产者与消费者之间并无平等可言。正如亨利·福特所说的，“不管顾客需要什么颜色的汽车，我只有一种黑色的”。然而，数字经济颠覆了传统的工业经济中那些以“卖方”

为中心的生产模式与营销模式。

产消者案例在平台型企业中多次出现。众所周知，数字技术造就了无数的电商企业，只有那些经历过竞争洗礼而赢得市场的平台型企业，才能培育经济学家、战略学家预言中的“产消者”。它们凭借数字技术，通过移动终端打通产消两头，活跃供需各方，协调市场双边，积极平衡产品余缺，将来自企业、消费者的需求热点和痛点，第一时间传递给生产者、制造者和供应商。苹果、安卓的应用软件（App）的一部分是通过众包的方式，邀请全球的软件发烧友兼工程师共同开发的。苹果公司CEO库克在2017年12月3日第四届世界互联网大会开幕式上发言表示，中国有180万名苹果iOS App开发者。显然，中国拥有全球最大的智能手机消费群体，相信这180万名开发者也是智能手机的发烧友，他们有能力第一时间沟通产、消双方，这是产消者经济十分典型的例子。而国内创业型企业700Bike也是产消者经济的典型案例。700Bike推出了新一代城市自行车，已发布四大系列——“后街”“美术馆”“百花”“银河”。700Bike让用户参与单车的外形设计，如用户可以在线设计“后街Mini”的款式、配置和色系，有三大车系、40款车型、10种配色可供用户进行设计。同时，用户的设计方案将在京东金融尖儿货平台上进行“海选”，得票数高的设计方案将进入京东众筹，再由700Bike投入生产和上市。

2017年9月1日，在金砖国家工商理事会上，《金砖国家数字经济发展研究报告与案例共享》正式发布。在这份报告中，海尔COSMOPlat凭借其独创性、引领性、普适性，在产业互联网创新案例中独占鳌头。COSMOPlat是全球唯一一个用户参与交互的工业互联网平台，它让用户自主定义所需要的产品，即从产品设计、生产制造到物流配送，用户可以全流程参与其中，真正实现从消费者到产消者的转变。这种转变令用户体验升级为无缝化、透明化和可视化，其生产效率也随之提升了近60%，定制订单量有了大幅的提升。海尔COSMOPlat平台在“众创汇”模块上，将用户碎片化需求进行整合，并同时让用户全流程参与，覆盖包括设计、

制造、横向集成等领域的7项业务，即社群交互、开放设计、精准营销、模块采购、智能制造、智慧物流、智能服务。据悉，在COSMOPlat定制平台上，用户可以在第一时间获得个性化解决方案。“多入口”“全场景”的海尔智慧家电在使用过程中，还会继续衍生新的社群交互，驱使COSMOPlat平台持续升级，迭代出新的解决方案。目前，海尔已建立了8家互联工厂样板，以实现向大规模定制的转型。这种以产消者为特征的模式，未来有望推广到电子、船舶、纺织、装备、建筑、运输、化工等各个行业。

我国于2015年提出的供给侧结构性改革和需求侧结构性改革丰富了产消者经济的理论创新与实践探索。从工业经济跨越到数字经济，绝对的富裕（如物产丰富、资源富足、资金充沛和信息爆炸），绝对的过剩（如产能过剩、设备陈旧、知识老化）与绝对的不足（如优才短缺、技术匮乏、供需失调、产消缺配）往往会纵横交错。它们可能发生在相同的时间点、相同的地域，相同的时间点、不同的地域，不同的时间点、相同的地域，不同的时间点、不同的地域，导致供给与需求各行其是，生产与消费严重背离。这种状况沉重地困扰着经济的健康发展与产业的生态平衡。中国政府推进的供给侧结构性改革和需求侧改革是对经济学理论创新的伟大贡献，它启示着各类企业明白“放弃需求侧谈供给侧或放弃供给侧谈需求侧都是片面的，二者不是非此即彼、一去一存的替代关系，而是要相互配合、协调推进”。换言之，无论是关注需求而放下供给，还是重视供给而漠视需求，均不可行。

在推进供给侧结构性改革和需求侧结构性改革的战略背景下，实现生产者（供给）与消费者（需求）的无缝连接、精确贯通恰逢其时。“扩大有效供给，满足有效需求”这个理念，从未像今天这样被倾听、被关注、被推广。数字经济时代，产消者经济如同数据经济、平台经济、物联经济一样，活力无限、生机盎然。

七、这里有蓬勃发展的长尾经济

工业经济时代，生产规模越大，单位成本就越低，效益则越好，这就是规模经济。规模化量产、产品品类相对集中，是制造业获利的重要手段。反之，产量少、品类多，制造型企业就难以生存。而数字经济时代，出现了新的市场规律，品类多、产量少，企业整体还是可以获利，尤其是软件类、服务类企业，这就是长尾经济。

数字经济让长尾经济成为可能。长尾理论是从统计学中一个形状类似"恐龙长尾"分布特征的口语化表述演化而来。《连线》杂志的主编美国学者克里斯·安德森著有《长尾理论》，他在书中指出，"科技创新将大规模市场转化成无数的利基市场。"只要存储和流通的渠道足够大、足够多，小众商品占有市场份额的总和甚至可以比肩少数几种大众热卖品的市场份额。例如，在线音乐零售商Rhapsody网站的日常下载量的一半为少数畅销音乐，而另一半则为林林总总的小众音乐。从长尾理论的模型图中，我们也能看到，畅销品高耸的销量曲线所覆盖区域的面积和利基市场产品无限趋向触底的销量曲线所覆盖的面积大约相等。

在线交易量占据了美国DVD租赁市场一半份额。在线影片租赁提供商Netflix则将长尾经济的优势运用在DVD租赁市场。Netflix开发出一套推荐系统，通过分析用户订阅记录，推送用户可能感兴趣的小众影片，包括利用邮件推送50万部电影，增加小众电影的知晓度，提高其租借周转率，减少片库成本，在为电影发行商增加冷门电影销量的同时，又满足了用户多样化的观影需求。

数字经济的发展加强了长尾市场的商品流动性。显然，亚马逊是长尾经济的代表性企业。有人会问，亚马逊的长尾有多长？据亚马逊网站称，有超过10万个独立卖家在其网站上开店，自行销售，大大增加了亚马逊的产品种类，使其迅速获得了长尾市场强大的"尾部"力量。这些第三方卖家给亚马逊带来了40%以上的营业收入。"一家大型书店通常可摆放10万本图书，但亚马逊网络书店的图书销售额中，有四分之一来自排名10万以

后的书籍。这些‘冷门’书籍的销售比例正在快速增长，预计未来可占销售总量的一半。”亚马逊网站的一位员工表示，许多从前在传统渠道卖不动的书，在网店的销量很好。

无独有偶，Google的广告业务AdSense携手数以百万计的中小型网站和个人网页，大大降低了广告业务的门槛。在需求侧，做广告不再高不可攀，可以自助操作，价格低廉，谁都可以做广告；在供给侧，对成千上万的博客网页和小规模的商业网站来说，在自己的页面上播一条广告不过是举手之劳。也许大众媒体和广告商对这类广告载体不屑一顾，而Google的AdSense却通过提供个性化定制的广告服务，形成了长尾广告市场。截至2017年9月，Google的市值已超过6000亿美元，完全有理由说，Google成为长尾经济年代中全球“最有价值的媒体公司”之一。当前，制造类产品往往可以与服务类产品捆绑在一起。企业家要长袖善舞，交替利用规模经济和长尾经济建立商业模式。无论是Rhapsody、Amazon、Netflix，还是Google，如果不借助数字化手段，将无法发现长尾有多长，品种有多丰富，市场有多大。

电商平台B2B、B2C的服务和产品数不胜数，长尾在手，胜券在握。阿里巴巴、淘宝、阿里旅行等提供的服务和产品说到底也是长尾。国内视频行业开始应用长尾效应开发“广告+收费+流媒体”这种形式，爱奇艺就是其中一例。2017年爱奇艺已成为现象级自制内容生产者，2018年上线了200余项重磅内容，包括院线、自制、电视剧、综艺、小视频、广告等娱乐生态内容多领域，使得其流量大幅上升。艾瑞数据显示，2017年9月的移动视频市场，爱奇艺App月独立设备达5.41亿台，而PC视频市场，爱奇艺月覆盖用户达3.8亿人。无独有偶，“今日头条”累计用户为5.3亿，日均活跃度5500万人次，巨大的流量得益于多种类的内容和数量庞大的创作者，截至2017年1月，“今日头条”平台上共有44万个头条号，每天创造超22亿次内容消费。

智能手机企业在硬件制造、软件开发方面走的是规模经济的路子，而在软件和服务产品的销售方面，则打出了长尾经济的牌。长尾经济反规模经济之道而行之，品类繁多无损市场份额和盈利。在某些领域，如音乐、图书、影视等，假如有足够的存货和畅通的渠道，小众产品积少成多，仍可占据可观的市场份额，甚至超过热卖产品的市场份额。当今，服务领域的企业应用数字技术，提供多品种服务，刺激了市场进一步释放形形色色、浩如烟海的需求。这种长尾经济模式，以“品种之多”带来的“需求之宽”“数量之巨”，将赢得在市场竞争中胜出的美好机遇，这是在工业经济、规模经济时代所不可想象的。

八、这里有蓬勃发展的普惠经济

谈到“普惠经济”，不得不提到一位曾经获得诺贝尔和平奖的银行家。2006年，诺贝尔和平奖出乎意料地颁发给了一位银行家穆罕默德·尤努斯，他是孟加拉国乡村银行的行长。其获奖的原因是开创了“微额贷款”的服务，解决了几千万穷人的贷款问题。他的目标是人人都可以从中受益。回望当年，数字金融和互联网金融尚处在萌芽期，而前沿科技对于欠发达的孟加拉国来说，更是难以企及。尤努斯行长靠能力、靠魄力、靠一己之力，创造出如此不凡的金融服务奇迹，着实令世人惊叹！

10多年前，普惠金融初涉人世，初入学界。几乎在尤努斯获奖的同时期，即2005年至2006年间，世界银行提出了普惠金融的概念，并提出“普惠金融是立足机会平等要求和商业可持续原则，以可负担的成本为有金融服务需求的社会各阶层和群体提供适当、有效的金融服务”。面向全球约183个经济体，世界银行迄今为止已发布了涵盖约143个经济体的100多个指标、超过15万份与普惠金融相关的观察报告。2012年，GPFI（普惠金融全球合作伙伴）正式发布了G20普惠金融指标体系。这个体系按金融服务的使用情况、可获得性和质量等3个维度制定了29项指标，其中21项基于世界银行的7项调查。据世界银行估计，全球有将近20亿成年人无法获得像银行账户这样最基本的金融服务。在新兴市场中，近50%的成年人和60%

以上的妇女被排除在传统金融体系之外。其实，这个巨大的消费群体拥有同样巨大的潜在的金融需求。但是，没有正规的财务记录，没有最基本的数据积累，他们无法申请并获得可以帮助自己脱贫的储蓄账户和贷款。直至今日，很多人仍只能依靠高风险的非正规金融服务来满足一时之需。

移动终端遍布全球的数字经济时代，普惠金融已不是当年尤努斯的风范。尤努斯的历史贡献，已被全球公认并载入史册，如果当时有哪怕一丁点儿优质的电信服务，相信尤努斯会干得更好。如今在非洲，即便不是人人都拥有银行账户，但是智能手机同样能帮助人们获得金融服务。非洲使用手机银行的人数已达2.27亿人。肯尼亚、坦桑尼亚、利比里亚和苏丹的手机金融业务使用人口分别占总人口的71%、40%、39%和38%。手机银行转账资金中，58.9%是各种充值，24.4%是个人对个人的转账，14.6%用于商业活动。在中国，事实证明，昔日各大银行靠扩大商业网点普及金融服务，今日已没有必要。今天无论传统的还是创新的金融机构都在利用移动终端技术为城乡居民提供金融服务。数字技术与移动支付在短短几年中改变了亿万中国人的金融消费习惯，远在农村的贫困人士和小微企业，均可轻松地融入广泛的经济活动中。2013年，微信支付投入运营后，中等消费需求的用户可以轻松地购物和转账，而小微企业则借此开辟了新的营销通道。

普惠经济和普惠服务是中国的决心，也是人类的期盼。开放、包容、普惠、平衡、共赢，让全体人民共享经济增长和经济全球化的成果，这是中国遵循的新的发展理念。移动支付、大数据、云计算、人工智能等金融科技创新的广泛应用，带动了普惠金融的发展，使得贫困人口有望依靠科技创新走上致富之路。自2016年国务院印发《推进普惠金融发展规划（2016—2020年）》以来，国家重点帮助贫困人群和弱势群体获得普惠金融服务。截至2016年底，基础金融服务已覆盖全国54.2万个建制村，覆盖率高达95%。中国政府在实现强国之梦的征途中，不忘普惠服务的初心。中国作为2016年G20首脑会议的东道国，首次将普惠金融提上全球议程，提出通过数字和移动技术让更多的人获得金融服务，体现了中国政府发展普惠金融的决心与责任感。

数字技术的创新，催生了全新的数字化教学模式“慕课”（MOOC），这也是一种具有普惠性质的教学模式，可以同时满足不同类型、层次、学科结构的群体的需求。全球范围内，慕课平台共有39个，中国的慕课平台就有10余家（包括MOOC中国、MOOC学院、学堂在线、中国大学MOOC等）。随着数字技术手段的发展，相信会有更多的机构和个人投身普惠教学事业。一个发展中国家擎起经济全球化的大旗，一个14亿多人口的大国铭记普惠经济的发展战略，靠的是什么？靠的是制度创新、理论创新、科技创新和文化创新，而科技创新正在其中起着引领作用。

数字技术是普惠经济的应有之义。2014年2月28日，中欧国际工商学院与世界银行合作成立了“中欧－世界银行中国普惠金融研究中心”。作为一家国际化商学院，其一直直面前沿动态，不失时机地、自觉主动地开展理论研究，践行着党的十八届三中全会决定中的“普惠金融”与金融创新。2019年中国普惠金融领域贷款增速提高，全年增加1.62万亿元；2019年末，人民币普惠金融领域贷款余额13.39万亿元，同比增长13.8%，增速比上年末高5.3个百分点。截至2019年末，银行业各项贷款余额140.6万亿元，增速为12.6%。同时，2019年银行业普惠金融发展取得新成效，消费者权益保护工作开拓了新局面。截至2019年末，全国银行业金融机构乡镇机构覆盖率为96%，全国建制村基础金融服务覆盖率为97%。

2016年，华为与爱立信、Telepin、Mohindra Comviva携手，共同开发了移动金融服务账户相互兼容的全球标准，提供开源代码，允许各家移动金融服务公司接入自身网络，进而接触自身的客户群，从而让更多群体享受到各种层次类型的金融服务。也许，这就是普惠金融的初心。人与人之间千差万别，当普惠经济触及每一位个体的时候，即从普惠化演变成个性化。普惠服务借助林林总总的数字技术，如人脸识别、物联网、大数据等技术，迅捷地惠及城乡的每一位男女老少。比起以往的技术，数字技术在

普惠覆盖面和个性化服务程度方面均拥有无可比拟的竞争力。

《中国互联网络发展状况统计报告》显示，截至2022年12月，中国网民规模已达10.67亿，互联网普及率高达75.6%，手机网民规模达10.65亿。互联网已改变中国的金融消费形态。蚂蚁金服旗下的支付宝于2017年1月4日发布了《2016年的中国人全民账单》，从移动支付渗透率来看，内陆地区的西藏以90%的移动支付占比排名第一，随后是青海、甘肃，其数字均远超沿海省份。实际上，从2012年开始，西藏移动支付比例已居全国首位。目前，西藏所有建制村已实现移动通信信号全覆盖，偏远村落和广袤牧区的农牧民普遍使用移动支付进行生活必需品的消费。移动支付技术突破偏远地区基础设施薄弱、信息不对称、交通不便等现实问题，而数字化普惠金融消弭了地域阻隔和时空距离，促进了经济活动的发展和生活水平的提高。

九、这里有蓬勃发展的协同经济

协同效应原本是一种物理学现象，是指两种以上的组分（混合物中的各个成分）相加或者调配在一起，所产生的作用大于各种组分单独应用时的作用之和，又叫增效作用。德国物理学家赫尔曼·哈肯在1976年发表了《协同学导论》，并提出整个环境中各个系统之间都存在着协同。协同，作为一项应用技术，很值得企业深耕，在科技研发、高端工程、精密制造、精细运作、生产流程管理等各领域，都有着广泛应用空间。协同，作为一种经营模式，很值得企业重新审视，重新构建，重新设置，重新战略布局，无论身处平台还是实体、线上还是线下、营销还是物流。协同，作为一种经济现象，值得全球各国政府重视，无论是发达国家与地区还是发展中国家与地区。各区域发展的协同，各领域改革的协同，都是加快经济建设不可忽视的问题。

商业市场上的协同呈现出“由竞争转向竞合”与“线上线下融合”两个趋势。竞争还是竞合，渐行渐明。2013年，阿里巴巴创始人马云首提搅局金融以来，金融创新企业与传统金融企业之间展开了市场博弈，其激烈程度不可言状。有些人曾预计，这种商业竞争弥合无望。但事实却相反，随着技术的发展和对商业模式的不断探索，创新型企业和传统金融机构从竞争走向了竞合。2017年，四大行先后宣布与互联网巨头深度合作。其中，2017年3月，中国建设银行和阿里巴巴蚂蚁金服宣布开展战略合作，双方将实现二维码支付互认互扫；2017年6月，中国工商银行和京东金融签署了金融业务合作框架协议，双方将在金融科技、零售银行、消费金融等领域展开全面深入合作；2017年6月，中国农业银行与百度达成战略合作，共建“金融科技联合实验室”，基于大数据分析挖掘，提升精准营销、客户信用评价、风险监控等能力；2017年9月，中国银行与腾讯签署了《全面战略合作协议》。数字经济时代，协同才能共赢。我们将会在更多领域看到这种从竞争到竞合的趋势。

在企业间的协同领域，人工智能、大数据、云计算等技术的成熟及应用，推动了芯片、终端、内容、网络、平台和云化的协同发展，推动了企业的数字化转型，使得企业之间的协同更加灵活。例如，华为提出的云网协同，为工业、制造业等领域提供互联协同的解决方案，帮助企业构建畅通无阻的协同研发模式。2015年，华为帮助吉利汽车构建起了无边界的协同平台。区块链技术的成熟也将推动产业链各环节之间的协同。例如，亚太示范电子口岸网络（APMEN）各成员经济体可以通过区块链技术加强协同，实现电子口岸系统的数据交换；分布式部署模式改变了以往平台化的操作模式，化解了APMEN其他成员经济体对于数据安全性和保密性的担忧，实现了去中心化的数据互联、互通、互用的数据交换网络，促进了国际贸易便利化。

此外，线上与线下融合、实体与虚拟协同正成为商业市场的发展趋势。前几年，在移动互联网技术的快速发展下，O2O模式大行其道，主要表现为两种现象：一种是线下的企业试水线上，如优衣库加大线上渠道的销售，以及万达集团在积极探索电子商务；另一种是线上的企业试水线

下，如聚美优品开设实体旗舰店。而近几年，线上和线下加深融合，出现线下实体和线上虚拟店协同发展的趋势。例如，阿里巴巴提出的“新零售”，京东提出的“零售革命”，其本质都是线上线下的融合、实体虚拟的协同。京东创始人刘强东在2017年4月10日宣布，京东线上线下融合项目——百万京东便利店计划正式出炉。未来5年，京东将在全国开设超过100万家京东便利店，计划覆盖国内的每个村落。这种线上和线下的融合是大数据、人工智能、物联网、第三方支付等数字经济时代诸项应用技术的协同。

应用技术的协同，起步不易，任重道远。谈到应用技术的协同，我们认为，可以分为三个层面，分别是人与机器的协同、企业内部的协同、企业外部的协同。

首先是人与机器的协同。中国“天宫二号”在轨维修技术方面是人机协同的典范。中国中央电视台在2016年11月9日播出了一段振奋人心的视频，画面显示习近平总书记同神舟十一号航天员亲切通话的情景。播音员讲述道：“电子屏幕清晰显示着天宫二号内的实时画面。景海鹏、陈冬正在开展机械臂人机协同在轨维修技术试验。习近平总书记注视着大屏幕，观看两位航天员的试验操作。手控机械臂至预定位置、机械手和机械臂动作、机械臂复位和数据手套状态恢复……航天员精准地完成了一连串试验动作。人机协同在轨维修技术试验为世界首次，将在轨开展用电动工具拧螺钉、拆除隔热材料等模拟拆卸设备动作，通过探索人机协同作业模式，为空间机器人在轨服务积累经验。”这段视频显示了中国在航天航空领域人机协同技术方面的先进探索。人机协同技术在智慧医疗领域也大有用武之地，如达·芬奇手术机器人已经被不少医院采用。2017年4月27日，中新网曾对机器人手术进行视频直播，报道称：“在操作达·芬奇手术机器人时，医生通过手柄控制，精准操控机器人的机械手臂。机械手臂相较人的手腕更便于弯曲与旋转，这样的人机协同让手术更精准与安全。”达·芬奇手术机器人如此智能、神奇，如果离开了协同技术，简直无法想象。

其次是企业内部的协同。内部协同是指在企业生产、营销、管理的不同环节和阶段，共享资源而产生的整体效应，被数字技术赋能后，这种效应形成了倍数级增长。“上海中心”这座高度为全球第三、中国第一的摩天大楼斩获了7个国际级桂冠。作为冠盖全球的高难度建筑工程，高度不是上海中心唯一的亮点，全方位使用数字技术优化建筑管理才是其撒手锏。当年，在浇筑一块直径121米、厚6米的特大型圆形钢筋混凝土构件时，为保障“百年大计”指导下的超高质量要求，必须在63个小时内连续进行浇灌，即所有的浇灌批次不能有丝毫质量差别和流程间断。为此，上海中心动用了全市的540台搅拌车，鱼贯而行、有条不紊地完成了这项史无前例的高难度施工。质量分毫不差，操作分秒不差，不愧为一次成功的协同。上海中心总经理顾建平曾激动地告诉我们，上海中心外层幕墙的总面积为14万平方米，由20357块曲面玻璃组装而成，其材料来自多个国家，并在多个城市进行加工，安装时需兼顾多个维度，而每块玻璃之间的间隙不超过2毫米。之所以能成功实施加工和作业，同样依赖于数字化的协同技术。

最后是企业外部的协同。外部协同是指在一个企业集群中，企业通过协作共享，比单打独斗更能获利。《人民日报》2017年5月26日报道，中国已建成首个国家级制造业创新中心——国家动力电池创新中心。这个中心由企业、科研院所、高校、产业基金、社会资本等各类创新资源，以及动力电池的需求方、技术研制方、产品制造方等组合而成，实行企业化管理，致力于协同创新。“中国制造2025”为中国从制造业大国走向制造业强国指明了方向。例如，行动纲领中提出要推动整机企业和“四基”企业（即核心基础零部件、元器件、先进基础工艺、关键基础材料和产业技术基础）的协同发展，并在数控机床、轨道交通装备、航空航天、发电设备等重点领域，引导整机企业和“四基”企业与高校和科研院所进行产需对接，建立产业联盟，形成协同创新、产用结合。2016年，中国制造行业与相关方面全面在线协同的平均比例为11.8%。

全面推行协同技术，发展协同经济，实属不易，且行百里者半九十。我们的企业家们任重而道远。不太确切地说，如果智能技术有如人脑的话，那么协同技术就有如人体神经系统的一部分；如果智能经济有如数字经济的大脑的话，那么协同经济就有如数字经济神经系统的一部分。

十、这里有蓬勃发展的智能经济

“智能经济”第一次在正式文件中被提出，是在2011年3月公布的“欧洲2020战略”中。该战略将发展智能经济作为未来经济发展的重点。关于智能经济的定义，当前尚未有统一标准。我们认为，美国硅谷连续创业者杰瑞·卡普兰在《人工智能时代：人机共生下财富、工作与思维的大未来》一书中所描绘的两个趋势可能是对智能经济最恰当的注解：其一是机器正在很大程度上替代人类的工作；其二是在人工智能时代，从企业、税收和保险等机制上构建起一个有益的经济生态，可以让社会中的每一个人从技术发展中受益。这两个观点有两个重要的前提，即智能软件、智能制造。换言之，智能经济就是将人类智慧和知识转化为人工智能的过程，要实现这样的转化，需要人工智能技术，以及以人工智能为内核的软件和智能制造的协同发展。

人工智能是引领未来的战略性技术，是发展智能经济的核心驱动力。美国麻省理工学院温斯顿教授认为：“人工智能就是如何使计算机去做过去只有人才能做的智能工作。”具体来说，人工智能是通过计算机模拟人的某些思维过程和智能行为，如学习、推理、思考、规划等。人工智能于1956年首次提出，经过几十年的发展，技术不断迭代成熟，尤其是在2006年加拿大计算机学家和心理学家杰夫·辛顿提出了深度学习算法，在大数据技术迅猛发展的背景下，实现了跨越式发展。《麻省理工学院技术评论》杂志将深度学习列为2013年十大突破性技术之首，深度学习并不是新生物，它是传统神经网络的发展，两者有相同之处，即采用了相似的分层结构，而不同之处在于深度学习采用了不同的训练机制，并具备强大的表达能力。2016年谷歌AlphaGo战胜了围棋传奇人物韩国著名围棋棋手李世石，代表人工智能技术发展到了一个新的阶段。当前人工智能技术主流应用包括图像识别、语音识别、语义识别、预测规划和智能控制，在智能家居、智慧医疗、安防、无人驾驶等领域中已落地开花。

对人工智能进行战略部署，我国是行动最早、动作最快的国家之一。2015年，在国务院发布的《关于积极推进“互联网+”行动的指导意见》中就将“互联网+人工智能”列为11项重点行动之一。2016年3月，“人工智能”被写入国家“十三五”规划纲要，同年5月，多部委联合发布了《“互联网+”人工智能3年行动实施方案》。2017年3月的两会上，“人工智能”第一次正式出现在政府工作报告中。2017年7月，国务院发布的《新一代人工智能发展规划》中指出，“人工智能成为国际竞争的新焦点”，确立了“人工智能三步走”的战略目标。2017年10月，十九大报告中再次提到了人工智能，指出将人工智能和实体经济深度融合。2017年11月，科技部召开《新一代人工智能发展规划》暨重大科技项目启动会指出，“人工智能是引领未来的战略性技术，世界主要发达国家把发展人工智能作为提升国家竞争力、维护国家安全的重大战略，加紧出台规划和政策，围绕核心技术、顶尖人才、标准规范等强化部署，力图在新一轮国际科技竞争中掌握主导权”。人工智能已成为经济发展新引擎，其作为新一代产业变革的核心驱动力，将重构生产、分配、交换、消费等各个经济活动环节，从而引领中国进入智能经济时代。

软件是人工智能的载体之一，智能软件的迭代升级是发展智能经济的重要内容。多年前，中国工业和信息化部软件服务业司司长陈伟曾经说过这样一句话：“软件可以定义世界，软件应该成为世界的核心和灵魂，成为信息消费的重要引擎和重要内容。”要将人类智慧转化为智能，需要通过不同编码的软件对硬件机器设备下达指令，让机器按照指令代替人类完成预定动作，从而提升经济效率，降低成本和风险系数。无论是智慧城市，还是智能交通、智能楼宇、智慧医疗、智能工厂、智能机器人等，其

核心都是软件的设计、应用和协同。例如在建筑设计—成本核算—材料采购—构建制作—现场施工—物流运输—室内装潢—物业管理全过程中，所有的工程数据节点都存储在BIM（即建筑信息型化）系统中，为上海国际科技创新中心后续的建设、运营和维护管理平台提供了基础。

要将人类从各种重复琐碎的体力劳动中解放出来，需要大量智能化工厂以及智能化生产硬件设备，替代人类进行各种机械性劳动；发展智能制造也需要大量软件系统和技术的应用和协同，如智能装备（如智能机器人、3D打印机、智能传感器、智能检测与装配设备、智能物流与仓储设备等），以及物联网、云计算、大数据等底层信息技术等。关于智能制造的定义，《智能制造发展规划（2016—2020年）》中是这样描述的："智能制造基于新一代信息通信技术与先进制造技术深度融合，贯穿于设计、生产、管理、服务等制造活动的各个环节，是一种具有自感知、自学习、自决策、自执行、自适应等功能的新型生产方式。"推动智能制造，能大大提高生产效率和产品质量，并降低运营成本和资源能源消耗。

目前，我国的智能制造已经取得了可喜的阶段性成果并有了不少成功的案例。尤其是在高端装备制造业领域——特高压、炼油化工装备、高铁轨道交通、北斗系统、超级计算机等一批高端装备产品在世界市场崛起，轨道交通、钢铁冶金、特高压输变电等已经步入国际先进行列。传统制造企业也在借助智能软件、智能设备、建设智能工厂等手段实现积极转型。例如，家电厂商海尔的互联工厂实现了用户、产品、机器人、生产线之间的实时互联，让用户参与到产品的设计和制造等全流程的交互中，让消费者转型成为产消者；纺织行业的红领集团通过打造C2M平台，直接将顾客需求和生产制造进行连接，通过3D打印等智能化生产方式，实现产品的个性化制造。

智能经济的商业化探索、应用与落地已经遍地开花，渗透到各个产业和环节。在人工智能、大数据、物联网技术逐步发展成熟的背景下，中国关于智能经济的商业化探索日渐增加，尤其是中国的"互联网巨头"们不遗余力地探索智能商业。比如，2017年2月京东CEO刘强东对外宣布，未来12年将用自动化、大数据、人工智能等技术改造京东所有的商业模式，京东70%～80%的蓝领工作未来将由机器人承担。对此，京东近几年已经衍生出云事业部、人工智能和大数据事业部、X事业部、Y事业部、成都研究院和硅谷研发中心，分别对云服务、大数据、智慧物流、产消者、智能经济等领域进行技术和商业化应用落地的研发。京东已经研发出无人机、无人仓和无人车，大大提高了运营效率，降低了运营成本，并推出了智能客服JIMI机器人，在“双十一”等促销时段，承担了超过70%的在线客服量。此外，京东2015年就与科大讯飞联合推出了智能音箱“叮咚”，分别应用了科大讯飞的语音技术和京东的JIMI语义分析技术，销量已经累计超过百万台。科大讯飞等以人工智能技术见长的公司也在不断探索智能经济的商业化与产业化应用。为了更好地将人工智能和其他实体经济相融合，科大讯飞2010年底推出了讯飞语音云平台，2014年启动了讯飞超脑计划，一方面将人工智能最新的技术（如香港中文大学汤晓鸥教授的人脸识别技术、哈工大的最具国际影响力的中文处理基础平台等）都聚集在平台上，让实体经济各个领域的企业可以加速商业化探索；另一方面，科大讯飞将具备核心竞争力的智能语音技术应用到了智能手机、智慧教育、智能家居、智能车载等领域，其中讯飞语音输入法用户覆盖率超过40%，教育产业的智能化建设服务覆盖超过8000万师生。除了和京东推出“叮咚”音箱外，科大讯飞与各大电视机品牌商均有合作，与汽车制造厂商奇瑞开发了Cloudrive2.0智云互联行车系统，与主机厂进行智能化终端机、车联网开发与应用的全面合作。

让我们一起深入了解数字经济的特征

总的来看，数字经济的发展始终受到三大定律的支配：一是梅特卡夫法则。这个法则告诉我们：如果一个网络中有n个人，那么网络对于每个人的价值与网络中其他人的数量成正比，这样网络对于所有人的总价值与$n\times(n-1)=n^2-n$成正比。如果一个网络对网络中每个人价值是1元，那么规模为10倍的网络的总价值等于100元，规模为100倍的网络的总价值就等于10000元。网络规模增长10倍，其价值就增长100倍。二是摩尔定律。其由英特尔(Intel)创始人之一戈登・摩尔(Gordon Moore)提出来的，主要内容为："当价格不变时，集成电路上可容纳的元器件的数目约每隔18—24个月便会增加一倍，性能也将提升一倍。换言之，每一美元所能买到的电脑性能，将每隔18—24个月翻一倍以上。"这一定律揭示了信息技术进步的速度。三是达维多定律。由曾任职于英特尔公司高级行销主管和副总裁威廉・H.达维多(William H Davidow)提出并以其名字命名的。达维多认为，任何企业必须不断更新自己的产品。即一家企业如果要在市场上占据主导地位，就必须第一个开发出新一代产品。实际上达维多定律体现的就是网络经济中的马太效应。这三大定律决定了数字经济具有同其他经济类型不同的特征。

一、数字经济催生出了新形态、新融合、新机制

近年来，我国数字经济在政策扶持和市场推动下实现了跨越式发展，规模稳步扩大，占GDP比重不断提升，我国全球数字经济大国的地位得到进一步巩固。中国信息通信研究院发布的《中国数字经济发展白皮书（2021）》显示，在新冠疫情冲击和全球经济下行叠加影响下，2020年我国数字经济依然保持9.7%的高位增长，是同期GDP名义增速的3.2倍多，规模达到39.2万亿元，占GDP的比重为38.6%。数字经济作为经济复苏的新动能和新引擎，已经成为世界范围内最显著的新经济增长极，其不断催生着新形态、新融合、新机制。

数字经济的价值形态已经从有形物质资产走向了无形数字资产。一是数字资产源于信息更广泛地生产、传播与应用，因此与信息有着千丝万缕的关联。各界对于信息的定义至今仍是众说纷纭，据不完全统计，有关"信息"的定义有100多种。我们认为，信息是一切比特化的事物，是与物质、能量相并列的基本生产要素之一。由于信息的不断在线化、数据化，信息的传播范围不断拓展，信息的经济价值不断显现。在企业中，这种价值集中体现为信息作为资产的力量，使企业的资产结构产生了较大变化，从而对企业生产经营和持续发展产生深远影响。《英国信息安全管理体系规范》明确提出："信息是一种资产，像其他重要的业务资产一样，对组织具有价值，因此需要妥善保护"。二是数字资产是一种资产，需要从"资产"的定义出发确定其内涵。资产是会计学中最基本的概念之一，也是最基本的会计要素。美国财务会计准则委员会对资产的定义为："某一特定主体由于过去的交易或事项而获得或控制的可以预期的未来经济利益。"国际会计准则委员会认为：资产是作为以往事项的结果而由企业控制的，可望向企业流入未来经济利益的资源。我国的《企业会计准则》指出：资产是指企业过去的交易或者事项形成的、由企业拥有或者控制的、预期会给企业带来经济利益的资源。因此，我们可以将其理解为：资产是一种组织在过去的运作中获得或控制，在未来可以为企业带来经济利益且可以通过货币进行计量的资源。因此，我们可以认定数字资产具有以下特征：第一是共享性。数字资产的共享性来自信息本身的非独占性。在信息的传递过程中，传递者和接收者都将获得同样的信息含量，不会因为传递的过程而减少拥有量。由于数字资产基本不被消耗的特性，信息的传递者和接收者都乐于将有用的信息进行分享，这样无数个传递者和接收者便构成了无数的共享者集合，并且这些共享者之间真正实现了信息的共享性，或经济学所称的非排他性。第二是专用性。最早的资产专用性概念来源于英国经济学家马歇尔，他认为：一些企业领导人对自己企业的人和事具备特殊的了解，这种了解是他们所专门拥有、与企业共依存、不可分离的资产，这类企业领导人对企业来说就是一种专用性人才资本。英国哲学家迈克尔·波兰尼等研究指出，那些身怀绝技、经验丰富的工人实际上也是企业不可多得的专门财富，拥有这类专门资产的人将会与企业建立起更加固定的关系。这也是对资产专用性与合同方式选择关系问题最早的研究。虽然资产专用性这个概念经常被经济学家使用，但是长久以来没有人给它下过一个精确的定义，直到1985年才由美国经济学教授威廉姆森指出，“资产专用性是指在不牺牲生产价值的条件下，资产可用于不同用途和由不同使用者利用的程度。”资产的专用性程度越高，其被重新配置于其他替代用途或是被替代使用者重新调配使用时，他的价值损失越大，当在投资退出的情况下，就会发生沉没成本。沉没成本是影响投资行为的根本经济因素。与实物资产和金融资产类似，数字资产也具有专用性。产业的实质就是由不同比例的实物资产、金融资产和知识资产所构成的资产体系。从制造企业的服务化转型来看，在同类产业有形资产的同质化带来产品同质化的同时，企业寻求产品异质化的动力不断加强，而产品异质化的来源在于企业资源的组合及资产的专用性，其在一定程度上决定了制造企业转

型的动力和条件。第三是规模经济特征。“规模经济”是指在既定的（不变的）技术条件下，生产一个单位单一的或复合产品的成本，如果在某一区间生产的平均成本递减（或递增），就可以说具有规模经济（或规模不经济）。新古典经济学研究的核心领域是在价格机制引导下的资源配置，由于规模经济包括内在规模经济和外在规模经济两种情况，而外在经济是与报酬递增联系在一起的，但是新古典经济学的均衡静态分析无法解释报酬递增的动态增长。因此，新古典经济学的规模经济理论仅研究企业的内部规模经济。一般来说，内部规模经济也有两种情况：一方面是固定成本（生产设备）不变，生产能力不变情况下的产量变化引起的规模经济；另一方面是生产能力变化时的生产批量变化。在以物质资产为主的企业中，物质生产设备和物质生产能力的特性决定了企业是否具有规模经济，然而由物质资本、金融资本和信息资本共同组成的企业成本曲线，则表现出不同的特征。第四是快速更迭性。摩尔定律是信息技术发展中遵循的基本规律，指出了信息技术快速更迭和信息量指数化增长的趋势。1965年，时任仙童半导体公司工程师的戈登·摩尔预言，半导体芯片上集成的晶体管和电阻数量将每年增加一倍，1975年在IEEE国际电子元件大会上修正为“每两年增加一倍”。遵循着摩尔定律，摩尔带领着全球半导体芯片顶级制造商英特尔创造了半个世纪的辉煌。直至今天，微处理器芯片、半导体存储器和系统软件的发展都验证了这一神奇的规律。第五是创新驱动特征。数字资产不同于物质资产和金融资产，由于信息技术的快速更迭和颠覆性，数字资产本身具有极强的创新驱动属性。蒸汽机开启了工业革命，这一进程催生了工厂和大规模生产，铁路和大规模运输时代到来了，工业革命引领了人类第一次机器革命——社会发展进程第一次主要由技术创新驱动，这一次机器革命堪称是整个世界最深刻的社会大转折。第二次机器革命时代正在来临，类似蒸汽机及其他后来的技术发展克服并延展了肌肉力量一样，计算机和其他数字技术提升了人类用大脑理解和塑造环境的能力，可能进一步加速产业的发展和对社会的深刻影响。可以确定的是，依靠信息技术创新带来的效益实现集约的增长方式将逐渐占据主导，技术变革将带来全要素生产率的快速提升。

数字经济的投入产出已经从单部门成本核算走向多部门融合渗透。随着对数字经济内涵、外延理解的不断深化，我们逐渐认识到数字经济的特性在于持续创新、融合扩散、引领转型的过程，因此数字经济的投入产出打破了英国作家克拉克之前的三部门分法。从1962年美国经济学家马克卢普提出“知识产业”，到1977年美国经济学家波拉特提出“信息经济”；再从1996年OECD提出“以知识为基础的经济”，到世纪之交“数字经济”的正式提出和普遍流行，人们逐渐完成了对数字技术产业作为单一部门和作为融合型部门的思维转变。马克卢普首先将“知识产业”引入数字经济的理论中，20世纪60年代，计算机刚问世不久且尚未普及，数字化信息的存储还非常少见，更毋论人与人的数字化互联和应用服务的广泛存在。但马克卢普的分类首先明确了克拉克的三部门分法无法安放属性不同的知识产业，同时首次将知识产业的内涵、外延明确，认为知识产业包括教育、研究开发、通信媒介、信息设备、信息服务等内容。虽然教育等领域与当前对数字经济范畴的认识有较大的出入，但能在50年前将信息产业的主要组成部分归类为知识产业，已经相当具有前瞻性，也奠定了后来对数字经济相关研究的方向和路径。波拉特以是否存在信息生产和流通作为标准，将经济划分为信息部门、非信息部门以及审计经济部门，进而划分为6个子部门。其中，信息部门细分为第一信息部门、第二信息部门和管理部门。知识生产与开发产业、信息流动与通信产业、金融和保险等风险性经营产业、调查预测业、信息处理和传递、信息商品产业等被归为与信息关系最为密切的第一信息部门。波拉特的研究不仅打破了传统产业部门的分类，而且进行了初步的计量，对跨部门计量成本和收益具有深远意义。但我们遗憾地发现，经过多年的发展，在全球的统计目录中仍没有单独的“信息经济”门类存在。虽然有“信息产业”的门类，但更多体现的是信息技术产业，范畴远小于信息经济。究其原因，可以说数字经济或信

息经济的渗透性和融合性远远超过了想象。以我国统计范畴中的信息产业为例，20世纪80—90年代，彩电作为我国居民生活中的重要电子产品，应计入信息产业，后来的台式计算机、笔记本电脑、手机和智能手机都几乎可以将所有产值计入信息产业。但如今，特斯拉作为汽车业巨头也承认其产品70%的价值来源于电子产品，诸如此类信息技术在汽车等制造部门和金融等服务部门中的广泛应用，使数字经济已经跨过了单一部门的投入产出法则，全面理解和科学量化跨部门的经济价值成为重要课题。

数字经济的分配机制已经从以要素为主向以创新为重转变。加速制度变革，重构企业组织和产业结构，降低交易成本，新的制度推动分配制度以要素为主。一方面，数字经济贡献主要来自创新，创新也将成为分配的核心元素。数字经济的诞生和发展，使生产关系发生了变革，数字信息、数字技术、数字产业、信息技术服务等创新产品和业态在经济中的比重不断增加，技术创新、模式创新、应用创新、投资创新还在持续。可以预期，未来创新对经济的贡献率仍将不断提升。生产关系的革命性变革必然带来分配关系的变革，正如德国思想家、哲学家马克思所讲："消费资料的任何一种分配，都不过是生产条件本身分配的结果。而生产条件的分配，则表现生产方式本身的性质"。创新开始逐渐融入传统要素中，创新驱动成为经济发展的核心动力，创新正在改变着劳动力、资本、土地等传统要素，如人力资本的出现和风险投资的盛行，可以说，创新在打破要素的界限，突出对价值分配的主导作用。另一方面，数字经济改变了消费者效用预期，"需求创造"参与产品和服务价值分配。以iPhone和iPad为代表的新兴智能产品是数字经济的重要产物，这些产品和服务为消费者带来了非凡享受，而这些产品的革命性和颠覆性不断加剧，使新产品、新服务的更新周期缩短，消费者的效用预期不断改变，产品和服务的价值在新兴技术和产品出现后发生了聚变，产品价值实现充满了不确定性。因此，企业不仅要做好产品，更需要引导和增强市场培育，同时通过网络增加产品设计环节消费者的直接参与，"需求创造"逐渐成为价值分配的重要准则。

数字经济的宏观调控已经从有限手段走向运用更丰富的管理思维和工具。通过对数字经济等带来的影响因素进行归类，美国经济学者范里安等认为这种影响主要体现在差别化的定价、知识产权管理、锁定与转移成本、网络外部性等方面，对此其曾建议政府在差别定价、竞争政策、政府直接干预等方面的管理方式和手段相应地发生变化，否则政府与市场之间的界限将更加不明晰。互联网等门槛效应明显的产业更易具有自然垄断和寡头垄断属性，这种对于不利于鼓励竞争的市场结构更需要政府“有形之手”的干预。20世纪末，美国政府对微软的反垄断调查以及近年来我国对高通进行的反垄断调查都是针对数字经济这种垄断属性进行的宏观管理。数字经济同时还丰富了政府管理的工具和方式。以定价为例，价格是资源优化配置的指示牌，政府可以通过对结构化信息的分析处理和非结构化信息的管理，丰富对市场经济的导向性，为调节资源稀缺性、精准对接供需、提升公共服务水平提供了全新的思维和工具。

二、数字经济凸显出新特点、新特征、新属性

数字经济作为引领未来的新经济形态，既是经济提质增效的新变量，又是经济转型发展的新蓝海。数字经济发展进程中凸显出的新特点、新特征、新属性，在重塑产业格局的同时，也在重构产业逻辑。比如，从竞争优势到协同创造，从规模经济到范围经济，从组织化管理到平台化管理，企业组织从层级化到网络化结构，从中心化向平台化转变，从做项目到做生态。

同其他经济相比，数字经济在五个方面独具特色。一是数字技术是数字经济发展的主要驱动力。传统经济中，信息技术只是作为经济发展的辅助手段，通过信息化的方式简化业务流程。因此，信息技术迟迟未能进入核心业务决策，也未能成为经济发展的驱动力。数字经济中，经济发展由“信息技术+数字资源”驱动，在数字技术的催化作用下，制造领域、管理领域和流通领域以数字化形式表现出一种全新的形态。在数字技术广泛

应用的推动下，产品和市场的数字化使信息的可获得性提高、市场规模不断扩大，企业数字化促成企业组织经营模式的变革。未来，所有公司都将成为数字化公司，数字化将进入企业战略决策层面。二是数字资源是数字经济发展的基本要素。传统经济中，经济发展依赖于劳动力、土地、资本和自然资源要素，国内的经济增长取决于生产要素的投入量和相互作用及产出比，国际贸易发展则取决于各国生产要素的比较优势。数字经济中，信息和知识以数字化形式产生、保存、传播和利用，技术创新的门槛不断降低，技术进步带来的产出增长比例不断提升，数字资源成为经济发展的基本要素。三是与传统经济融合发展是数字经济的内在要求。传统经济中，经济发展集中于农业、工业、服务业等传统领域，3次产业间的融合逐步加深，现代农业的机械化，工业制造领域的服务化，以及服务业向各个领域的渗透，都在表明产业融合是经济发展的重要趋势；数字经济中，融合依然是经济发展的主题。通过互联网、移动互联网、电子商务、云计算等方式，数字技术不断渗入农业、工业、服务业生产的各个环节，发展领域从传统领域延展至信息技术领域，再到信息技术产业与传统产业融合领域。智能机器（人工智能）、3D打印、互联网金融等正在引领新一轮产业革命。四是网络经济决策是数字经济的基本标志。传统经济中，个人根据偏好和价格做出理性的消费决策，企业根据生产成本和收益做出利润最大化的生产决策，无数的消费决策、生产决策以及政策影响共同构成市场经济；数字经济中，以数字技术为核心的新的经济形态具有网络特征，个人和企业作为单个个体的决策机制被打破，每个用户从使用某个产品中得到的效用与用户的总量有关。数字经济将人、物、空间、时间等数字化，提升了不同节点之间的互联性，构建出新的产业生态系统。五是生态系统（平台）战略竞争是数字经济的根本目标。传统经济中，产业竞争力由生产要素、需求因素、相关和支持产业、企业的战略和组织结构、政府、相关机会6个要素决定；数字经济中，数字技术改变了企业决策模式，产业竞争逐渐进入大规模、大范围的平台战略竞争，产业生态系统的构建变成产业竞争力的核心内容。

同其他经济相比，数字经济在三个层面显得与众不同。一是从生产力层面看，数字具有易得性、便捷化、通用性等特点，可以通过降低交易成本、规模经济效应和持续不断的技术创新，改变经济增长的路径。首先是数字经济解放了社会生产力。计算机、通信技术在生产中广泛应用，生产设备也在数字技术改造下向智能化发展，提高了生产效率、节约了资源，使人们从烦琐的手工劳作中解放出来，得以从事更高级别的智力劳动。其次是数字经济改变了知识积累方式。知识的积累速度加快、存储和处理能力增强、共享的范围不断扩大、增值性和叠加性提高，更有利于知识这一重要生产资料的使用和创新。二是从生产方式层面看，数字经济改变了经济主体使用生产资料的方式。由个人、企业、政府等主体形成了规模庞大的数据，通过对数据的收集、整合、分析挖掘与使用，改变了既有商业模式（如电子商务、免费模式），形成了以生态系统（平台）竞争战略为核心的竞争态势，最终对整个经济发展模式产生了根本性的变革。三是从生产关系层面看，数字经济重构了经济活动中的各种（社会）关系。微信等工具的普及使人与人之间的关系建立更加便捷，人际关系越来越数字化，物联网的应用使人与物、物与物的关联日益加深。首先是数字经济有助于经济体制改革。数字政府更多地体现政府的服务功能，能彻底改变政府部门、企事业单位的机构设置和管理权限划分及相应关系，有利于发挥市场在资源配置中的决定性作用。其次是数字经济带来商业模式的变革。经营方面，企业利用互联网建立电子商务交易模式，扩大了交易范围、减少了交易成本、加快了交易流程，引发企业流程再造的管理革命；管理方面，企业组织结构由传统的金字塔模式向扁平化、网络化模式发展，企业联盟的作用大大加强。

三、数字经济催育出了新信息、新产业、新经济

随着数字经济的作用和地位不断提升，数字经济已经是经济增长的重

要源泉，是提高全要素生产率的重要途径，是促进制造业和服务业融合发展的重要载体，也是维护和提升全球产业分工体系稳定性、安全性的重要依托。在数字经济快速发展、全面发力，新型数字消费、数字生产、制造业和服务业数字化融合、数字化网链、数字化产业生态、数字化资源配置等必将显著提升，同时也必将催育出新信息、新产业、新经济。

数字经济的快速发展，有力推动了信息形态和传导方式的变革。由于信息的两个重要特点，数字化信息具有几乎免费的边际使用成本，因而也符合规模经济的定义。首先是信息生产成本与信息使用规模无关，而信息使用规模及由此而形成的预期收益又是确定信息价格的主要尺度。其次是信息的期望收益很高，具有很大的风险性。根据价值规律，市场供求双方力量对价格的形成起决定性作用。在数字资产定价中，使用者和消费市场越大，信息供给方对信息持续产生的后续价值更加关注，数字资产的边际使用成本不断下降，接近于零。由于具备近乎零边际成本的特性，数字化信息将传统信息形态从“看得见”变得“看不见”，拓展了文字信息、语言信息、图形信息等形态，更重要的是信息传递和消费的零边际成本属性增强了数字的经济意义。当前，数字化信息的共享性特征越发明显，美国作家杰里米·里夫金具体描绘了互联网时代经济发展的宏伟蓝图，并进一步深入阐述了第三次工业革命的理念和模式，认为信息革命打造了一个协同共享的社会。美国经济学家爱德华·格莱泽从城市经济发展的角度诠释了知识或信息的共享性。由于人类最重要的能力就是相互学习的能力，城市提供了使观察、倾听和学习更便捷的可能，尤其是共同创造成为人类最为重要的知识。由于这些知识和信息的共享，城市变得更加具有吸引力。正是由于摩尔定律所指示的规律，性能的成倍提升或价格的成倍下降，使数字化信息比其他任何资产更加具有时效性。例如，与市场信息相关的数字化信息，如果不能在最恰当的时机加以开发利用，信息就将减少或丧失其效用。即使在科技类数字化信息领域，虽然备受知识产权保护，但一旦过了保护期限，数字化信息不再受到保护而充分显示其共享性的特征，更重要的是，随着在线教育和即时通信工具的广泛使用，技术的更新换代也越来越频繁，即生命周期越来越短。

数字经济的快速发展，有力推动了产业链条和产业生态的重构。数字经济正在重构传统产业竞争力。从产业发展角度看，数字化对产业发展产生了两大重要影响：一是数字化使行业产生了新的分类。类似之前的分类，我们将数字化比例较高的行业称为知识产业或创新产业，与之相对应的其他行业称之为传统行业；二是数字化使产业竞争形态发生变化，通过构筑信息分析利用能力，知识创新行业与传统行业不断交织，产业发展与竞争出现跨界融合和加速转型的趋势。数字化的广泛应用使创新成为行业发展的核心竞争力。由于数字资产存量、信息量等级方面的差异，创新行业比传统工业行业具有更强的竞争力和盈利能力，且具有隐蔽性。传统行业意识到在数字化方面的不足，正加速内部传统生产制造环节与知识创新环节的分离，并努力推进全行业知识创新能力的提升。在数字经济时代，信息技术作为通用目的技术的特性不断凸显，行业之间的技术差别和市场准入门槛不再成为主要障碍，跨界融合发展成为行业发展的主要趋势。在制造业领域，生产装备、设计工具、供应链、第三方应用、客户等智能制造系统各种要素资源的精准配置与调动不断增强，跨平台操作系统、基于芯片的解决方案、网络解决方案的构建能力不断凸显，跨界发展要求制造行业提升生态系统体系构建能力。在服务业领域，电子商务的发展极大地改变了我国零售业的发展格局，形成了全球规模最大的网络零售业市场和龙头企业，并带动物流业、金融业等一系列服务行业的在线化、实时化和规范化。随着信息技术在更多行业领域的应用，数字经济对媒体、医疗健康、教育、交通、家居、生活服务、广告等行业将产生更深入的转型与改造作用。

数字经济的加速发展，有力催育了无孔不入的新型经济形态。数字经济在众多层面实现了对传统经济生产方式的变革。数字资源替代传统生产要素，将改变经济增长的目标和模式；数字技术所实现的近“零成本”

信息传递，对传统的企业生产提出了变革需求；数字技术与传统产业的结合，将实现传统产业的现代化，并将诞生无数新兴业态；更有甚者，数字经济内生具有的创新性，不论是个性化定制，还是遵循摩尔定律的产业创新速度，都将推动经济生产方式的全面革新，成为我国经济社会提质增效转型的根本。一是形成了数字经济由信息及其应用能力决定竞争力强弱的发展新模式。传统经济模式下，劳动力、资本、土地等要素的掌握能力决定着国家、地区、企业或个人竞争力的强弱，信息及其应用仅被用作统合、优化的手段。数字经济模式下，数字化信息资源成为基本生产要素和重要战略资源，信息技术成为直接促进经济社会发展的通用性技术，在宏观经济决策制定、生产经营决策和个人消费决策中的应用日益广泛深入。二是形成了产业跨界融合与竞争成为常态的发展新模式。传统经济模式下，农业的个性化、分散化生产模式与工业的大规模标准化生产模式迥然不同，产业界限清晰而难以僭越。数字经济模式下，无形资源与物质资源的融合日益紧密，并对部分物质资源形成替代，使工业、农业等产业越来越“无形化”，进而逐渐打破产业边界，实现传统产业的价值提升。随着数字经济向更广、更深、更新领域延伸，产业界限将更快实现“破”与“立”，跨界深度融合的产业发展新模式更加清晰。三是形成了从企业创新向万众创业创新拓展的发展新模式。传统经济构建了以科研院所、企业为主体的创新体系，实验室和研发部门是科技创新的主要阵地。数字经济则实现了创新资源的开放共享和创新平台的建立优化，众包、创客等新模式将所有个人、企业和组织都纳入创新主体范围中，打破了既有的创新思维和创新方式，激励企业加速从封闭式创新转为开放式创新。四是形成了迈向低能源需求、低资源消耗的发展新模式。传统经济以木材、煤炭、石油、天然气为驱动，却受到不可再生能源的严重桎梏，以及劳动力、土地等资源成本不断增加，发展面临极大的阻碍。数字经济的核心要素是信息与信息技术，具有能源需求少、资源消耗少等优势，有利于推动建立绿色节能可持续发展的新模式。基于互联网构建起的能源互联网，通过运用云计算平台实现企业、组织办公系统等应用的数字化和云化，提高人、车、路的协调配合能力的智能交通系统，都提供了低碳、绿色发展的新模式。五是形成了数字化推动经济增长方式和商业模式。数字经济通过改变经济增长模型，颠覆了宏观经济发展的传统规律，创造了宏观经济新增长点。从数字化对生产力增长的作用和贡献来看，数字化对经济增长的影响体现在价值的构成和增值两个层面。在价值的构成层面，数字化成为数字经济形态下价值构成的技术工具，并由此形成产业基础。数字化通过直接作用于劳动，使劳动发展为脑力劳动、智力劳动的形式，劳动和知识的结合形成人力资本；在价值的增值层面，创造价值的人力资本由于数字化的存在与以往典型的经济增长发生了质的变化，由数字化驱动的物化资本创造了新的价值。

四、数字经济孕育了新政府、新企业、新公众

在新一轮的全球化发展浪潮中，世界各国都开始受到数字化发展的影响。相对于工业经济时代而言，数字经济时代不仅会沉淀大量数据，而且涉及的幅面和深度更大，带来了经济结构变革，创造出更多的就业机会，产生了多样的产品和服务，创造出更多的价值增值。基于当前的数字经济产业的发展势态，可以预测到2030年数字经济体将服务全球70亿消费者，占全球人口总数的82%，为全球提供17亿个就业机会，约为世界500强雇员总数的20倍。一批在全球具有影响力的数字经济体企业正在深刻地改变着人们的生产、生活和学习方式，对市场竞争也产生深刻影响。

数字经济已经在现代治理进程中孕育了新管理、新服务、新安全。一是新管理。数字化升级带来公共管理的创新与升级，特别是在全球经济发展进入新常态，需求结构、生产结构、企业组织结构、产品结构、商业模式都在进行较大幅度调整的形势下，数字经济有利于解决供给和需求的不平衡，加强精准对接，科学分析比较优势，为经济转型提供新的突破口。各国政府纷纷积极拥抱数字经济，不断创新调控方式和工具，实现更精准

的调控效果。二是新服务。数字经济时代既为政府提供了实现便捷高效服务的工具，又通过快速的信息传递挑战着政府的权威性，促使各国政府真正从威权式和管理式政府向服务型政府转型。巴西、德国、印度、英国、美国、沙特阿拉伯、韩国、阿联酋、挪威、新加坡等国政府积极推出各种互联网政务服务，并增强民众的交互体验，打造“五维政府”，真正搭建和完善以民众为中心的服务模式。三是新安全。数字经济发展面临潜在隐患，各国高度重视信息安全，但信息安全态势仍不容乐观。以中国为例，据中国互联网络信息中心统计，截至2022年6月，我国有63.2%的网民表示过去半年遭遇过信息安全事件。在数字化、信息化、网络化不断推进的过程中，一方面，对传统产业和领域的重构会形成安全漏洞，造成短时间内的信息安全威胁；另一方面，根据梅特卡夫定律，网络的价值与用户数量的平方相关，因此，随着数字经济的推动，数字化对经济的拉动效应将呈几何级数体现，这也构成了恶意攻击数字经济的动机。

数字经济已经在企业发展进程中孕育了新决策、新智能、新组织。一是新决策。数字化管理成为企业核心业务。据统计，已经有大量核心的企业生产经营活动受到数字化决策的主导性影响，有一半以上的被调研者认为数字化对客户的认知能力、企业战略决策的制定、行业的认知能力、工作事务的实时反馈、经营绩效的深入分析、新客户开发以及工作失误的降低等方面的影响已经十分重要。如今，数字化对企业有着广泛和深远的影响，包括加深客户认知、制定战略决策、加深行业认知、实时反馈业务、开发新客户、减少工作失误、优化供应链管理和激励企业创新等方面。数字化决策正在成为全球企业运营的中心议题。二是新智能。数字化、智能化的制造和服务正在成为核心竞争力。IBM商业价值研究院的研究结果认为，技术因素取代市场因素、宏观经济因素、人员技能、法规因素、社会经济因素等成为企业决策的核心因素。据IBM研究院和牛津大学联合对涉及全球11个国家和地区的500位高管的调查，物联网、移动技术、协作与社交、云计算、认知分析、机器人、可穿戴设备和无人机等数字化的技术成为企业投资的方向，并且领先企业比一般企业的投资热情大约高出5—10个百分点。三是新组织。企业的扁平化和平台化挑战企业组织“黑箱”。一方面，企业内部为了创新，简化上下级流程，有些公司还建立了母公司投资基金制度，加强对创业团队的支持，类似华为和腾讯公司设立了竞争的团队制度，维持内部创新的不竭动力；另一方面，越来越多的平台成为企业的资源集结地，跨领域、跨行业、跨界的平台搭建，也对企业的组织和管理提出了新的要求和挑战。

数字经济已经在为民、惠民、富民进程中孕育了新渠道、新身份、新能量。一是新渠道。数字媒体的拓展不仅实现了信息的快速传播，而且开拓了信息传递和交流“双向”渠道。Facebook、QQ、微信、Whatsapp、Line、Instagram等桌面和移动社交媒体加速全球化普及，以微信为例，截至2016年年底，微信日登录用户近7.7亿，50%用户使用微信超过90分钟，其中65%为月活跃用户，80%是日发送消息活跃者，并且消息发送次数仍在以近70%的速率增长。移动社交应用为公众提供了随时随地传达意见和交流的新工具，也使公众掌握了更快速的信息反馈渠道，对政府和企业的决策起到至关重要的作用。二是新身份。以与互联网的天然关联深浅来分，有人认为“90后”才能被称为“网络原住民”，也有人将喜爱看动漫的群体称为“二次元”。“网红”作为互联网上拥有大量粉丝或高关注度的群体也是一类典型代表，他们通过线上营销、广告代言等形式实现经营性创收，创造了“网红经济”的新经济模式。随着数字经济的发展，网民的新身份还将不断更新。三是新能量。在数字经济的时代，每个公民都是网络公民，网络上的言行也构成了网络社会，由于网络舆论的极快速传播力量，看似微小的一言一行，往往能在短短数小时内传遍全世界，影响着人们的世界观和价值观。数字经济时代赋予公民的新能量是把“双刃剑”，既可能传播正能量，也可能无意中成为负面的“意见领袖”，因此，每个网络公民都应严格规范自己在这个虚拟世界的举止行为。

数字经济正悄悄影响着制造业的发展

数字经济给制造业带来的变革，就是“新制造”的兴起。而数字经济是新实体经济，最突出的表现就是数字经济所带来的新制造。在互联网条件下，制造业的转型升级不是独立发生的，而是呈现营销—零售—批发—制造的一个倒逼过程。在这个过程中，制造业出现由需求驱动生产的C2B模型，而柔性化是制造端的主要转型方向。实际上，在互联网出现之前，很多大型企业已经在探索大规模个性化定制、拉动式供应链，并取得了卓越的成绩，比如戴尔、Zara和丰田。但是互联网和电子商务的出现加速了这种进程，更多的中小微企业也可以进行这种变革，并从中受益。新制造的上半身是新零售，下半身是柔性生产，而中国作为全球最大的网络消费市场和制造大国，具备别国不具有的双重优势。互联网带来了新的竞争空间和新的竞争规则，如果政策得当，中国在制造业领域完全可以走出一条独特的道路。

一、制造业的未来必然是智能化的

“新制造”是指应用互联网、IoT（物联网）、云计算和大数据等新一代信息技术，以用户需求为出发点提供个性化、定制化的产品和服务的生产制造模式。通俗地讲，就是用“新的制造方式”生产“新的产品”，提供“新的服务”。一是新的制造方式：使用IoT、移动互联网、机器人等技术配合精益管理方法实现智能制造、个性化定制和柔性化生产。例如，家具企业索菲亚通过引入德国豪迈柔性生产线，配合3D设计、条码应用技术、数据库等软件技术建设了亚洲最大的柔性化生产线，实现了订单自动拆解、自动开料、封边和装配。广东省东莞市的共创服装厂是一家小型企业，其通过精益生产、单元式生产、供应商协同等管理方式变革实现了小批量、多款式、快速生产的提升。二是新的产品，即智能化的产品：新的智能化产品嵌入传感器等数据采集装置，不断采集用户使用信息、设备运行数据到云端，实现对用户行为和设备运行情况的管理。例如，阿里巴巴与上汽携手打造的互联网汽车——荣威RX5，其搭载了YunOS操作系统并实时联网。用车过程中产生的驾驶行为、个人喜好、车况等数据，通过移动网络上传到云端，通过算法优化再对用户进行相关推荐。汽车账号体系与支付宝账号打通，成为后者的一个新入口，其方式可以是汽车+保险、汽车+销售、汽车+维修等。三是新的服务：新的制造方式催生出研发、设计、软件服务等生产性服务；智能产品采集的数据，会形成数据服务，包括远程设备管理维护、用户数据服务等。新制造是嵌套在整个C2B商业模式中的，与新零售是紧密联系在一起的。没有新零售就没有新制造。C2B包括客户定义价值、个性化营销、拉动式配销体系、柔性化制造四个部分。其中，新制造以客户驱动、数据全流程贯通、个性化定制、柔性化生产为主要特征。

二、数字经济推动“新制造”不断显现

总的来看，“新制造”的出现有两大背景。一是消费者主权崛起、个性化需求越来越旺盛。如《商业周刊》的一篇报道所述：“在20世纪五六十年代，整个美国都是一幅千篇一律的景象，不仅背景大同小异，人们的愿望也大同小异。美国人最大的理想就是向同一层次的人看齐：不仅仅是赶上同层次的人，还要与同层次的人一模一样——拥有同样的汽车，同样的洗碗机，同样的割草机。而产品丰裕度在20世纪七八十年代显著上升后，情况彻底改变了。我们从‘我想做正常人’转向了‘我想与众不同’。”这种个性化消费的浪潮，近年来在中国也已经大量出现。今天的中国，已经是一个消费快速升级的社会，也是一个消费需求日益多样化的社会。比如，时装要求体现自己的个性，家具要匹配主人的喜好和户型，汽车要按照自己的需求来配置。个性化需求的大规模崛起要求供给侧能够给予满足。二是互联网、IoT、网络协同等技术的普及，首先使得设备之间、工序之间，甚至工厂之间、市场和工厂之间的联网轻而易举，市场需求、生产、物流数据可以非常便捷地在市场主体之间自由流动。数据的自由流动和产业链上下游紧密合作是产业变革的基础。例如，在大部分的工厂内部，ERP（企业资源计划）与MES（制造执行系统）都是两套系统，各自为政。产能情况、订单进度和生产库存对ERP来说只是“黑箱”作业。如果企业内部要实现ERP、MES，乃至CRM（客户关系管理）的集成协同，就需要对接电商大数据，包括实时订单数据、需求预测数据等。当产业链所有系统都全面集成之后，一条连接市场最终客户、制造业内部各部门、上下游各方的实时协同供应链就形成了，就可以实现对市场需求的快速反应。在没有互联网的时代，只有戴尔、宝洁等大公司才可以做到，因为这涉及巨大的IT和人才投入，但现在互联网出现之后，小微企业也可以做到，而且可以玩得更为极致。因为，企业内部的系统集成通过以太网（局域网）即可完成，而跨企业之间的协同互联网则扮演重要角色。特别是电商出现之后，基于电商交易的数据丰富度、实时性和预测准确性，远

非POS信息单一维度的日报所能比拟的。

三、新制造与传统制造是有较大区别的

从各方面汇集的材料分析来看，我们认为新制造与传统制造的区别主要体现为五个方面：一是商业模式不同。传统制造局限在B2C（厂商主导）的模式之下，生产什么、生产多少、何时生产，都是由厂家决定的，追求的是标准化、规模化、低成本。新制造是C2B模式的其中一环，生产什么、生产多少、何时生产，全部由市场需求决定，其主要是追求个性化、高价值。新制造的生产体系能适应多品种、小批量、快速反应的生产要求。二是动力和目的不同。新制造的革命性在于：不再以制造端的生产力需求为起点，而是将用户端价值作为整个产业链的出发点，改变以往的工业价值链从生产端向消费端、上游向下游推动的模式，而是从客户端的价值需求出发提供定制化的产品和服务，并以此作为整个产业链的共同目标使整个产业链的各个环节实现协同优化。传统制造的目的是提高产能，新制造的目的是致力于产消和谐。三是技术基础不一样。传统制造是第二次工业革命的产物，以公用电力为主要能源，以自动化设备的流水线生产为主要特征。新制造以IoT为主要技术基础，以数据为主要供给能源，以柔性化的智能制造为主要特征。以一支高尔夫球杆为例，如果我们在球杆中加入传感器，就能够记录下消费者的每一次挥杆的力度、击球的位置等。将成千上万的数据汇聚在云端并做深度分析，以帮助工厂改善它们的生产制造和开发新的产品；同时，我们可以针对单个消费者提供智能化的服务，帮助他们训练和纠正不好的使用习惯，从而提升球技。四是价值不同。传统制造的研发、营销、服务分离，新制造将研发、营销和服务融为一体，通过生产服务化、产品智能化、服务数据化，大大提高了生产制造的价值含量，改变了微笑曲线的形状。五是大数据将发挥重要作用。传统制造业以公用电力和自动化设备为主要驱动，新制造以数据为主要驱动。由于IoT的快速发展，工业大数据将应用于制造业的全流程，并发挥重要

作用。索菲亚衣柜是大数据驱动的C2B模式创新的代表，2015年的营收达到31.9亿元。索菲亚在探索C2B的实践过程中，数据对于其规模化和个性化的平衡起到关键作用。索菲亚认为自己不是家具制造企业，而是一家大数据企业。索菲亚有强大的科技团队，超过400人，而其中300多人是在做数据加工。索菲亚利用大数据提升客户体验，提高交付效率，减少差错和库存，基本可以做到零库存。在索菲亚的前端需求到后端的生产系统中，数据的共享、联通和流动是实现订单准确地从需求端传递到生产制造和采购端的关键。正是这种技术基础保障了索菲亚通过打通线上线下数据，基于用户交易数据，用户行为和特征数据，以及产品和渠道数据，搭建一个大数据平台。基于用户画像的数据化，索菲亚也比较好地实现了研发精准化。在研发精准化基础上，营销的精准化也通过线上线下数据的融合分析获得了很好的实现。

四、工业大脑推动了1%=1万亿元

如果制造业能够整体提升1%的良品率，按2016年全国工业总产值计算，理论上这将为中国制造总体提升上万亿元的利润空间。阿里云等为工厂提供的方案更有数字上的经济价值，发布的ET工业大脑首先瞄准的就是中国工厂的良品率目标。阿里云总裁胡晓明提出“中国智造1%”的概念，希望让工业生产线上的机器拥有智能大脑，“中国制造业如果提升1%的良品率，意味着一年可以增加上万亿元的利润”。以单个案例来看，阿里云人工智能技术已经应用到了中国的工厂里，并为位于江苏的光伏生产商协鑫集团在一年内节省了上亿元的成本，这一数字来自1%的良品率提升。ET工业大脑在协鑫集团的工厂里，通过分析上千个参数，来优化光伏切片的精密工艺。让机器能够感知、传递和自我诊断问题，工业大脑通过分析工业生产中收集的数据，优化机器的产出和减少废品率。通过并不昂贵的传感器、智能算法和强大的计算能力，ET工业大脑解决了制造业的核心问题。据了解，徐工集团、中策橡胶、吉利等制造领域的标杆企业都在积极

引入ET工业大脑，投入智能制造的浪潮之中。“目前ET工业大脑已经在流程制造的数据化控制、生产线的升级换代、工艺改良、设备故障预测等方面开展工作。”阿里云人工智能科学家闵万里表示，ET工业大脑的目标是成为一个不断吸收专业知识的“大脑”，可以指挥各种类型的工业躯体。“我们希望用21世纪的机器智能，帮助人类更好地指挥20世纪的机器。”

五、让我们一起来看看那台可以直播的烤箱

烤箱是很多家庭非常喜爱的电器，同时也是一个非常成熟的电器。如何在此基础上创新呢？海尔嫩烤箱的生产者发现，购买烤箱的主力人群是年轻女性，这些人群喜欢在互联网上展示自己的作品。因此，他们设计了一台可以直播的烤箱。作为全球首个量产发货的内置摄像头烤箱，海尔嫩烤箱内置的耐高温高清摄像头像素高达500万，可实时拍摄、直播食物在烤箱内的烘焙过程，用户通过专属App“烤圈”，即可实现烘焙实时监控、图片和小视频的一键分享等操作，便于和朋友分享美食烘焙乐趣。除此之外，“烤圈”App还可以让用户实现一键购买食材、一键多步骤烘焙，并可根据用户的使用习惯，为用户提供常用参数设定功能，为用户的操作过程减负。同时，“烤圈”App具有定制式控制功能，可以满足用户的个人习惯，使得用户的烤箱成为最了解用户的厨房好帮手。而由数千名烘焙类达人上传的专属菜谱，以及海尔小焙菜谱研发团队专业研发的嫩烤箱食谱，在满足用户下厨需求的同时，也可以让用户随时随地求助美食大咖的指导，买到最新鲜的食材，同时让用户找到离家最近的烘焙课堂。

六、柔性生产代表着一种趋势

根据路透社报道，Adidas近期发布了世界首款可量产的3D打印运动鞋Futurecraft 4D，其鞋底由3D打印而成，计划在2018年开始大规模生产。这是Adidas开发的最新一代3D运动鞋，也是Adidas为强化时尚属性，发展

定制业务的战略步骤之一。人们已经可以通过Adidas官网选择鞋子的颜色和图案，3D打印技术能够更好地应用于小规模生产以及限量款球鞋的制造，甚至根据消费者的体重和行走方式来定制鞋底。传统的3D打印机通过塑料粉来打印产品，而硅谷创业公司Carbon的新技术工作速度是传统方法的10倍，成本还不到原来的一半。Adidas表示，在与Carbon合作之后，Carbon的技术能帮助Adidas更快、更好地生产小批量的运动鞋，因为以前生产大部分鞋底所需要的金属模具需要使用1万次才能收回成本，而且模具本身需要花费4到6个星期时间来制作和打磨。随着汽车、医疗、牙科以及珠宝行业的推动，到2025年，中国3D打印行业的销售额将达到400亿元。Adidas技术创新主管Gerd Manz在推出Futurecraft 4D运动鞋时表示："这款运动鞋的面世，不仅仅对于我们公司，对于整个行业都是一个里程碑。" Gerd Manz说道："个性化时代肯定会来临，但在此之前我们还有很长的路要走。" 调查显示，80%的消费者希望能够体验这项服务。Adidas推出的3D打印运动鞋可以说是柔性化生产的经典案例，不仅降低了生产成本，减少甚至消灭了库存，更重要的是，更好地满足了消费者的需求，为社会创造了更大的价值，也为企业带来了更大的利润空间。

数字经济正悄悄影响着金融业的发展

金融业是一个古老的行业，每一次技术的进步都会推动金融业发生变化。数字经济给金融业带来的最大变革是，将推动科技在金融中的应用和金融的普惠化。尽管数字经济时代，金融的本质不会发生改变，但智能技术将能够帮助企业降低金融交易的成本，扩大交易范围，以及金融业的普惠化。

一、金融与社会存在着紧密联系

在数字经济时代，金融的本质没有改变，还是交易各方的跨期价值交换，是信用的交换。耶鲁大学金融经济学终身教授陈志武认为，互联网的出现改变了金融交易的范围、人数、金额和环境，但没有改变金融交易的本质。人们的日常生活中充满了各种不确定性、各种风险事件，因此，对于金融服务的需求，可以说是每一个人都需要的基本需求。但是，在传统的金融市场中，由于技术的约束，针对大多数人的金融产品成本都较高，否则金融机构无法实现盈利。因此，整个社会中只能有少部分人能够享受到金融服务。随着数字经济的发展，这一状况正在发生改变。普华永道中国金融科技服务合伙人张俊贤说："中国的金融科技，尤其在大数据、人工智能和区块链实际应用上，量与质均领先全球。我们相信在政府鼓励创新的大环境中，以及金融机构和金融科技公司合作推动下，金融科技将继续快速发展，普通民众将能获得更便捷的金融服务。"普华永道发布的《2017年全球金融科技调查中国概要》认为，零售银行、投资及财富管理和资金转移支付将是未来五年被金融科技颠覆程度最高的领域，电商平台、大型科技公司和传统金融机构是这场变革中最具颠覆性的力量。1997年，诺贝尔经济学奖得主、哈佛大学荣誉教授罗伯特·默顿说："仅仅依靠技术本身很难对金融体系中'内在不透明'的服务和产品带来颠覆，金融科技能在某些金融服务领域带来巨大变革，几乎无须人工判断的任何金融业务都将面临巨大的变革挑战。但金融科技本身不能产生信任。"需要信任关系的是人和人之间，是金融企业和它们的客户之间。众多金融科技公司的负责人认为，"传统的金融解决的是'二八'问题，该问题在中国特别明显，金融机构只要服务好20%的大企业就行了，80%的中小微企业不需要去管理，做也不一定做得好。而新金融要解决的是'八二'问题，解决80%的消费者和中小微企业如何能够拿到钱的问题”。数字经济的发展，将使得金融变得更加普惠，服务于那些处于原有金融体系之外的群体，推动一个更加美好的社会的到来。

二、新金融主要新在哪里

新金融与传统金融相比是一种新的金融服务体系。它以技术和数据为驱动力，以信用体系为基石，降低金融服务成本、提升金融服务效率，使所有社会阶层和群体平等地享有金融服务，并且它与日常生活和生产紧密结合，促进所有消费者在改善生活、所有企业在未来发展中分享平等的机会。一是新金融以技术为生产力，以数据作为生产资料。两者结合对新金融产生的核心作用在于降低金融服务成本，提升金融服务效率：一方面缓解传统金融在触达获客、系统运营、风险甄别、风险化解等环节中的成本问题，极大地降低单客边际成本；另一方面利用高效的算力和智能的算法，结合广谱多维的数据，帮助金融企业决策分析，极大地缩短以前人工方式需要数天甚至数月的服务周期，甚至达到实时水平，同时避免人为判断失误等问题，达到更精准和科学的决策。而金融服务成本降低和效率提升，将最终体现为两方面：一方面拓展金融服务的边界，服务于更多人，服务于更多生活和生产场景；另一方面提升金融服务的体验，让消费者享受安全、便捷、丰富的金融服务。二是信用体系不只是新金融的基础，也是整个新商业文明的基石。信用体系的作用在于消除信息不对称，建立互信关系，它不只是金融服务的基础，更是整个商业文明的基石。但传统信用体系存在数据来源单一、更新频率低、用户覆盖不足等问题，新金融基于广谱多维、实时鲜活的数据来源，通过高效的算力和智能的算法，建立健全大数据征信，极大地补充了传统信用体系，并且不只用于信贷、保险等传统金融领域，更将其拓展至出行、住宿、教育、就业等更多与日常生活息息相关的领域，成为整个商业文明的基石，推动诚信社会的建立。三是新金融通过提供平等的金融服务促进包容性经济增长。新金融首先为所

有社会阶层和群体提供平等的金融服务，尤其是普通消费者和小微企业，保障社会所有群体共享普惠金融的红利。新金融作为新商业文明的重要一环，发挥好金融在资源优化、匹配新供需关系上的作用，将让所有社会阶层和群体在公平的环境中共享未来发展机会。四是新金融服务于实体经济，与日常生活和生产紧密结合。真正将金融与生活和生产融为一体——对普通消费者而言，金融不再是冷冰冰的金融产品，而是支付宝、余额宝、退货运费险、芝麻信用分等已成为"家常便饭"的生活方式改变；对企业，尤其是小微企业而言，支付服务解决了零售服务"最后一公里"问题，基于大数据的企业征信和小微贷款解决了"融资难"问题，低门槛、低成本的金融服务成为"大众创业、万众创新"的保障。总之，新金融融入日常生活和生产，与新零售和新制造等新商业文明有机结合，能更好地服务于实体经济。

三、金融科技越来越受欢迎

什么是金融科技？按照美国金融稳定理事会FSB的界定，金融科技指的是技术带来的金融创新，它能够创造新的业务模式、应用、流程与产品，或者是对金融市场、金融机构或金融服务的提供方式产生重大的影响。再看一看沃顿FinTech俱乐部给出的定义：一个用技术使金融体系更有效率的行业，包括哪些技术？大数据、区块链、人工智能，使得我们的金融服务和金融行业效率提高，成本降低，拓展了整个金融服务的广度和深度。这个是我们所说的一个科学的关于金融科技的界定。金融科技的范围包括了支付清算、电子货币、网络借贷、大数据、区块链、云计算、人工智能、智能投顾、智能合同等领域，正在对银行、保险和证券领域的核心业务产生巨大影响。京东金融首席执行官陈生强在康奈尔大学的演讲中，对金融科技进行了一次阐释。陈生强认为，金融科技公司并非市场所认为的只是创业公司，实际上，凡是以数据和技术为核心驱动力，能为金融行业提供服务、提高效率、降低成本的公司，都可以称之为金融科技公司，包括以高盛、富达为代表的全球顶尖金融机构和投资机构，实际上也已经转型为以数据科技为核心驱动力的公司。可见，金融科技有两大核心：数据和技术。借助这两者的驱动，智能性、便捷性、低成本成为金融科技变革传统金融的切入点，并为金融行业的发展带来更多机遇。

摩根大通曾预估，中国的金融科技公司在2020年之前能够创造650亿美元的销售额，而阿里和腾讯至少占据一半的市场。摩根大通的互联网及新媒体股权研究亚太区主管Alex Yao表示，这650亿美元的增长额还是在网络普及率只有10%的前提下做出的预估。在FinTech领域，支付业几乎占据了一半的市场，阿里和腾讯早已在该领域抢占地盘，分别占据了55%和33%的市场份额，“线上支付是FinTech最重要的基础设施”，Yao说道，因为其牢固的垄断地位能帮助两家公司进入其他互联网金融领域，如消费金融和理财。IBM Watson采用这种方式改变了保险业。日本富国生命保险宣布他们从2017年1月开始使用“IBM Watson Explorer”，代替34位保险索赔业务员的职位。“人工智能将扫描被保险人的医疗记录与其他信息来决定保险赔付的金额”，日本富国生命保险在一份新闻稿中写道，“受伤定性、患者病史和治疗形式都将纳入理赔金额的考量。人工智能系统将自动搜索数据，完成数据计算任务，帮助该公司的员工更快地处理理赔事宜。”根据日本《每日新闻》的报道，在此项目中，日本富国生命保险将斥资170万美元（约合2亿日元）引入IBM公司的人工智能系统，随后每年的维护费用约为12.8万美元。通过使用人工智能系统，该公司将在未来每年节约110万美元的开支，这意味着此项投资两年后即可收回成本。“Watson AI的效率预计会比人类员工高30%。”日本富国生命保险的发言人表示，“本公司已经受益于IBM的新技术，类似的人工智能系统正被用于处理客户投诉电话等任务。例如，使用软件识别客户语音，将语音转换为文字，而后分析这些话的内容。”一些美国公司也在使用情绪分析软件来为顾客提供服务。这类软件的一大优势就是可以获知顾客的情绪，当顾客对自助服务系统不满意时，系统将自动转接到人工服务上去。《每日新

闻》报告称，另有三家日本保险公司正在测试或引入人工智能系统，它们希望通过智能系统自动完成一些技术性工作，如为顾客提供合理的金融计划。以色列一家保险初创公司Lemonade已经募集了6000万美元，其首席执行官Daniel Schreiber称他们的未来目标是“用机器人和机器学习替代经纪人与文书工作”。像IBM Watson这样的人工智能系统正自信满满地准备倾覆众多知识技术职位，如保险和金融服务。对此，《哈佛商业评论》在一篇报道中认为，这是因为许多工作能“由可以编纂成标准步骤的工作流程和基于标准格式的数据进行决策组成”。引入人工智能意味着提高现有员工的生产力，还是机器完全替换人类工作岗位？一切还有待观察。“几乎所有的工作都面临计算机在短期内无法处理的关键问题，”《哈佛商业评论》写道，“但是，我们不得不承认越来越多的知识型工作正在屈服于人工智能的崛起。”

四、数字经济正悄悄改变着金融业

数字经济时代下，数字技术大发展为新金融提供驱动力，降低成本、提高效率。技术驱动是新金融发展的驱动力，也是新金融最鲜明的特色，通过数字技术发展，有效解决金融服务的触达、认证、风控、运营、审计等环节的难题。数字技术的核心作用在于降低成本和提高效率，最终目的在于：一方面是拓展金融服务边界，让金融能服务更多人、更多商业场景；另一方面是提升金融服务体验，让所有人能平等地享受便捷、安全、可信的金融服务。具体来说，移动互联技术有效缓解了过去金融获客成本高、用户体验不便的问题，让金融以低成本的方式便捷、有效地触达社会各个群体。大数据极大地消弭金融服务最核心问题——信息不对称性，有效甄别风险，保障消费者权益不受侵害，同时让金融服务风险损失可控、可持续发展。生物识别通过交叉使用人脸、眼纹、虹膜、指纹、掌纹等多个生物特征，已经可以实现比人眼更精准的远程识别，解决“如何证明你是你”的难题，尤其是为边远地区传统金融服务难以触达的地方提供便捷的金融服务。人工智能技术提升了大数据的处理效率，并能够通过深度学习的方式不断迭代升级，模拟人类思考方式，用技术拓展金融服务的边界。云计算通过低成本、高扩展性的运算集群极大地降低金融服务运营和创新成本，并提升其服务效能。区块链技术让资金和信息流动可审计、可追溯，保障金融服务透明可信。

新经济需要以普惠为核心的新金融有力支撑，匹配供需两侧优化。过去五年，中国人口红利所带来的传统动能正在逐步减弱，取而代之的是不断发展以创新驱动的新动能，生产要素通过供给侧结构性改革正在逐步实现结构性优化，生产小型化、智能化、专业化将成为产业组织新特征，其中，生产更灵活、更富有创新活力的小微企业作用日渐凸显。另外，从需求侧角度来看，传统由投资和出口拉动的“三驾马车”正转变为消费驱动。一方面消费需求规模正在快速增长；另一方面消费方式也正在升级，模仿型、排浪式消费阶段基本结束，个性化、多样化消费渐成主流。英国经济学家、诺贝尔奖获得者约翰·希克斯曾以“工业革命不得不等待金融革命”指出经济与金融相伴而生的发展关系。如何匹配供给侧结构性改革，为小型化、智能化、专业化的生产提供金融动力？如何促进需求侧优化，为不断增长的个性化、多样化、便捷化的消费提供金融支持？其核心问题在于有效解决“普惠”难题，即改变过去金融服务围绕大企业和高净值客户的“二八金融”定律，而为千万家小微企业和十多亿普通消费者提供平等的金融服务。一方面从供给侧角度看，小微企业无法获得服务的主要原因在于单体服务成本高、风险甄别难度高这两方面，而这正是新金融的优势所在——一是，通过移动互联、大数据、云计算、人工智能等技术不断降低获客和运营所带来的可变成本，单个小微企业的服务边际成本已极低，为包括小微企业在内的所有企业提供平等的金融服务已成为可能；二是，技术和数据驱动的不断完善的社会信用体系已成为新金融的基石，企业信用数据覆盖面的提升也降低了甄别风险的难度，让更多的小微企业可被纳入金融服务范畴。例如，网商银行的小微贷款基于大数据和云计算

技术，为小微企业提供“310”贷款服务（三分钟申请、一秒钟到账、零人工干预），已经为超过400万的小微企业提供超过7000亿元的贷款，户均贷款余额不到3万元，为全社会“双创”发展提供金融支持。另一方面从需求侧角度看，传统金融服务具有一定门槛，使得普通消费者难以获得足够的金融服务；同时，金融产品化在公众心目中更趋于冷冰冰、难以理解的形象，普通消费者接受程度较低，在日常生活中难以享受金融服务的红利。新金融与传统金融相比，在这两方面有极大的改善：首先是通过技术驱动降低金融服务门槛；其次是通过与日常生活场景紧密结合，为客户在生活中提供便捷、丰富、实用的金融服务。例如，芝麻信用为上亿信用记录缺失而被金融服务拒之门外的用户提供大数据征信服务，并提供不断丰富的征信应用场景，如租车和租房免押金、办理出国签证、申办信用卡等；“余额宝”将理财门槛降低至一元起，普通大众通过互联网理财享受一定收益的同时，还可方便地用于日常消费；场景保险中的典型代表“退货运费险”，解决了消费者和小商户间的互信问题，减少了因交易摩擦而产生的成本，其中大数据技术有效解决了保险中的“逆选择”难题；支付宝为消费者提供快捷、安全的支付体验，即使在偏远农村地区，也可通过互联网或移动互联网方便地购买和城市居民一样品质的货物。

五、新金融可以更为有效地服务实体经济

新金融可以创造更公平的社会——普惠金融体系促进包容性经济增长，金融民主化为所有个体提供未来发展机会上的公平性（普惠）。借助数据和技术，新金融致力于消除由于金融服务成本、风险和效率问题带来的不平等，让每个用户都享有平等的权利自由获取所需要的金融服务，进而促进整个社会在获取生活改善与未来发展机会上的公平性。数字普惠金融作为可持续与包容性增长的有效实践，其作用在G20杭州峰会期间被世界各国所认可，并通过《数字普惠金融高级原则》向全球推广，大力推动整个金融体制改革。

新金融可以创造更高效的社会——重构资源组织、供需匹配，以便捷高效的金融服务满足经济发展需求（新供需关系）。提高资源配置效率、优化供给和需求两侧匹配关系是经济学的核心问题，新金融依托技术和数据，在服务上不断创新，既满足小型化、智能化、专业化的生产供给，也满足个性化、多样化、便捷化的日常消费。新金融对消费型经济的促进已初露端倪。以网络支付为例，作为电子商务发展的底盘，激发消费潜力，在世界范围内换道超车，取得领先地位。其他包括消费金融、大数据征信、消费场景保险等金融服务也成为结合生活场景提升消费便利性和安全性，进一步刺激消费的有益创新。

新金融可以创造更诚信的社会——完善商业文明的信用基础设施，推动诚信社会的建设（信用社会）。信用体系不只是金融服务的基础设施，也是整个社会经济发展的基础设施。“车无辕而不行，人无信而不立。”信用的本质是甄别风险，解决各个场景中的信息不对称问题，在不同场景下具有灵活多变的特性。例如，在金融领域，可成为风控手段，应用于反欺诈和信用卡、信贷审核等，提高准确率和覆盖率；在生活领域，则可解决商户与人、人与人之间的信任问题，在出行、住宿、签证、招聘等一系列生活场景中提高双方便捷性和可靠性。但是，传统征信体系并不能完全覆盖全社会的企业和个人。根据BCG报告，2019年，美国个人征信覆盖率为92%，中国这一数字仅为35%。央行主导的中心化征信体系负担过重，需要更多市场化的力量加入，共同促进个人征信产业的发展。在用户授权前提下，大数据征信依据用户各维度数据，运用云计算及机器学习等技术，为个人或企业提供信用肖像的刻画，成为传统征信体系的有效补充。与传统征信体系相比，大数据征信具有数据源广谱多维和实时鲜活的特点。同时，个人良好信用积累所带来的更便捷的生活方式，将对消费者和企业有良好的示范作用，助力推动诚信社会的建设。

新金融可以创造可持续发展的社会——推动绿色金融发展，以可持续发展的方式建设节能低碳社会（绿色金融）。中国人民银行在金融改革

与发展“十三五”规划中强调绿色金融体系的建设，通过金融服务促进社会经济可持续发展。新金融通过数字技术服务用户，天然具有低碳环保的基因。例如，蚂蚁金服所有金融服务都在线上完成，没有线下网点，包括水、电和煤气等便民缴费让广大百姓减少了许多奔波，初步测算一年至少减少80000吨碳排放。取代纸质票据的电子票据，经测算一年可至少减少720000棵树的砍伐量。另外，新金融基于生活场景，调动普通民众参与低碳生活的积极性，推动了绿色消费意识的普及。蚂蚁金服计划为每个用户建立一个碳账户，用于度量其消费、出行、生活等领域的碳减排。鼓励用户步行、自行车出行、乘坐公共交通工具等低碳生活方式，同时希望一些公共交通、环保交通企业能加入自愿碳减排交易或者中国核证减排量（CCER）减排机制中，将碳资产在减排企业与使用用户之间进行合理比例分配，鼓励全民主动选择低碳生活方式。同时，支付宝还可以通过秀碳积分、点赞、贴低碳标签等方式，推动低碳、绿色兴趣社交和社群建立，促进各种新生活网络社区形成，积极推广普及低碳意识和绿色生活方式。

六、普惠金融已经走进了千家万户

为什么数字技术可以改变普惠金融？我们知道，金融业发展主要包括以下四个方面的成本：第一，获取用户的成本；第二，风险甄别的成本；第三，经营成本；第四，资金成本。前三个方面都正在被技术深刻地改变，移动互联深刻地改变了人们触达金融的方式，大大降低了金融机构获取用户的成本；风险甄别的基础是信息，而大数据技术深刻地改变了搜集数据、处理数据、甄别风险的效率，人工智能进一步提高了处理大数据的能力，云计算又大大地提高了大数据和人工智能的效率；云计算的成本和传统IT的成本之比是1∶10，成本降低了90%。技术的飞速发展，使得金融的基础设施也飞快地发生深刻的变化，这必然会使金融的模式深刻地改变，降低成本、提高效率，进而改变金融的商业精神。这并不只是理论上的探讨，而是正在发生的未来。首先人们的消费方式正在发生变化，2016

年“双十一”阿里平台上卖出了1207亿元的产品，其中81.87%是通过移动支付完成的；支付工具也在随着商业和消费方式的变化而演进，2016年为了配合“双十一”，支付宝还上了VRpay虚拟现实支付，看到好看的三维的场景就可以直接支付。

数字技术推动普惠金融可持续发展。基于云计算技术的支付宝的单笔支付成本早在多年前已经降到2分钱，以后会越来越低。2016年“双十一”那天大概卖出6亿笔保险，平时超过90%的保险都是自动理赔的，不需要人工处理；当天支付宝收到800万个电话或咨询，其中97.5%是人工智能完成的。从以上数据可以看出，“双十一”对技术的要求越来越高，而使用的人工却越来越少了，各种成本、运营的效率都在发生很大的变化。移动支付现在已经非常普及，使用人数以亿计，不只是支付宝，还有微信支付和其他支付工具。而且移动支付非常便宜，什么叫便宜呢？消费者在购物的时候不为支付付费，而是支付机构向商家收费。在美国这个交易费率约为3%，在中国约为0.6%。

数字普惠金融已经成为发展趋势。当前，我们正迎来“无现金社会”。将来，多元化信用体系作为数字普惠金融的基础，将服务更多人群。我曾看过一本书，叫《未来简史》。它里面讲的一点我很同意——人类之所以进步是因为有两个最核心的东西：一个是文字，文字让人能够有组织结构，有生产关系；另一个就是货币，它促进了劳动分工，提高了生产力，使金融起到配置的作用。信用也是社会组织非常重要的部分，信用会产生生产关系，没有信用的社会是不会有经济活动的，更何况金融了。芝麻信用模块在很多的场景都可以用到，我相信到2025年中国大概有三分之二的酒店就不用押金了，直接用芝麻信用就可以了。这会非常深刻地改变金融的可得性。技术驱动的信用体系正在快速发展。由于技术的发展，以人为本、以企业为本、以用户为核心构建整体金融服务的趋势正在发生，无论是传统金融还是互联网金融。该有的风险区隔还会有，但会有“我的金融”的感觉。在个人端，这个金融是围绕“我”的，而不是

“我”需要金融还要查该怎么办。在企业端，现在大多数小微企业没有CFO，只是基本的记账，以后小微企业也可能会有CFO。例如，蚂蚁金服跟科尔沁公司一起做供应链金融。有一家农户每年养几百头牛，但是资金不够，没有办法养更多的牛，另外他把牛卖给谁也存在很大的不确定性。蚂蚁金服跟金融机构合作，给农户贷款，但并不直接给他，而是直接给了科尔沁公司，由其采购总部采购种牛给农户，目的是专款专用以降低风险。牛长大了以后科尔沁公司就会收购，加工成农业产品后可以通过天猫商城卖给消费者。这不但帮助农户解决了资金的问题，还解决了销售问题。农村经济的供应链正在发生深刻的重构，而金融会起到关键作用。

数字经济正悄无声息地改变着零售业

效用是经济学中最常用的概念之一。一般而言，效用是指对于消费者通过消费或者享受闲暇等使自己的需求、欲望等得到满足的一个度量。经济学家用它来解释理性的消费者如何把他们有限的资源分配在能给他们带来最大满足的商品上。经济活动的价值，正是帮助消费者实现效用最大化。理解新零售，需要重新回到上述判断经济活动价值的标准。在市场经济条件下，我们用来判断经济活动价值的标准在于，最终接受某项商品或服务的用户对这些商品和服务的主观评价。这也意味着，并非投入的成本或服务决定商品的价值，只有这些商品和服务最终满足了使用者的需求，这一经济活动才实现了其价值，否则，只是在摧毁价值。从这一角度出发，年复一年不能消化掉的库存只是在摧毁价值，而不是为社会创造价值，因为这些资源本来可以投入到其他的生产领域，去满足社会的其他需求。所谓新零售，就是以消费者体验为中心的数据驱动的泛零售形态。新零售的本质在于，无时无刻都在为消费者提供超出期望的“内容”。传统零售当然也希望以消费者体验为中心，但实现这一目标的手段过于昂贵，除了少数价值极高的产品和服务，如私人飞机、定制跑车等，产品的生产和销售者才会花大量的时间和精力去了解客户的需求，对于大众产品，零售商和生产者可以说是有心无力。随着数字经济时代的到来，这一目标正在成为现实。在新零售时代，了解消费者需求的成本急速下降，而随着人工智能的广泛应用，零售商将能够更好地了解消费者的需求，这些汇集的信息也将帮助生产者、流通行业更好地配置资源，生产出更加满足消费者需求的产品，减少不必要的物流成本。区别于以往任何一次零售变革，新零售将通过数据与商业逻辑的深度结合，真正实现消费方式逆向牵引生产变革。它将为传统零售业态插上数据的翅膀，优化资产配置，孵化新型零售物种，重塑价值链，创造高效企业，引领消费升级，催生新型服务商并形成零售新生态，是中国零售业大发展的新契机。

一、数字经济催生了新零售

新零售产生的原因包括技术变革、消费者认知变化和行业变革三方面。在技术层面，新商业基础设施初具规模：大数据、云计算、移动互联网、智慧物流、互联网金融、平台化统一市场。互联网发展逐步释放经济与社会价值，推动全球化3.0乃至4.0进程。在消费者认知变化层面：消费者数字化程度高，认知全方位，购物路径全渠道；中国消费升级引领全球消费增长，新一代价值主张从活下去到活得更好。收入水平低的时候，消费水平很单一，主要是要生存，最重要的需求是卡路里。但随着收入水平不断提升，消费需求的多样化和个性化迅速增加，如何活得更好成为最主要的关注点。在行业变革方面：全球实体零售发展放缓，亟待寻找新的增长动力。中国实体零售发展处于初级阶段，流通效率整体偏低，缺乏顶级零售品牌。数字经济下兴起的新零售具有三大特征：一是以心为本。数字技术创造力千变万化，无限逼近消费者内心需求，最终实现“以消费者体验为中心”。围绕消费者需求，重构人、货、场。二是零售物种大爆发。借助数字技术，物流业、娱乐业、餐饮业等多元业态均延伸出零售形态，更多零售物种即将孵化产生。三是自然人零售。“人人”零售，零售二重性凸显，即任何零售主体、任何消费者、任何商品，既是物理的，也是数字化的，开启了零售新时代。基于数理逻辑，企业内部与企业间流通损耗最终可达到无限逼近于“零”的理想状态，最终实现价值链重塑。

二、新零售与传统零售有较多区别

总的来讲，新零售将最大限度地提升全社会流通零售业运转效率，其与传统零售的区别主要体现在以下四个方面：一是智能化技术打通虚拟与现实各个环节，实现实体与虚拟深度融合，传统零售的人、货、场在物理空间和时间维度上得到最大的延展，消费者不受区域、时段、店面的限制，商品不受内容形式、种类和数量的限制，消费者体验和商品交付形式不受物理形态制约。二是消费者实时“在线”，品牌商与零售商以消费者为中心，利用数字技术随时捕捉客户信息感知消费需求，完成供需评估与即时互动，激发消费者潜在的消费需求，提供给消费者全渠道、全天候无缝融合的消费体验及服务。三是回归零售的本质，零售企业利润将主要来自商品和服务的增值，而不再是信息差利润。中国传统零售业在发展过程中以商业地产租金、联营扣点方式赚取高额利润的模式将不可持续，借助新技术和新资源降低成本，尽可能为消费者提供差异化的满足个体需求和用户体验的商品及服务，才是零售发展的方向。四是全供应链数字化，流通路径由复杂向简单转变，供应链前端更加柔性灵活，数据化管理为实现库存最优化乃至“零库存”提供精细的决策支持。供应链后端形成快速高效经济的新仓配一体化，供应链、交易交付链、服务链三链融合。部分供应链中间商职能产生转变和分化，成为新生态服务商。在新零售的推动下，第一是娱乐化、智慧型的超级购物中心已经大批涌现。过去的购物，人们仅仅只是停留在买卖；而今天的购物，成为了一种线下的生活方式，这对于线下的零售业生态也带来了巨大的变化。一边是单个门店的线下实体变得越来越少，未来还将会继续有更多的门店关闭；另一边却是越来越多集合超市、逛街、电影、亲子、餐饮等众多消费于一体的超级购物中心开始不断涌现。人们在购物的同时，还会有娱乐、餐饮等消费需求，综合一体化的大型购物中心也就应运而生了。尤其到了周末，越来越多的恋人或者带着小孩的一家人会去这种超级购物中心共度周末，体验智慧新生活。第二是定制、个性化的消费正在成为新趋势。随着消费的不断升级，品质消费、个性化消费也开始日渐崛起，越来越多的线下零售店也开始推出个性化、私人定制的商品：有的服装店可以根据你的尺寸定制服装，有的食品店可根据你的口味定制食品，有的蛋糕店可根据你提供的照片定制

独一无二的蛋糕……人工智能、大数据等新技术的运用，对于满足用户个性化的需求起到了至关重要的作用。借助大数据能够实现对用户个性化需求的精准把握，而借助人工智能则能够实现对用户定制、个性化消费的精准推荐，也能打造出更多的个性化服务和产品。第三是零售供应链正在重构。在新零售时代的影响下，越来越多的品牌生产商正在把线下门店作为自己的线下体验店，用户通过线下体验之后可以直接通过其线上平台下单消费。这种线下的体验：一方面能够树立生产商的品牌形象，让用户更了解自己的产品，给新产品起到一个很好的宣传推广作用；另一方面，线下的体验也能够带动和刺激用户的消费。无形之中这就会对整个零售业的供应链环节产生巨大的影响，生产厂商将会去掉批发商、零售商环节，而是直接把线下门店作为自己的直营体验店，把线上平台作为厂商直接连接消费者的预订平台。也就是说，批发商、零售商将会变得越来越少，而直营体验店将会越来越多，整个零售供应链正在重构。新零售的核心是零售与数据的结合，而非简单的零售线上化。随着用户数据的日益完善，如今不仅仅是在线上购物，即便是我们在Shopping Mall这样的线下场所购物，依靠传感器和智能手机定位，消费者的画像依然可以被清晰描述，这也使得零售经营者能够更了解用户的需求，从而提供更精准的推荐与服务。这种数据化不仅仅是用户画像的数据化，同时也是经营理念和商业组织形式的数据化思维，在人被以比特计量的同时，商品也同样被比特化，甚至过去只能在线下进行的诸多服务，如英语教学、音乐教学、兴趣爱好培养等也可以在线上提供，这直接带来的是经营者运营思维的转变，以及零售价值链的重塑。在新零售的背后，人工智能同样也在改造供应链和仓储物流，以图书管理为例，在过去大型电商的图书的采销需要处理几十万条信息，而随着数据化水平的提高和人工智能的应用，机器可以极大程度上代替人工完成这类标品的采购、入仓、补货、运营等环节。物理学家霍金曾警示道，“人工智能和日益发展的自动化将大量取代中产阶级工作……从某种程度上讲，这就是破坏性创新，冲击不可避免。”

三、新零售将给我们带来众多新契机

中国实体零售业整体处于初级发展阶段，发展相对缓慢，业内尚未产生“顶级”实体零售品牌商。发达国家以美国为例，1840年后的近200年中，伴随着工业化和信息化的技术革新，零售业先后经历了工业化和信息化，形成了成熟高效的大流通格局。而中国自20世纪90年代后，工业化和信息化交织进行，零售业态紧密相接地出现，用20多年的时间走完了美国超过一个半世纪的零售业态变革，行业整体处于初级发展阶段。

中国流通链条上批发零售业整体效率偏低，电子商务发展带动“最后一公里物流”的发展。近年来，中国电子商务发展带动物流配送发展，两者体量发展呈正向相关，特别是“最后一公里物流”的发展，显著高于实体商业基础设施建设发展的速度。

电子商务发展迅猛，新零售基础设施建设初具规模，大数据技术突飞猛进。电子商务在中国高速发展的十余年中，含云计算、互联网金融、智能物流在内的数字化商业平台基础设施已经初步建成。2016年“双十一”，全天交易额1207亿元，数据的背后是承担12万笔/秒的交易峰值的大数据技术处理能力。淘宝平台上活跃着100种交易场景，60多种交易类型，超过3000多种营销形式，拥有全球最大的混合云部署架构。大数据个性推荐技术时间颗粒度被不断细分，可根据多项行为数据近乎实时地为消费者提供精准推荐。

中国消费者的数字化程度较高，更具智慧，购物路径凸显全渠道特色。CNNIC发布的《中国互联网络发展状况统计报告》指出，截至2020年3月，我国网民规模为9.04亿，互联网普及率达64.5%，庞大的网民构成了中国蓬勃发展的消费市场，也为数字经济发展打下了坚实的用户基础。第一是基础设施建设持续完善，“新基建”助力产业结构升级。2019年，我国已建成全球最大规模光纤和移动通信网络，建制村通光纤和4G比例均超过98%，固定互联网宽带用户接入超过4.5亿户。同时，围绕高技术产业、科研创新、智慧城市等相关的新型基础设施建设不断加快，进一步加速新

技术的产业应用，并催生了新的产业形态，扩大了新供给，推动形成新的经济模式，将有力推动区域经济发展质量提升和产业结构优化升级。第二是网络购物持续助力消费市场蓬勃发展。截至2020年3月，我国网络购物用户规模达7.10亿，2019年交易规模达10.63万亿元，同比增长16.5%。数字贸易不断开辟外贸发展的新空间。2019年，通过海关跨境电子商务管理平台零售进出口商品总额达1862.1亿元，增长了38.3%。同时，数字企业加速赋能产业发展。数字企业通过商业模式创新、加快数字技术应用不断提升供应链数字化水平，为产业转型升级提供了重要支撑。第三是互联网应用提升群众获得感。互联网应用与群众生活结合日趋紧密，微信、短视频、直播等应用降低了互联网使用门槛，不断丰富群众的文化娱乐生活；在线政务应用以民为本，着力解决群众日常办事的堵点、痛点和难点；网络购物、网络公益等互联网服务在实现农民增收、带动广大网民参与脱贫攻坚行动中发挥了重要的作用。BCG研究表明，在消费者最终决定购买某一产品前，平均每个购买行为有3个激发点及4次搜索比较行为。

党的十八大以来，城乡居民消费水平持续提高，消费结构不断优化升级。中国正在形成以消费为主导的经济增长新格局，超大城市居民消费水平已接近日韩，主要具有以下升级特征：第一是消费新内容。居民的消费结构随收入增长呈现“先商品后服务”的阶段性特征，未来将是医疗护理、娱乐、金融服务占比不断攀升的时代，与闲暇生活相关的服务、娱乐、体验式消费刚刚起步，虚拟形式的内容及服务，如直播等形式将拥有更为广阔的发展空间。第二是新一代消费。伴随着互联网长大的“数字原住民”（1980—2000年出生的人口，目前约占中国总人口的30%），他们身上聚集了两代人的财富，具有较高的消费倾向和超前消费意愿，追求在产品形成和消费中的参与感，并乐于分享。第三是个性多样的消费。中国城镇化进程的差异、居民收入阶层的多样性、年龄的层级分布等决定了中国未来消费的阶梯特征，如农民工消费普及和中产阶层消费升级并存，二、三线城市复制一线城市的消费潮流之后再向四线城市扩散，“80后”

成为消费主体的同时银发消费也在崛起，女性消费特性在互联网时代被放大。第四是消费新主张。与炫耀性消费不同，消费新价值主张以鲜明、年轻、时尚和自由为特征，消费更加回归理性，主要目的是“愉悦自己”，那些给消费者带来差异化终极体验的商品和服务将凸显竞争力，博得溢价成为赢家。

四、新零售已经让无须排队成为新常态

2016年12月5日，亚马逊官方在Youtube上播放了一个1分49秒的宣传片，展示了Amazon Go概念店。与此同时，亚马逊在西雅图开了这么一家特别的商店。据悉，这家名为“Amazon Go”的新型零售商店占地面积为1800平方英尺（约合167平方米），主要售卖即食食品和生鲜，店内使用传感器进行实时监测。根据亚马逊的介绍，Amazon Go和传统零售店最大的不同在于，这里无须排队结账，甚至结款台都没有。消费者走进店里，打开Amazon Go的App，扫描一下二维码就可以去货架选购了，他拿取或放回了什么都能被感应追踪，而大量传感器会将这些实时变化传递给App。选购完之后，消费者无须亲自结算就可拿着商品直接出门，因为App绑定了信用卡等支付方式，可自动完成结算。亚马逊在宣传片中介绍道：“在这里，消费者无须亲自结算，这种技术和自动驾驶是一样的，涵盖了计算机视觉、感应器整合和深度学习。这种‘拿起就走的技术’会自动甄别出商品是被拿走还是被放回，并将信息传到消费者的虚拟购物车中。”从中可以得到的信息是，Amazon Go使用了人工智能作为支撑，包括计算机视觉、感应器整合、深度学习三项关键技术。由此才实现了其宣传语中所说的“无须排队，无须结账”的特色。对此，零售研究公司Conlumino总经理Neil Saunders表示：“结账通道一直是商店购物体验中效率最低的部分。省去这一流程，不但能够节省大量人力成本，而且能使消费者对结账体验更加满意。”移动营销服务商费芮互动的首席执行官蒋美兰指出，Amazon Go不仅实现了购物过程最后支付环节的最大化便利，还对消费决策过程

做了简单解析，即可以识别顾客想要买又犹豫、拿起又放下的这个过程。“我们认为，‘懒’是未来最大的商机，这里面包含了宅经济和方便性两个方面。在购物上，移动支付是方便性的其中一个解决方案，而Amazon Go则是更具象地将方便性，也就是‘懒（懒得排队）’，发挥到了极致，是一个最短路径的最大化解决方案。”蒋美兰这样评价道。亚马逊新零售店对消费者的进店、购物收银和退换货的三大场景进行了革新式探索，实现线下无现金购物流程，无须排队等候人工收银，线上、线下商品价格信息打通、同步，会员也实现线上、线下的闭环，最终的目的是让消费者感觉便利，极大地释放消费者的购物欲望。

实际上，相比Amazon Go更多还停留在1分49秒的概念宣传视频阶段，阿里巴巴早就在成都落地了一家新零售线下店，即素型店。从表面上看，阿里巴巴的新零售线下店没有Amazon Go炫酷，但经过3个月的试运营，也有了些实在的效果提升。数据显示，阿里巴巴新零售平台改造的首家线下试点店客流同比2016年增长了5倍，店铺销售业绩提升了3倍左右，坪效提升了3.5倍，连带率从原来的1.3提升到2016年8月的3.8。Amazon Go和阿里巴巴新零售线下店可以算是中美电商巨头对“新零售”的一次“共振”。两大电商巨头对新零售理念的探索虽然手法各异，但却属于创新的殊途同归——亚马逊更注重“黑科技”为现有商业场景带来变化。当然，整个淘品牌走到线下，线上线下融合的全渠道只是阿里巴巴“新零售”计划的冰山一角。阿里巴巴新零售特点如下：第一，数据选品。素型店是一家服装服饰店？其实不然，在其1500平方米的面积内，商品品类极其丰富，如VR暴风眼镜、茶具、体脂秤、美容仪……这些看似与服装店不搭的商品都集合到了素型店，所有品类都可以套选，而且陈列都是复合型的。比如，洗护用品跟香薰放在一起；以浓郁森林系为主题的女性受众服饰店，搭配了部分意树品牌的男装；店内除了香薰、精油、美妆洗护、家居家纺、食品咖啡、茶品，还有书吧、咖啡吧。而这些品类的跨界混搭给素型店贡献的关联销售非常可观：生活区销售额占非标品类销售份额的28%～30%；

茶品占非标品类销售份额的20%；家居品类占非标品类销售份额的15%。品类组合的逻辑来源于阿里巴巴的大数据分析。阿里巴巴新零售项目团队首先根据大数据，包括淘品牌的消费排名、关联销售，对购物中心方圆5公里的用户数据源进行了调取和消费偏向、消费属性的画像分析和需求整理，以此确定素型店的商品结构、价格带以及店铺选品。第二，供应链改造。阿里巴巴新零售目前在尝试的第二个价值挖掘是B2B，改造线下供应链。线上、线下“同一盘货”的“商品通”首先难在很多线下店并不控货。通过数据选品、在线供货，实体店铺的供应链可明显缩短。阿里巴巴商家事业部总经理张阔举的一个例子是，线下服装行业，通常需要提前9个月订货，而类似素型店这样的门店，只需提前1个月就能向淘品牌订货。以往供应链周期长，在于商家很难预判和实时掌控市场流行趋势的变化。数据分析的导入一定程度上能指导完全由人工经验主导的商家加速上新，实现“款多量少”订货，并有效降低库存风险。淘品牌商品通过阿里巴巴提供的新零售平台完成B2B的采购后，入库时每个产品再贴上一个二维码，通过平台将淘品牌的商品信息、价格信息等跟门店时时同步，同时信息也会在素型店的购物大屏以及线上实时同步。第三，线上线下交互。阿里巴巴新零售通过技术和工具赋能线下零售店，从门店选品、关联销售、留存沉淀数据、提供线上会员服务等全场景化的数据支持，连接人与人、人与商品，改造下单场景、交易场景来实现购物的便利化。目前，素型店能够做到：线上、线下实时同款同价。所有商品都有一款二维码标签，扫商品标签二维码，会出现实时的线上销售价格，顾客可直接在前台买单，或者直接用手机在线上买单，商品则可以选择门店现场自提或选择快递到家。这样就实现线下店铺的“24小时不打烊”。而这背后的解决方案不只是一个单一的支付环节，而是包括高德提供选址数据，菜鸟提供商品物流信息，支付宝提供支付方案，以及天猫、淘宝提供的选品、商品相关性、会员服务等全商业链路场景化的解决方案。可见，阿里新零售的思路是希望通过选品—供应链反应—资金周转—支付下单，用技术工具来提

升整体线下店铺商品流通速度，同时在消费者端提供便利。服务工具上，阿里巴巴新零售的解决方案是用一个POS机集成收银体系和ERP系统，解决收银、退款、打印小票等所有进、销、存工作，从而提升工作效率。阿里巴巴新零售也开始识别和抓取顾客的消费行为。比如，通过抓取的门店动销率，通过门店主销区和次销区的分别，可以将门店过季的商品和销售额比较低的商品在某个区域进行集中的展示、打折、促销或者处理，提升商品动销率。阿里巴巴新零售对线下购物场景的改造还包括将线下门店打造成与线上交互的“秀场”。阿里巴巴商家事业部新零售项目负责人韩操说，传统的线下门店的营销玩法无非就是打折、送赠品等，素型店跟新零售平台合作以后，设计了一个线上直播的功能，在门店开辟了一个线下体验的“秀场”，开业至今已经试验了很多品牌厂家互动的直播活动。

五、新零售的发展潜力是无比巨大的

新麦肯锡：未来15年，中国将贡献全球消费增量的30%。中国消费者的消费模式正在发生转变，消费结构与发达国家日益相像。到2030年，中国家庭全年在食物上的支出占比将继续下降，而“可选品”和“次必需品”的支出将持续显著增加。国家统计局的数据显示，2021年，中国最终消费支出对国内生产总值增长贡献率为65.4%。未来，质量诉求逐渐取代价格诉求，高品质、高科技、个性化、小生活主义成为消费升级方向。阿里巴巴新消费指数显示，户外运动及家具品类升级意愿明显。电子商务在中国高速发展的十余年中，含云计算、新金融（互联网金融）、智能物流在内的数字化商业基础设施已经初步建成。中国零售发展已经不再仅依赖和跟随实体建设而按部就班地发展，以物流建设兼顾实体建立及仓储配套，绕过时效相对滞后的实体设施建立，通过虚拟渠道和市场分发销售商品，将大幅度节省实体零售覆盖中国全境发展的成本。虚拟与现实在数据上实现打通融合将最大限度地提升全社会流通业运转效率。以虚拟发展带动实体发展，反向提升中国实体发展信息化、数字化水平，线上、线下高效融合，促动商流、信息流、物流在实体与虚拟中自由流动，从而形成独具特色的中国新流通、新零售发展道路。展望技术发展更为广阔的未来30年，我们所处的世界将进一步深度数字化，内容势必不断从2D向3D乃至高维发展，使得以中国新零售带动的全球零售发展更加充满想象。从交易主体上讲，任何人都可能成为零售商。零售不再是某个企业的特权，零售趋于大众化，畅想未来，甚至机器人也可以成为交易的主体。从交易对象上讲，未来所有物品都会成为可交易的商品。任何物品和服务都将被赋予价值，不拘泥于是否有形和权属形式。从空间上讲，任何场景下零售都将可以实现。交易空间被极大地延展，地球上的任何角落甚至是外太空都有可能成为交易场所，货币形态呈现多样化。我们不难设想，随着数字化的深入和技术进步，交易朝着自动化和智能化的方向发展，全球经济形态最终将被以交易为中心的新型经济改写。未来，整个线上和线下的数据被完全打通，也就是商品通、会员通、服务通，“三通”是新零售非常好的起点。以数据为基础的商品、会员和服务的全面打通，给共享未来更多新零售的场景，提供了一个非常重要的基础。回归到商业本质，回归业界都熟悉的流通领域三大核心商业元素——人、货、场（场景），新零售也是基于人、货、场三要素和互联网完成重构。相信围绕人、货、场三要素会不断产生重构的化学反应，从而以大数据、新技术，以互联网驱动不断演化产生全新的反应，能够使得消费者获得随时随地的全新体验，能够使得商业经营获得更高的效益，消费体验获得更多的便捷，这都是全渠道不断打通带来的新机会。

数字经济让交通变得越来越通畅

据联合国统计，2013年全世界死于交通事故的人数约为125万人，相当于每天坠毁10架波音777客机。这些事故绝大部分是人类自身因素造成的，“马路杀手”越来越多。人类驾驶本身成了一项非常危险的日常活动。另外，超级大都市是文明的发展方向，拥堵、无趣、疲惫的驾驶占据着每个人的内心。未来人们的驾驶技能，将会像男耕女织、操作缝纫机、做木工手艺活一样，逐步离开大众，成为一些专业技能和个人爱好。根据国际汽车工程师协会制定的标准，汽车的自动程度分为六级：第一级为无自动化，第二级为驾驶员辅助，第三级为一个或多个辅助驾驶系统，第四级为有条件自动化，第五级为高度自动化，第六级为完全自动化。届时，系统自己开车，在任何道路、任何环境状况下都不需要人类的介入。一旦实现了完全自动化，未来驾驶的技能就真的会离开大众，成为少数人的爱好。实际上，这一进程发展得非常快。2016年10月20日，特斯拉公司首席执行官马斯克在电话发布会中宣布，所有特斯拉新车将装配“具有全自动驾驶功能”的硬件系统——Autopilot 2.0。这套系统包括8个摄像机、12个超声波传感器以及一个前向探测雷达。摄像机将提供360度的视角，最大识别距离为250米！汽车的“眼睛”和“大脑”正在快速进化，眼观六路、耳听八方，计算能力更是实现了1 Terraflop（相当于80个处理器内核）的计算能力，远超普通的电脑。自动驾驶的发展，催生了众多高市值的新兴汽车企业。我们可以预计，随着数字经济的发展，无人驾驶技术将逐步被应用到社会交通的方方面面，从而帮助减少交通事故，降低死亡率。

一、数字经济给交通带来了越来越大的影响

随着大数据、物联网、云计算、人工智能等新兴技术的快速发展，数字经济给交通带来的最大改变是产生新的交通供需关系组织者，带来包括地面公交、轨道交通、步行、自行车、自驾、停车、网约车等多种出行方式在内的全链条出行的平台性革新和升级，给交通带来以下三个方面的红利性改变。一是用户出行体验的改变：一体化无断链的超高体验得到更好满足。过去由于技术水平的限制，交通出行者的特征只能按公交出行群体、出租车出行群体等方式进行简单的标签化处理，无法甄别和满足单体的出行偏好和习惯。而且在一次出行链中，各种交通方式往往都是单段式服务，且支付方式也各不相同，存在跨方式的服务“断链”而导致乘客一体化体验不佳。以公交为例，过去乘客只能通过固定站点、固定运行线路、经停若干站点的“大一统”模式乘坐公交，到站后还可能面临步行太远、想骑自行车又找不到车的“最后一公里”尴尬。数字经济下，将产生新的交通供需关系组织者，实现各种出行方式在信息、服务、支付方面的一体化，以及基于全出行链条的服务可得性、换乘高效性和时间确定性。未来的出行场景可能变成这样：人们出行时，不再需要去面对各种各样的App和交通工具，只需要通过一个App或一个平台，就能够实现一体化无断链的超高出行体验。例如，从家到单位，涉及两端自行车接驳和中途乘坐公共交通，只需要在App上输入出发地和目的地、希望到达目的地的时间、可接受的价格等个人偏好，平台就会给出一个完整的解决方案：什么时间从家出发，步行到家附近特定位置会有一辆预约好的共享单车在那等候，骑行至公交站点附近后，即可赶上公交车，到站后步行至单位，正好在希望的时间内到达目的地。整个行程涉及的骑行费用和公交费用只需一键支付，真正满足人们“一体化、无断链”的出行体验。二是交通运输组

织的改变：与需求互动，构建更柔性、更适配的供给体系。目前乘客无断链一体化的超高体验之所以得不到满足，很大程度上是由于各种交通方式基本处于各自运营状态，缺乏一体化整合，且与需求之间缺乏互动，运输组织模式相对刚性。未来，掌握各种交通方式的数字资源平台，将带来交通供给侧的重要改变。通过整合各种交通方式的运营服务商，以出行者需求为核心，实现供给与需求的实时互动，并提供出行前、出行中以及出行后的全链条出行服务的解决方案，而不仅仅是完成传统意义上空间位移的交通运输。正如上面所描述的未来交通出行场景那样，地铁、地面公交、出租车、自行车、共享单车以及停车等各种交通供给和服务的信息都将整合到一个平台上，各交通方式的运营商不再是传统意义上的运输企业，而是交通组织者，与出行者的需求变化进行实时互动，并进行灵活的调配和组织。例如，公交车很可能将改变过去定点、定线的供给模式，可以根据出行者的需求变化灵活调整发车时间或者选用集约化的适配车型，共享单车、出租车、网约车也可以根据出行者的需要“随时等候”，将为出行者提供一个全新的交通供给体系。三是交通资源配置模式的改变：基于预约出行的高效资源配置。城市交通本身是一个复杂的系统，进入系统的个体具有较强的随机性和不确定性，例如，交通参与者可以随时、随地进入交通系统中，给城市道路、轨道交通等资源配置带来难度。未来，掌握人、车、路等数字资源的平台，基于预约出行，可以提前掌握各种方式的出行需求，动态调整供给策略，实现交通资源更高效、更精准的配置。一直以来，特大城市早晚高峰轨道交通站点客流密集、规模巨大，例如，2022年北京工作日地铁日均客流高达1241.1万人次。对于乘客而言，由于都是根据各自的时间安排随机进入地铁站，无法提前预知地铁站客流的排队情况；对于地铁运营企业而言，由于早晚高峰期进站客流压力高度集中，在部分地铁站点不得不采取站外排队限流的措施。而通过预约平台，基于全网客流大数据和仿真模型，按照地铁运营能力和车厢满载率的控制要求计算出配额并分配给乘客。乘客按照预约时段到达站点即可直接进站，减少

可能因限流带来的站外排队等待，提升出行效率和体验；地铁运营企业也可以通过平台提前掌控乘客进站需求，动态调整预约名额，将一部分高峰进站客流分散到其他时段，避免客流大规模集中到站。2020年疫情防控期间，北京市在地铁5号线天通苑站、昌平线沙河站两座地铁限流车站开展了预约进站的试点，效果初步显现。未来，不只是地铁，整个交通系统都可以通过预约平台，实现交通资源的动态、精准配置，实现更有序、更高效的出行。

二、数字经济引导我们拥抱智慧物流平台

“经济”一词有一层含义是节约。数字经济发展对于流通业的影响，是能够帮助流通业减少流动环节，从而节约资源。消费者消费商品和服务的成本，主要包括两部分内容，一部分是生产成本，另外一部分是将产品和服务传递到消费者手上的成本。我们知道数字经济时代下的制造业将可能更好地发现、识别和满足消费者的需求，从而减少库存和资源浪费。而C2B模式的兴起，也使得商品和服务能够更快、更直接地传递到目标消费者手中，从而提高效率，减少损耗。数字经济也会对供应链模式产生很大的影响，从而深刻影响电商物流的发展。数字经济和网络交易进一步发展，可以按需定制个性化消费，形成以消费者为中心的新制造业系统。这个时候“仓配送”的含义就会发生很大的变化，中间环节被压缩，商品滞留就会缩短，货物永远在路上而不是在仓库里。2022年快递业务量已经超过1100亿件，网络零售额为13.79万亿元。2022年网络零售额增幅为6.2%左右，快递包裹量保持2%以上的增速。分析历年“双十一”物流数据，2020年峰值是11月15日，2021年峰值是11月14日，2022年签收包裹的峰值是11月13日，越来越接近11日。“历年完成1亿包裹签收时间不断缩短，也说明电商物流效率的提高，其适应电商交易体系的能力得到空前的提高。”电商仓配备货平均运距在100千米～500千米，大幅拉近了自然平均交易距离。出于节省成本方面的考虑，电商交易要求更近的距离配货，

让商家和物流公司把商品放在离消费者最近的地方。“很多商品并不需要纯电商的仓库，可以从靠近消费者的实体店发货，这些实体店将成为未来的物流配送、快递的一个前端支点。”“物流就是聚合，规模发生效应。这是行业特性，不可违背的客观规律。一车货的运费一定比一件货的运费平均价格低廉。”菜鸟物流童文红说，菜鸟搭建的是中国智慧物流骨干网络，这个网络给商家使用、仓配的服务商使用，如果快递公司需要也完全开放。童文红认为，菜鸟的长板就是数据，不仅有客户、商家、消费者的数据，还有物流信息路由的数据。凭借这些数据，菜鸟做的是物流订单的聚合工作。2016年，中国快递业已实现连续六年增长率超过50%，日均8000万个包裹，快递量达312.8亿件。目前，中国社会物流总费用与GDP的比率为14.7%，高于美国的8%。物流车辆空驶率高达39%，新能源车在目前市场占有率不足30%。我们认为，随着劳动力成本的增高、快递物流业的劳动力供给制约，智能化升级时代即将到来。菜鸟ACE计划负责人时瀚透露，研发的新车已于2017年4月在深圳和成都两个城市进行了试点。据了解，ACE计划推出的新能源物流车搭载了“菜鸟智慧大脑”，系统会根据订单动态，生成最优配送线路，并根据业务和道路情景自主感知动态调整界面。通过车辆装备的创新，菜鸟将多项“黑科技”应用于城市末端配送，结合菜鸟智能分单，实现了前置分拣和集装运输，免去在配送站点二次分拣；动态定位技术可以将货物直接送达快递员，实现移动网点，快递员不再需要多次往返站点取货；物流版“变形金刚”电动交换箱体运输车，提升了仓库到站点的多频次运输效率，满足站点的多频送货需求；帮助商家提升服务满意度，让商家实时了解货物所在位置，通过App还可以更改送货时间。

三、建设数字交通已经成为普遍共识

在资源环境约束日趋紧张的情况下，抓住信息化发展的历史机遇，深入推动互联网、大数据、人工智能、区块链等新一代信息技术与综合交通

运输深度融合，加快发展以数据为关键要素和核心驱动的数字交通，促进交通发展由依靠传统要素驱动向更加注重创新驱动转变，是新时代建设交通强国的必然选择。我们可以想象一下，有一天你想带着家人从北京到重庆武隆去看看，“数字化出行助手”将为你提供一体化“门到门”的全程出行定制方案，人脸识别等人工智能技术提供无纸化、便捷登乘服务；到达重庆机场，智能租赁汽车将准时到达机场停车场；智慧路网将根据公路线型结构、沿线风景、拥堵状况、通行费用等，告诉你最舒适、最美丽、最经济的路线，并预约好服务区或自驾车营地停车位和美食；智能汽车驶入高速公路后，可以自主加入自动驾驶车队编队行驶，在途中你可以和家人看一场电影，也可以和家人好好聊聊天；在恶劣天气下，高速公路不再封闭，智能汽车可依托先进的车车通信、车路通信及自动控制技术，实现安全车速下的全天候通行；景区大门的界限将变得模糊，智能识别将完成验票、安检等工作，依据个人偏好提供游览路径导航，智能穿戴装备提供随身导游服务……“数据”宛若一条看不见的线，与“交通”这条看得见的线，将吃、住、游、购、娱等串联起来，你只要享受简单的出行服务就好。这就是数字交通，以数据为关键要素和核心驱动，促进交通运输活动在物理实体空间和数字虚拟空间不断融合、交互作用的现代交通运输体系。

四、美好出行需要数字交通

我们可以通过科技创新改造传统交通运输产业，以交通生产要素的数字化、网络化为基础，以交通生产组织关系的智能化变革为核心，以交通治理的现代化为保障。一是把数字化的采集体系建立起来。加快推进作为交通基本生产要素的交通基础设施和运载工具的全要素、全周期数字化，让哑设施“活起来”。截至2018年年底，我国已经拥有13.1万公里铁路、484.65万公里公路、12.71万公里内河航道、2444个万吨级及以上泊位、235个颁证民用航空机场。然而，因为交通基础设施的数字化程度并不高，已采集数据以路线、附属设施位置等基本信息为主，但是基础设施的结构、性能、标志标线、养护等影响交通安全和通行效率的相关信息尚未全面掌握，大型桥梁、隧道、避险车道、长大下坡路段、浅险航段等重点设施的监测预警手段也相对匮乏，“粗”信息既难以满足当前老百姓出行对“走得好”的需要，也难以支撑未来自动驾驶对“智能网络”的应用需求，亟需将“粗”信息转变成“精”数据。为此，各地正在加快构建高精度的交通地理信息平台，加快实现交通基础设施及其附属设施、标志标线、周边环境的基本信息、技术状态、交通运行、工程历史等数据全面掌握、开放共享，实现数字化呈现；加快推动交通感知网络与交通基础设施同步规划、同步建设、同步使用，让这些传统设施融入更多“智慧”要素，逐步具备多维监测、智能网联、精准管控、协同服务能力，特别是影响交通安全的关键基础设施，应优先改造使其具备主动预警能力，实现网络化连接；加快实现交通基础设施全周期健康性能监测，实现智能化养护，保证设施功能、性能持续有效。同时，加速人工智能在载运工具智能化升级中的应用，提升载运工具远程监测、故障诊断、风险预警、优化控制、智能维护等能力，推进车路协同应用。二是把网络化的传输体系建立起来。下大力气加快信息基础设施与交通基础设施统筹布局、一体化建设，构建万物互联、人机交互、天地一体的网络传输体系，让数据“联起来”；认真选择重点地区、通道、客货运输枢纽等，推进车联网、第五代移动通信（5G）、北斗卫星通信信息网络等在交通运输行业应用，形成多网融合的交通信息通信网络，为人、车、路等交通参与方的互联互通，提供广覆盖、低时延、高可靠、大带宽的网络通信服务。在此基础上，加快构建人、车、路互联的交通控制网云平台，建立交通的“智慧大脑”，通过控制、诱导、服务等方式，实现交通运输体系运行全局最优。三是把智能化的应用体系建立起来。积极通过线上线下结合，综合交通数据共享，推进便捷出行、高效物流和精准治理等领域应用，提升数据运用能力，让数据“用起来”；始终坚持以人民为中心，以创新为第一动力，把便捷出

行、高效物流、精准治理作为行业智能化应用的目标导向，在便捷出行领域，积极倡导“出行即服务”理念，以数据衔接出行需求与服务资源，整合线上和线下资源，打造数字化出行助手，为老百姓提供从出发地到目的地“门到门”的全程出行定制服务，让出行者摆脱繁杂的出行组织工作，使出行成为一种按需获取的即时服务，让出行更简单。积极推动“出行+”，打造旅客出行与公务商务、购物消费、休闲娱乐相互渗透的“智能移动空间”，带来全新的出行体验。例如，在高效物流领域，下大力气发展“互联网+”物流组织新模式、新业态，加快物流组成要素和活动的数字化，推进公路、铁路、水路等货运单证电子化和单证信息共享互认，促进物流企业相关资质认证、行政许可、检验检疫、通关查验、税收征缴、违法违章、信用评价等信息互认，通过“数据链”打通“物流链”，构建覆盖物流链各环节的服务体系，提供国内、国际物流“一站式”“一单式”服务。积极完善国家综合交通运输信息平台，构建综合交通大数据中心体系，提高决策支持、指挥调度、监管执法、政务服务、节能环保等领域的大数据运用水平，实现精确分析、精准管控、精细管理和精心服务。

数字经济为我们带来了智慧医疗

如果说离数字经济越远的产业有着越大的势能，那么医疗行业正是这一有着巨大势能的行业。数字经济的发展给医疗与健康行业带来的影响，在短期是将医疗资源的需求和供给更好地进行匹配，而在长期则是动员更多的资源进入医疗和健康行业。

一、医疗已经变得越来越智慧

如今，作为世界第二大经济体，中国正努力成为一个让国民比其他任何地方的患者更快、更便宜地获得最好最新药物和医疗服务的国度。美国彭博社刊文感叹道，“中国科技巨头在重塑医疗产业方面大显身手。”彭博社的报道描述了在一家中国互联网医疗平台看到的场景，在北京市中心一座新办公楼的二楼，一群戴着耳机的人并排坐着，快速敲击着键盘。如果不是椅背上搭着的白大褂和悬在头顶上方的印有“内科”“儿科”“妇科”等字样的标牌，他们很容易会被误认为是电话客服人员。报道特别提到一位在现场看到的47岁的神经内科医生。这位医生在北京某顶尖医院工作16年后，于今年3月加入这家互联网医疗公司。如今，她通过该平台App在线为患者提供诊疗服务，最多能同时接诊10名患者。外媒关注到，近年来，中国以就医在线化、诊疗智能化、医院管理精细化为典型特征的智慧医院，与医药科技创新、医保创新服务紧密结合，积极打造数字医疗服务新生态。荷兰飞利浦公司的一份新调查报告显示，约44%的中国受访者表示，乐意通过在线渠道接受医生远程问诊，满足非紧急治疗需求。这一比例高于任何其他受访国家。据日本《金融财政商贸》双周刊报道，中国广东省一家医院正努力利用IT技术提供更便捷的医疗服务。医院引进人脸识别系统确认患者身份，医疗费结算也可以在网上进行。患者还可以通过“AI医生”辅助诊断病情。报道称，除了医院，一些互联网企业也致力于解决医疗问题。例如，阿里巴巴旗下的蚂蚁金服推出了“未来医院”项目，遍及多个城市的约3000家医院，致力于满足患者、医院、国家（医疗财政）、平台（企业）等各方的利益需求。医疗费支付和预约挂号都可以通过智能手机完成，将病人在医院的等待时间由160分钟以上缩短至50分钟。据英国医学杂志《柳叶刀》2018年发布的“医疗可及性和质量（简称HAQ）”指数报告显示，中国医疗事业蓬勃发展，医疗质量也不断提升。2018年，中国医疗品质在全球195个国家中排名第48位。1990年至2015年，中国HAQ指数上升了24.7，是全球进步最大的5个国家之一。

二、中国数字医疗为何能飞速发展

多家外媒表示，中国政府的政策扶持至关重要。日本《金融财政商贸》双周刊报道指出，首先是因为中国政府提出了“互联网+”的发展理念，推动产业升级。其次，中国的公共医疗保险制度覆盖14亿人口，规模居世界第一。为维持这一制度，中国需要充分调动民营企业，特别是极具创新活力的互联网企业的积极性。报道称，中国最近出台的医疗相关政策也体现出对互联网参与数字医疗建设的积极姿态。以健康医疗大数据、电子病历、AI、医院IT化等为标志的“互联网+医疗健康”，正推动IT企业和保健产业的发展。据拉美社报道，2019年9月，中国30多家省部级医院、三家最重要的电信运营商和大型科技企业联合启动《基于5G技术的医院网络建设标准》制定工作，将打造配备5G技术的未来医院，加快医疗健康行业的数字化进程。荷兰飞利浦公司的报告显示，过去5年来，中国在人工智能相关领域的投融资约占全球的60%。在医疗领域，中国是最有可能实现将人工智能和精确诊断应用结合的国家。中国数字医疗迅猛发展，与医疗制度整体的开放和创新密不可分。彭博社报道称，中国是世界上人口最多的国家，这意味着，无论是癌症、罕见疾病或者是老年病，中国患者人数比其他任何国家都要多。因此，中国在重塑医疗体系的过程中势必会面临挑战。中国怎么破除阻力、不断前行？彭博社指出，为了达到以较低价格提供优质医疗服务的目标，过去5年中，中国政府向公立医院投入的资金增加了一倍。中国还制定了相关规划，提出到2030年中国的健康产业总产值将超过2.3万亿美元，大约是现在的两倍。报道还称，与此同时，

为控制医疗成本，中国还同全球大型制药企业协商，促使它们大幅降低价格，以换取中国这个拥有庞大患者群体的市场。在非专利药方面，到目前为止，中国政府通过批量购买计划，促使价格平均下降了52%。中国在向公立医院大笔投入资金的同时，还修订了药品审批制度。在中国，某些外国药品和医学试验的批准速度比美国还要快。据美国麦肯锡咨询公司公布的数据显示，2018年，北京批准了54种创新药物，是2016年的9倍，其中有45种是跨国公司生产的。

三、数字医疗市场一定会越来越可观

“中国已成为全球数字医疗的领军者。”美国一家医疗器械行业网站刊文称。荷兰飞利浦公司的报告显示，中国专业医疗人士使用数字医疗技术或移动医疗App的比例为94%，而参与调查的15个国家的平均比例为75%。中国数字医疗领域已催生出一个每年高达46亿美元的可穿戴设备市场，规模位居世界第一，还有望以每年3.7%的速度增长。咨询公司弗若斯特沙利文预测，到2026年，中国的在线医疗规模有望达到1980亿元人民币，几乎相当于2016年的20倍。医疗数字化是推进中国医疗体系改革的重要动力。彭博社报道称，目前中国致力于建立一种理想化的医疗体系，既能以较低成本满足患者需求，又可以鼓励前沿研究。而中国为建立这种体系所做出的努力，是前所未有的平衡之举。其产生的结果，不仅将影响亿万中国患者，还将影响全球医疗行业的未来。医药创新就是影响之一。“中国正从单纯的（药品）制造国转变为真正的（药品）创新者。”美国《财富》杂志报道称，美国专门从事癌症免疫疗法业务的生物技术投资者布拉德·隆卡表示，去年全球约一半的最大规模生物医药首次公开募股（IPO）发生在中国。这代表着中国的医药行业正在发生重大转变。随着人工智能、大数据、移动互联网、云计算、物联网等科技领域的发展日新月异，中国数字医疗产业向全球释放出巨大吸引力。彭博社称，近年来，中国医疗器械生产企业和生物技术初创企业迅速发展，吸引了大批风险投资。全球制药巨头在亚洲国家的收入份额也在不断增长。英国《金融时报》报道称，瑞士一家知名制药公司计划未来几年在中国提交50份新药申请。该公司预计，中国批准新药的速度加快，这可能使中国超越欧洲，成为其第二大市场。在中国上市的创新药物数量持续攀升，吸引了全球各大药企不断加大在华研发投入。“在中国建立研发中心，对制药企业的竞争优势至关重要。”日本《日经亚洲评论》报道称，在数字化时代，全球各大制药公司纷纷在中国建立研发中心，以利用这个人口大国所产生的海量数据。

四、Robot医生机器人正向我们走来

医生正在大量出现，这些新的机器人意味着智能医疗的发展，相当于在医疗系统中增加了大量的名医。这些“名医”，不仅具有高超的医术水平，最为重要的是它们可以不受距离的限制，使得优质医疗资源能够到达很多偏远的地区。随着技术的发展，未来的很多医疗诊断，通过一个智能手机就能够完成。我们以著名的达·芬奇医疗机器人为例，它是美国直觉外科公司的王牌产品，也是目前世界上最成功的手术机器人系统，它是为在外科医生手术操作中提供直观的控制运动、精细组织操作和三维高清晰度视觉能力而设计的，允许外科医生进行微创手术。达·芬奇机器人由三部分组成：外科医生控制台、床边机械臂系统、成像系统。实施手术时主刀医师不与病人直接接触，通过三维视觉系统和动作定标系统操作控制，由机械臂以及手术器械模拟完成医生的技术动作和手术操作。目前美国FDA已经批准将达·芬奇机器人手术系统用于成人和儿童的普通外科、胸外科、泌尿外科、妇产科、头颈外科以及心脏手术。直觉外科公司在过去10年里规模快速扩张，营业收入复合年增长率达30%，使用范围复合增长16%，使用频率达52.3万次。我们都知道，脱发是很多人面临的问

题，植发是解决这一问题的重要方法。但传统的植发手术，平均需要配备一个10人的医护团队，人工提取2000个毛囊单位，人工提取的成功率在50%左右。而新出现的植发机器人Artas，只需要1位熟练的医师，几名护士。Artas的核心技术在于，能够通过图像识别技术，精准定位毛囊的生长位置与方向，将毛囊提取的成功率从人工提取的50%左右提升至90%。Artas植发机器人，通过算法确认采集毛囊单元时的准度与深度。相比人类医生手动摘取毛囊，Artas更为恒定。不会因为操作时间过长、技术不熟练、判断有误及其他人类可能产生的情绪等原因，导致提取毛囊存活率低的情况发生。Artas能够将原先至少需要8小时的手术，几乎减少一半，并控制了人类医生可能出现的不确定风险。机器人也极大地提高了病理诊断的准确性。一篇2015年的论文发现，不同病理学家对乳腺癌诊断的一致率只有75.3%。在某些不典型的乳腺癌中，诊断的一致率竟下降到48%，不足一半。我们知道，病理医生必须经过数年的训练，才能成为一名合格的病理学家，要成为优秀的病理学家更是难上加难，在医疗资源不足的地区，想要得到准确诊断，只能是一种奢望。为了解决病理诊断的瓶颈，谷歌和Verily的科学家们做了一个尝试。他们将单张病理切片的图像分割成了数万至数十万个128像素×128像素的小区域，每个小区域内可能含有数个肿瘤细胞。随后，他们提供了肿瘤组织与正常组织的病理切片，供人工智能学习。最终，这款人工智能掌握了一项像素级的技巧——它能分辨出单个小区域内被标注为“肿瘤”的像素，从而将整个小区域标注为“肿瘤区”，这能有效地将肿瘤组织与健康组织区分开来。对人工智能进行训练之后，科学家们邀请到一位病理学家，让他与人工智能进行一场比赛。在基于灵敏度（找到了多少正确的肿瘤）和假阳性（将多少正常组织诊断为肿瘤）的评比中，这名病理学家的准确率为73.3%，人工智能交出的答卷是88.5%。随着机器人医生的出现，我们可以预估，优质医疗资源短缺的问题将得到极大的改善，也能缓解医疗资源分布的地区不平等问题。

五、医疗大脑正走向千家万户

当今，医疗领域最为热议的话题恐怕就是人工智能了。2017年3月，蓝色巨人IBM携沃森健康全面进入中国医疗市场，旨在为肿瘤病人提供智能解决方案。在医疗领域一直探索的阿里云也不甘其后，筹备一年后，阿里云在2017年的深圳云栖峰会上惊艳出手，发布“ET医疗大脑”，宣布正式进军医疗人工智能领域。实际上，此前阿里云已对ET进行了多方“调教”：利用ET的深度学习能力，通过海量病例数据来训练机器完成特定的任务，不断提升“医术”。由于可以24小时不睡觉，同时处理成千上万项任务，ET的学习进步速度远远超过人类。如今，ET已具备多项医疗能力，可在患者虚拟助理、医学影像、精准医疗、药效挖掘、新药研发、健康管理等领域助医生一臂之力。有数据统计，相较医生60%～70%的诊断准确率，算法的准确率已高达85%！但这并不意味着人工智能可以取代医生。在胡晓明看来，ET做出的初步诊断需要经由医生核查，反过来，医生也可以为ET注入更多的新知识，把它“驯化”成全能助手。胡晓明为ET医疗大脑下的定义为：“这是一个开放的人工智能系统，除了阿里云的人工智能科学家，也将吸收外部的精良算法和医学经验，让ET变得更聪明。”浙江德尚韵兴图像科技有限公司就是阿里云的合作伙伴之一，其研发出超声甲状腺结节的智能诊断算法，借助计算机视觉技术，这套算法可以对甲状腺B超快速扫描分析，圈出结节区域，并给出良性与恶性的判断，大大节省了医生的诊断时间。

如今，人工智能正让医疗加快转型发展。近年来，智能医疗在国内外的发展热度不断提升。有人提出，“尽管安防和智能投顾最为火热，但人工智能在医疗领域可能会率先落地”。根据腾讯研究院的研究，一方面，图像识别、深度学习、神经网络等关键技术的突破带来了人工智能技术新一轮的发展，大大推动了以数据密集、知识密集、脑力劳动密集为特征的医疗产业与人工智能的深度融合。另一方面，随着社会进步和人们健康意

识的觉醒，人口老龄化问题的不断加剧，人们对于提升医疗技术、延长人类寿命、增强健康的需求也更加急迫。而实践中却存在着医疗资源分配不均，药物研制周期长、费用高，以及医务人员培养成本过高等问题。对于医疗进步的现实需求极大地刺激了以人工智能技术推动医疗产业变革升级浪潮的兴起。人工智能技术在医疗领域的应用主要集中于以下四个领域：一是智能诊疗。智能诊疗是将人工智能用于辅助诊疗中，让计算机“学习”医疗知识，模拟医生的思维和推理，从而给出可靠诊断和治疗方案。在智能诊疗的应用中，IBM Watson是目前最成熟的案例。IBM Watson可以在17秒内阅读3469本医学专著、248000篇论文、69种治疗方案、61540次试验数据、106000份临床报告。2012年Watson通过了美国执业医师资格考试，并部署在美国多家医院提供辅助诊疗的服务。目前Watson提供诊治服务的病种包括乳腺癌、肺癌、结肠癌、前列腺癌、膀胱癌、卵巢癌、子宫癌等多种癌症。Watson实质是融合了自然语言处理、认知技术、自动推理、机器学习、信息检索等技术，并给予假设认知和大规模的证据搜集、分析、评价的人工智能系统。该算法被集成到ET医疗大脑当中，并在多家医院进行试点。比如，浙江大学附属第一医院就利用ET医疗大脑实现了甲状腺B超的快速分析，准确率比三甲医院高出21%。二是智能药物研发。人工智能通过计算机模拟，可以对药物活性、安全性和副作用进行预测。借助深度学习，人工智能已在心血管药、抗肿瘤药和常见传染病治疗药等多领域取得了新突破。美国硅谷公司Atomwise通过IBM超级计算机，在分子结构数据库中筛选治疗方法，评估出820万种药物研发的候选化合物。2015年，Atomwise基于现有的候选药物，应用人工智能算法，在不到一天时间内就成功地寻找出能控制埃博拉病毒的两种候选药物。2016年，上海华山医院借助阿里云的计算能力，用数字化模型代替部分临床试验，以及模拟小白鼠的活体实验，用于加快特效药研发。同样是在2016年，华大基因、阿里云和安徽医科大学曾共同宣布，在21小时47分12秒内完成了1000例人类全外显子组数据的分析。40年前，人类若想对埃希氏大肠杆菌进行全基因组测序，需要1000年的时间。三是医疗机器人。目前实践中的医疗机器人主要有两种：一种是能够读取人体神经信号的可穿戴型机器人，也称为“智能外骨骼”；一种是能够承担手术或医疗保健功能的机器人，以上文提到的达·芬奇手术系统为典型代表。四是智能健康管理智能。健康管理是将人工智能技术应用到健康管理的具体场景中。目前主要集中在风险识别、虚拟护士、精神健康、在线问诊、健康干预以及基于精准医学的健康管理。根据方正证券发布的互联网医疗深度报告，“中国互联网医疗发展经历了三个阶段：信息服务阶段，实现人和信息的连接；咨询服务阶段，实现人和医生连接；诊疗服务阶段，实现人和医疗机构的连接”。在实际的产业发展中，中国智能医疗仍处于起步阶段，但赖于资本的追捧，多家智能医疗创业公司已顺利获得融资。在未来的发展中，国内公司应当加强数据库、算法、通用技术等基础层面的研发与投资力度，在牢固基础的同时进一步拓展智能医疗的应用领域。

六、数字技术让生命科学普惠更多百姓

“2001年，6个国家的科学家花了11年的时间，花费30亿美元，共同发表首个人类基因组工作草图。到2007年时，科学家们仅需要100万美元就可以完成一个人体基因组的测序工作。到2013年，这一价格已经降到了2500美元。2017年这个成本又下降到了1000美元以下，整个测序时间只需要几天。”例如，华大基因与英特尔、阿里云合作后，有望利用后两者的技术优势，加速基因测序和分析，实现精准医疗愿景，使得基因分析、精准诊断和制定个性化治疗方案在一天内完成，从而为公众提供公平、高品质的医疗服务。我相信未来随着技术的进步，基因测序的成本几乎可以忽略不计。据了解，“开源共享”是此次合作的一个鲜明特征，此次三方共同搭建的精准医疗开放云平台将向所有有志于参与和支持中国精准医疗事业发展的机构及企业用户开放，为其提供涵盖测序仪、本地基因测序计算一体机及公有云测序分析服务在内的一体化融合解决方案，能够充分提高

目前的基因数据分析效率。阿里云计算有限公司总裁胡晓明表示，随着技术的不断成熟，基因测序行业正在步入蓬勃发展期，将根本改变生物医学基础研究和医疗实践。

数字经济促数字内容产业蓬勃发展

当前数字内容产品在国际文化服务贸易中的比重逐年上升，网络平台已成为产品创作、传播和交流的重要阵地，欧美等文化发达国家将发展数字内容产业作为重要战略，不断提升其在全球文化交流中的话语权。目前，中国已经成为全球最大的数字内容生产、发行与消费市场之一。截至2016年12月，中国网络游戏用户为4.17亿、网络文学用户为3.33亿、网络视频用户为5.45亿、网络音乐用户为5.03亿。腾讯、万达、阿里巴巴等企业不断布局全球性内容生态，积累了丰富的商业经验与资本实力，已经发展成为全球性的数字内容企业。我们认为，数字内容产业具有转方式、调结构、促消费、扩就业的独特作用，大力发展和壮大数字内容产业已经显示出有利于加快推进供给侧结构性改革，有利于提升需求侧结构性改革的质量，有利于加快培育形成新供给、新动力的作用。

一、智能教育给我们展示了新精彩

数字经济下，教育的改变，最主要的是体现在智能教育的出现上。几百年来，教育大多采用相同的结构：“讲台上的圣人”和“流水线”模式。随着人工智能不断颠覆消费电子、电子商务、媒体、交通运输和医疗保健等行业，教育行业已迎来重大发展机会。由于教育是人们在其他领域取得进步的基础，它有潜力成为人工智能最有影响力的应用。我们认为，教育市场主要分为三个部分：K-12（即从小学到高中）、高等教育和企业培训。以上三部分都在经历转型。在K-12市场，我们正看到更严格的教学标准，将重点转移到衡量学生批判性思维和解决问题的技能上，并为上大学和谋取职业做好准备。在高等教育中，我们看到通过MOOC（大规模开放在线课程）和SPOC（小型私人在线课程）向在线学习的转变。在企业学习中，我们看到向虚拟培训的转变，因为人力资源部门专注于降低成本并提高员工的生产力。我们要知道，教育行业主要有三种类型的参与者：内容、平台和评估者。内容出版商正迎来数字转型的挑战，并为开放教育资源提供内容；学习平台正在尝试区分适应性、个性化和分析空间；评估者正在进行调整，从多项选择测试转向更具创新性的问题类型。在技术采用方面，教育一直是相对滞后的。然而，这同时是一个优势，因为它不需要经历其他行业必须经历的传统基础设施的升级安装，而是通过直接采用移动智能手机实现技术跳跃。当前，我们已经看到人工智能在教育中的应用：如用于为学生的书面答案评分，回答学生的问题，辅导学生的虚拟个人助理，等等。评估问题历来是教育的核心。认知心理学认为，评估学习的最佳方法是询问开放性问题，让学生用自己的话解释。然而，由于开放性回答相关的时间成本很高，很少被使用。随着数字经济时代的到来，这些都将发生改变。一是让我们一起看看IBM Watson与芝麻街的合作。芝麻街正与IBM Watson合作开发各种“个性化学习工具”以适应不同孩子的学习方式。Watson是一套具备理解、推理和学习能力的认知系统，它可以明白每个儿童独特的互动方式。因此，Watson能够分析每位儿童输入和互动的内容，并针对他们的学习风格对每次接触进行个性化处理。同时，随着每一次互动的进行，Watson能够不断进行自身优化，以匹配每个学生的学习模式。此次与IBM的合作，芝麻街利用45年来在调研过程中积累的深厚教育知识储备，以及1000多项有关儿童如何达到最佳学习效果的研究成果，将这些专业知识与Watson的自然语言处理、模式识别及其他认知计算技术相结合，以打造高度个性化的学习体验，从而更好地补充家长和教师在儿童早期教育中扮演的角色，帮助孩子更好更健康地成长。同时，Watson持续通过从匿名学生反馈而来的经验进行学习和调整，不断完善其教育活动。目前，芝麻街工作室和IBM已经联手开发出先进的教育平台和产品，来满足并适应学龄前儿童不同的学习偏好和智力水平。芝麻街工作室首席执行官Jeffrey D.Dunn表示：“我们相信，教育与科技的结合是提高美国及全球早期教育发展的关键所在。在我们的上一代，电视节目《芝麻街》借助在当时高度普及的电视媒体的力量来帮助那些弱势儿童群体获得接受教育的平等机会，这些做得非常成功。现在，我们通过与IBM Watson的合作，共同开发下一代的个性化学习工具，从而最终为所有不同背景的孩子在其个人成长的最关键时期，提供有意义的、个性化的教育机会。”目前，芝麻街工作室和IBM正在探索和开发更为广泛的可在家中或学校使用的互动平台和界面。双方计划将与教育及科技界的专家共同测试与分享互动平台的原型，并通过专家的经验反馈来不断进行完善。作为全球非营利性教育机构，芝麻街工作室的使命是：帮助孩子成长，让孩子变得更聪明、更强健、更友善。因此，和IBM的合作无疑是在这一理念的指导下，通过最新的科技手段进行知识的有效传播，让孩子可以有机会选择更加个性化和更适合自己的学习工具，从而让知识的接纳变得更为轻松和活泼，易于消化理解，也帮助孩子更好地学习和成长！二是让我们一起全面了解

啥叫乂学教育。乂学教育在创立之前，就拿下了高达3100万元人民币的种子轮投资，由青松基金和好未来领投，正和磁系资本和新东方创始人俞敏洪个人跟投。毕业于上海交大，在教育领域深耕15年的乂学教育董事长栗浩洋认为，“人工智能+教育”是让全社会一起享用顶级教育资源的唯一途径。而在过去，针对性的一对一辅导只能去找经验丰富的名师，但这种辅导十分奢侈。“上海有300多个特级教师，最低的一小时的成本是1500元，最好的前10名大概要8000元一小时，只有财富塔尖1%不到的家庭能支付这样的教育费用”，栗浩洋说。而同样级别的针对性教学，乂学教育可以以趋近于0的费用提供，乂学通过人工智能技术创造了一个存在于虚拟世界的特级名师，可以迅速为学生解答各种问题，并且在互动中分析学生的知识体系，有针对性地教学。“它（AlphaGo）是通过模拟人的大脑，跟人一对一地下棋，我们（乂学）就是用系统模拟一个中国顶级的特级教师，然后对K-12的学生进行一对一的辅导，对比过去传统教育形式是一个颠覆。人工智能在很多领域里面还不成熟。在教育领域里面，我们现在也还没有达到最高的级别，但是可以适当地代替，用系统代替真人的老师，达到一个可能比真人的老师教学还要优的效果。”

二、让我们一起了解啥叫“内容创业”

创业邦合伙人王玥说：“在中国，每7分钟就会出现一家创业公司。”“2015年全世界的独角兽里，有1/3诞生在中国。”2016年被人们称为“内容创业”元年，直播、短视频、音频、新媒体、知识付费等一大批内容创业项目获得投资。根据爱帮网的报道，在进军全球市场方面，内容出海也被提到很多次。一是中国人做的“今日头条”已遍布全球。新闻聚合，是根据用户行为数据进行分析，实现定向推送和偏好匹配的平台，它们从不生产新闻内容，可以形象地称之为“新闻搬运工”，这种模式的出现是信息爆炸时代的必然产物。海外较有影响力的新闻聚合产品已经有十几家，它们分散在若干个国家，其中大部分的成立时间都是2015年以后，更亮眼的是，排行榜上的这些App几乎都是中国人做的。目前，新闻聚合类App正迅速占领移动端新闻阅读的入口，最经典的如今日头条。自2012年成立以来，今日头条一直深耕国内市场，在国际化上少有突破，直到2016年下半年才重点布局国际化。而中国出海的创业者，正将今日头条的模式，搬到印度、印度尼西亚、马来西亚和中东等地，瓜分其海外市场。根据App Annie的数据，今日头条推出的海外版本TopBuzz在美国、英国、加拿大这几个英语系国家均排在了前十位，一度在美国排到了第一位。这三个国家的人口总计超过4亿，并且都是英语系国家，用户的付费能力强，互联网发展程度高，有利于产品的变现。二是猎豹移动收购的News Republic被称为“世界上第一家没有记者的新闻媒体”，其与全球超过2500家新闻机构构建版权合作，为读者提供丰富的订阅内容，包括新闻文章、图片和视频。News Republic因其多语言功能，在全球50多个国家开展业务。三是UC News正式成为印度和印度尼西亚内容消费风向标。UC News是UC优视科技推出的新闻聚合平台，其在海外市场的表现也非常不俗，在印度和印度尼西亚两个市场均常年霸占第一的位置。由于UC和阿里在出海方面有很多经验积累，因此后发优势非常明显。四是News Break排名常年稳定在美国新闻类前三名。News Break是一个面向英文市场的移动资讯App，其以新闻切入，基于用户的兴趣，如育儿、美容、修车、围棋等内容，聚合成一个个频道，覆盖全网内容，成为移动互联网和人工智能时代的内容分发平台。五是Wonder News被称为中东的“今日头条”，它是一款聚合阿拉伯地区的新闻内容资讯App，主要覆盖沙特地区，已有50万用户，日活超过11万，每天向用户推荐1万～2万条新闻报道。六是GüNDEM成为土耳其用户增长最快的内容聚合媒体平台。GüNDEM是一个由中国人创立的新闻类App，累计用户超过600万，日活跃用户超过120万，其与120余家土耳其媒体展开内容合作，并与土耳其本土的3家移动设备厂商达成内置协议。根据IT桔子的行业分类，内容出海项目大多属于文化娱乐领域，例如，短视频、直播、新闻聚合等，下面是IT桔子整理的部

分内容出海公司或者产品。除了新闻聚合类App，同时在国际市场攻城略地的还有直播和短视频类应用……直播和短视频是2016年国内互联网创投圈的热点领域，当创业者还在国内红海市场厮杀时，已经有不少该方向的出海公司和产品在海外市场获得了不俗的成绩。我们前面提到的今日头条推出的海外版本TopBuzz，内置了短视频和Gif动图，在美国、英国、加拿大、巴西表现都十分抢眼。YY旗下的出海直播应用BIGO LIVE平台2016年3月12日上线，主要面向18～25岁群体。用户可在BIGO LIVE上观看全球热门直播，打赏主播并实时互动。2017年3月2日，BIGO LIVE宣布完成C轮融资，领投方为平安海外控股。目前BIGO LIVE估值已超过4亿美元，共完成融资1.8亿美元，月活跃用户近3000万。猎豹移动发行的直播App Live.me在海外的表现同样抢眼，其沿用中国的秀场形式，将主播作为直播主体，才艺和表演作为直播内容。Live.me登录App Store仅3个月时间，在iOS社交榜分类上，就高居1个国家排名前五、5个国家排名前十；在美国社交榜排名第七，美国总榜排名第六十六。

数字经济促智慧城市遍地呈现

诺贝尔经济学奖得主斯蒂格利茨曾预言："影响人类21世纪的两件大事，一是中国的城市化，二是以美国为引领的新技术革命。"城市化在给人们带来各种便利的同时，也伴随着很多问题，如环境污染、交通堵塞、能源紧缺、住房不足、失业、疾病等。在此背景下，"智慧城市"成为解决城市问题的一条可行道路，也是未来城市发展的趋势。

一、让我们一起了解啥叫智慧城市

智慧城市可以说是数字经济发展中的核心部分之一，既帮助推动与城市相关的经济发展，又与每个人的生活质量息息相关。那么，什么是智慧城市呢？我们来看不同机构的定义。IBM在《智慧的城市在中国》报告中，把“智慧城市”定义为这样一个城市：“能够充分运用信息和通信技术手段感测、分析、整合城市运行核心系统的各项关键信息，从而对于包括民生、环保、公共安全、城市服务、工商业活动在内的各种需求做出智能的响应，为人类创造更美好的城市生活”。美国国家情报委员会发布的《全球趋势2030：可选择的世界》研究报告对智慧城市的定义为：“利用先进的信息技术，以最小的资源消耗和环境退化为代价，实现最大化的城市效率和最美好的生活品质而建立的城市环境。”2014年8月，国家发改委等八部委印发的《关于促进智慧城市健康发展的指导意见》对智慧城市做出定义：“智慧城市是运用物联网、云计算、大数据、空间地理信息集成等新一代信息技术，促进城市规划、建设、管理和服务智慧化的新理念和新模式。”中国智能城市建设与推进战略研究项目组认为宜用“智能城市”取代“智慧城市”，并提出了“智能城市”的定义：“科学统筹城市三元空间，巧妙汇聚市民、企业和政府智慧，深化调度城市综合资源，优化发展城市经济、建设和管理，持续提高城市发展与市民生活水平，更好地服务市民的当前与未来。”蚂蚁金服对“新型智慧城市”的定义是：“新型智慧城市是将网络信息技术基础设施化，通过云、网、端实现实时在线、智能集成、互联互通、交互融合、数据驱动，拓展新空间，优化新治理，触达新生活，从而重构人与服务、人与城市、人与社会、人与资源环境、人与未来关系的可持续化经济社会发展新形态。”这种“经济社会发展新形态”包括生活新形态、服务新形态、合作新形态、治理新形态、发展新形态和协同创新、共创未来的新生态。"互联互通、智慧服务、便捷高效、利企便民、数据驱动、协同创新、可持续发展"是新型智慧城市的重要目标之一。归根结底，新型智慧城市归结为三个"新"：新空间、新治理、新生活。综合上述定义，我们知道了智慧城市的目标是提供新的发展方式、新的治理模式和居民新的生活方式。而手段则是依靠大数据、云计算、人工智能等数字技术。

二、数据变得比土地更加重要

阿里巴巴集团CTO王坚认为，今天人类活动所产生的数据正在变成人类非常重要的自然资源，可能大家都没有意识到，今天一个城市所沉淀下来的数据远远超过大家想象。举一个例子，最近有份材料显示，中国一个普通城市的摄像头，每天产生的视频一个人需要至少一万天才能看完，数据量如此巨大，但没有人意识到这些数据可以被当作资源，用来解决我们今天面临的诸多挑战，包括交通问题、生活质量问题、城市的发展问题。为什么说城市大脑项目是中国在为世界探索？因为在世界范围内，中国首次将建设城市大脑列为城市建设的重要部分。王坚表示，中国的城市发展今天面临着前所未有的挑战，没有经验可以借鉴，这就要求我们必须自己解决问题。"城市大脑是中国为世界所做的重要探索，它将成为一个重要的城市基础设施，就像电网；而数据也将成为城市治理最重要的资源，超过土地。"王坚说。

三、我们的城市都需要有个大脑

有一个很重要的问题是这个世界发生了什么变化，我们面对的是什么样的世界？从小到几千人的小镇，大到几千万人的城市，互联网正在给人类、给城市带来什么样的变化？非常重要的变化是互联网变成渗透率超过人类历史上任何一个基础设施的基础设施，像电、水一样无所不在的基础

设施。2016年4月，王坚牵头13家本地企业跟杭州市政府联合发起城市大脑项目，并在2016年10月的云栖大会上正式发布。城市大脑的目标是用数据资源帮助城市决策思考，对整个城市进行全局实时分析，自动调配公共资源，最终把数据变成城市治理最重要的资源。解决交通拥堵，成为城市大脑迎接的第一个挑战。2016年9月，城市大脑交通模块在杭州市投入试点后，该路段车辆通行速度平均提升了3%～5%，在部分路段有11%的提升。目前，杭州已有超过5万个交通摄像头接入城市大脑。2017年3月，苏州也加入了城市大脑的行列。王坚强调说，每一个城市都需要城市大脑，这蕴含三个意思。一是每一个城市需要把城市积累、沉淀下来的数据，当成是非常重要的自然资源看待，就像土地资源、水资源等一样重要。二是城市大脑的思考和运作需要有机制，才能把宝贵的数据用来改变和服务城市，让城市变得更美好。今天我们的交通摄像头并没有优化城市交通，所以我们需要一个机制让数据流动起来，来解决实际问题。世界上最遥远的距离不是南极到北极，而是一根杆子上装着的摄像头之间没有任何信息流动。三是城市大脑是城市非常重要的“标配”，非常重要的探索，每一个城市都应该有，但是城市大脑是城市的“标配”被认同需要较长的时间，就像大家认同一个城市需要建电网一样，它也经历了很长的时间。王坚认为，城市大脑非常有意义，因为它可以给城市管理、城市治理带来很大改变。比如交通，如果我们把各个维度的数据整合起来，比如交通视频监控，比如车辆行驶轨迹，比如高峰时段、非高峰时段的红绿灯数据等，用来管理交通，优化红绿灯就有可能减少城市拥堵。城市大脑同时也会给老百姓的生活带来改变。我们每一个人最宝贵的资源是时间资源，如果我们让城市数据流动起来，让老百姓办一件事情只需要办一次，那么这将是一个巨大的资源优化。让数据多跑路就可以让老百姓少跑路。王坚表示，中国互联网快速发展，城市数据的丰富性远超西方国家，也是在中国探索城市大脑的信心所在。中国的老百姓用手机买烤红薯，美国的老百姓还在用支票付水电费，你可以想象中国城市沉淀的数据有多么丰富。

四、数字经济正时时刻刻改变着城市

让我们一起看看浙江省的交通云。其将高速历史数据、实时数据与路网状况结合，基于阿里云大数据计算能力，预测出未来1小时内的路况，实际预测准确率稳定在91%以上。通过对未来路况的预测，城市交通部门能够更智能地引导交通，用户也可以做出更优的路线选择，实现总体交通效率最高。阿里云大数据计算服务为城市提供海量交通数据的分析支持，对于浙江省内近1300公里的高速路段，强大的计算能力能在20分钟内完成历史数据分析，10秒完成实时交通数据分析。另外，使用手机信令数据代替传统铺设线圈的数据采集方式，节约了90%的建设成本，大大缩短建设周期。交通数据的准确性十分重要，阿里云对多因素、多维度的数据“算得准、算得快、算得起”，让驾驶员选择最合适的出行路线和出行时间，缩短5%～10%的出行时间，减少2%～10%的燃油消耗成本，形成很好的社会经济效益。

让我们一起看看浙江的台风路径发布系统。由于台风的季节性特点，台风路径发布系统的平稳运行一直面临着极大挑战。台风来的时候，大家都上网看，这样访问人数会是非台风季的百倍，服务器不够用很容易导致系统宕机，台风过后这些服务器又会闲置，资源又出现浪费。浙江省水利厅将台风路径实时发布系统迁入阿里云，通过云计算的弹性应对峰谷访问量的巨大差异，是国内首个使用云计算的台风预警发布系统。现在工作人员在获知台风消息后，点几下鼠标就能完成服务器资源的扩容。等台风过去了，再把这些资源释放掉，一年下来，整个系统的IT成本就几万元。2015年7月，超强台风“灿鸿”强势袭来，浙江省台风路径发布系统迎来了访问流量高峰，一天就有156万人通过网站、支付宝客户端等查询台风路径信息，流量相比一周前暴涨了30余倍，为广大居民生活出行提供了有力支撑。

让我们一起看看浙江的智慧法院。在司法界，“同案不同判”一直以来备受争议，各级法院都在积极寻找新方法以最大限度地消除或减少“同

案不同判”现象发生。因此，浙江省高院利用阿里云技术能力建立了“审务云”平台，使用大数据挖掘、文本挖掘、机器学习建模技术，研发出相似案例比对服务，命名为“明镜”。借助创新性解决方案充分挖掘法院已判案例数据，输出与目标案件相似的已判案例，从而智能化协助法官判案，参考历史案例，减少主观因素，控制自由裁量权。另一方面，浙江省高院采用阿里云对象存储OSS服务，对法院庭审直播视频数据、裁判文书等诉讼档案进行电子化存储，通过网上法院平台实现案件审判流程信息、庭审视频及裁判文书等法院信息的公开上网，提升了司法审判的网络化、阳光化、智能化。

让我们一起看看浙江的缴税服务。浙江省地税局开通支付宝缴税服务，在全国率先实现移动支付渠道对接税务业务的模式。支付宝不仅可以为税务局提供丰富的与纳税人交互的渠道，也可以为纳税人提供缴税的资金结算账户与支付通道，不断提升税务服务的互联网体验。

让我们一起看看贵州的智慧旅游。贵阳市青岩景区入口的摄像头每天都在计算接待游客的数量，将数据实时上传到贵州“智慧旅游云”。这朵云采集运营商手机基站数据，通过手机号码归属地了解游客的地域信息，为游客提供个性化增值服务。与旅游云一样，交通云、环保云、食药云、工业云、电子政务云、电商云共7朵云都在开展智慧服务创新，在“云上贵州”平台上打造中国的“数据之都”。

让我们一起看看武汉电子身份证。支付宝联合武汉市公安局在全国率先上线了“电子身份证”，用户只需要进入支付宝“城市服务”，在“电子身份证”的功能入口，按照系统要求完成信息填写和核实的步骤后，相当于将身份证“装进”手机里，只要掏出手机就能轻松办理多项服务。电子身份卡，本质上是把身份证进行虚拟化，支付宝通过实人实名认证，协助公安部门证明“我是我”。此外，支付宝还通过金融级的安全解决方案，确保用户使用的安全性和便捷性。

数字经济催育遍地美丽乡村

2014年7月，阿里巴巴召集了全国176个县市的书记、县长，召开了“县长大会”，其中一个重要议题是如何让县域电商发展壮大。近五年的数据显示，县域电商已经从以江浙为代表的华东“单一区域增长”为主，转向华东、华北、华南、华中“多极增长”的新阶段。阿里研究院院长高红冰说：“农村的市场是一个新的蓝海市场，我们发现在网购的这样一个现象的背后，其实在三线、四线、五线、六线城市的分布是超过一半的，所以未来一个新的增长点是在这块。”此外，农村网民数量的攀升以及互联网的普及也增加了农村电商消费市场的潜力。2022年，来自农村的网民达到3.08亿，占到总网民数量的28.9%，农村互联网普及率截至2022年6月为58.8%。

一、直播5秒卖4万枚土鸡蛋

农村淘宝在淘宝直播平台进行“村红”直播首秀开播，5秒卖了4万枚土鸡蛋。2016年5月31日，农村淘宝在淘宝直播平台进行“村红”（村里的网红）直播首秀，以视频直播的方式卖农家土货。阿里巴巴方面介绍称，当天上午直播的“村红直播找土货”，在直播平台上在线观看的网友共计突破10万名，同期在线人数近5000人，点赞次数近9万次。农村淘宝“村红”直播的相关农产品也在农村淘宝、手机淘宝、聚划算等平台向全国消费者同步发售。其中，仅开播5秒，土鸡蛋销量就达4万枚。阿里巴巴相关负责人介绍称，50位农民还挑着自家土特产或手工艺品来到“村淘大集市”的直播点，以视频直播方式展示自家农家土货。农村淘宝“村红”直播项目经理王辉表示，通过“村红直播”的形式，城市消费者买到了真正农家土货，同时通过农民网销农产品打造出互联网时代的新赶集方式。他还说道，“这次重庆秀山网络直播卖农家土货是‘村红直播’首站试点，接下来会陆续在全国铺开。”农村淘宝的农业发展部总经理朱俊也表示，未来将为消费者带来“云上农村”服务，真正实现订单农业“云上农村”。农村淘宝是阿里巴巴在2014年推出的战略项目之一，以电商平台为基础，搭建县村两级服务网络，实现“网货下乡”和“农产品进城”的双向流通。公开资料显示，淘宝直播于2017年3月正式上线，定位于“消费类直播”，支持“边看边买”功能。

二、智慧农业越来越成为主流

山东寿光是中国有名的蔬菜产地，那里有多少蔬菜大棚呢？231764个。2017年4月初，在深圳举行的IT领袖峰会上，业内人士透露，一些最新的人工智能技术已经在给中国创造利润。管田地，数大棚，机器表现赛过人。佳格公司副总裁张文鹏在2017年4月1日IT领袖峰会的发布会上告诉记者，“今天深圳上空，早上9点到中午12点，大约有30多颗卫星飘过。我们被卫星所环绕，每天推送海量的数据，而我们采用30～40颗卫星的数据同时为一个客户服务。”张文鹏展示了一张卫星图，内蒙古阿鲁科尔沁旗的牧草田呈现为一个个绿圆圈，那是直径404米的喷灌转臂的作品。佳格公司可以根据这些分析田地的隐患。比如，有一个草圈，卫星图中它的中心环节是黄的，而其余部分是绿的。据此，人工智能判断是喷灌转臂故障，有十几个出水口不出水。另一个草圈长势不均匀，人工智能分析是施肥太粗放。“喷水故障的这块田，我们的发现让客户挽回每年20万元的损失。”张文鹏说，“看管田地的工人，是不会辛苦跋涉到草地中央去检查的。”张文鹏拿出一台笔记本电脑，屏幕上正一个个框出卫星图上的矩形白色块。张文鹏说，人工智能用3个小时从山东寿光的5000张卫星图中数出231764个大棚，这是寿光市政府也没有的准确数据。人工智能顺便统计了寿光的鸡舍数量。张文鹏说：“人工智能还能发现空置大棚——如果连续两周大棚都没有拉帘防晒，就判定为空棚。这有助于政府发放蔬菜大棚补贴。”大棚膜商人来要数据，好确定买家。菜贩子也来找佳格公司，好知道7月番茄或8月菠菜的种植量，以便调节卖价。张文鹏说，海南有一个育种基地，每一小片试验田是21平方米，育种公司认为每块地都种了相同数量的玉米，因为他们派了老实的农业工人实地数，报告说数目是一样多的。但人工智能用高清晰度的卫星图点数发现，每片试验田的玉米数都不一样，少的102株，多的153株，这显然影响玉米产量研究的准确度。人工智能分析卫星图，还可以确定农田受灾的程度，给保险公司一个准确的数字。传统诊断农作物病虫害的方法是人工目测，但这存在两个问题：一方面，农民并不能保证根据经验做出的判断完全正确；另一方面，由于没有专业人士及时到现场诊断，可能会使病情延误或加重。现在，人工智能可能会使这一问题得到解决。根据雷锋网的介绍，近日美国宾夕法尼亚州立大学和瑞士联邦理工学院的研究人员共同开发了一款软件，能够基于用户

提供的照片识别出农作物病害。科学家建立了一个系统模型，并将其连接到一个计算机集群来形成一个神经网络。随后建立了一个拥有53000多张健康及患病作物照片的数据库，其中包括14种作物和26种病害。研究人员利用深度学习的方法来“训练”模型寻找出所有视觉数据。最终，这个系统能够从照片中识别出作物和病害，准确率高达99.35%。宾夕法尼亚州立大学的教授David Hughes表示：“到2020年为止全球约有50亿人使用智能手机——而在非洲使用人数将达到10亿左右。我们相信这种方法将能帮助农民降低农作物损失。随着移动设备上传感器数量和质量的不断提高，我们认为通过智能手机来准确诊断出病害只是时间问题。”

三、数字农村正在精彩呈现

据北京大学黄益平教授的一些研究，从2011年到2015年，普惠金融的城乡差距在迅速缩小，越是落后的地方发展得越快，因为越落后的地方需求更迫切，而技术让这种需求的满足成为可能。针对“三农”服务，截至2017年3月底，超过1.6亿的农村消费者利用蚂蚁金服提供的支付、保险和信贷服务获得跟城里人一样的金融体验。其中，有175.7万家农村小企业、个体工商户和种植养殖户利用上述服务提升自身经营水平。如果没有科技在金融领域的助力，无法想象一位卖牛肉干的淘宝店主在过去5年可以在蚂蚁金服旗下网商银行贷款3794笔。因为依托蚂蚁金服的“310”数字普惠金融技术——3分钟申请，1秒钟到账，0人工干预，这位店主平均每天申请贷款两笔，最少3元，最多56000元。蚂蚁金服已为全国650万小微经营者提供了超过8000亿元贷款，还有2000万人通过蚂蚁金服旗下的芝麻信用获得了金融机构的授信，累计总额1000亿元。

“淘宝村”和“农村淘宝”是阿里巴巴消贫战略体系的“双核”。“淘宝村”以市场为主要推动力量，核心是“大众创业、万众创新”，依靠市场激发出的草根创新力。“农村淘宝”以“平台＋政府”为主要推动力量，核心是建设立足农村的电子商务服务体系，培育电商生态，完善电商基础设施，推动贫困群众对接电子商务，助其增收节支，进而改变其生产和生活方式，从物质层面和精神层面双双脱贫。先成长起来的“淘宝村”，是由市场需求驱动建立起来的电商服务体系，可以帮助“农村淘宝”为农村居民提供更多的服务；而依托“农村淘宝”培育和建立的电商生态和基础设施，未来在农村也有机会生长出更多的“淘宝村”。加上阿里巴巴平台上诸多的涉农业务，如“特色中国”“产业带”“满天星”“菜鸟网络”“农村金融”等，共同构成了阿里巴巴“双核＋N”的农村消贫战略体系。截至2015年，全国有17个省区市已经涌现出780个“淘宝村”，71个“淘宝镇”，聚集了超过20万户的活跃卖家，网店销售额超过1亿元的“淘宝村”就超过30个。截至2016年6月，“农村淘宝”已经在全国28个省、自治区的379个县开业，建立起了18000多个村级服务站，招募了2万多名合伙人（或淘帮手）。2015年“双十一”购物狂欢节，每个村点平均实现约3.7万元的消费，全国“农村淘宝”合伙人的月均收入已经接近3000元。“特色中国”推动地域精品全面“触网”，其中包含168个“特色中国”市县馆。“特色中国”基于地域信息，向全国消费者介绍当地特产，通过电子商务和无线网络，流通效率得到极大的提升。“产业带”打造线上批发市场，帮助县域传统产业转型升级。截至2015年11月30日，已与阿里巴巴签约的县级产业带39个，入驻卖家8.89万家，2015年1—11月累计完成交易额417.41亿元。“满天星”计划旨在搭建安全农产品的溯源体系，自2015年4月启动第一家试点县以来，“满天星”农产品溯源计划签约县已经达到51个。“菜鸟网络”与第三方物流合作，通过补贴等手段，打通乡村物流通道。截至2015年12月底，“菜鸟网络”跟随“农村淘宝”进驻了23个省份的225个县，拥有24个物流合作伙伴、近800辆运输车，下行日均履行9万单，上行日均履行2500单，累计发放物流补贴3500万元。

数字经济助推数字政府建设

政府是市场经济发展中不可缺少的公共物品的提供者。在日益复杂的经济活动中，政府需要“在位”的地方越来越多。但政府运行本身也有成本，如何协助政府提供更多更好的公共服务，同时又降低体制运行成本，是数字经济可能带来的改变，也是数字经济显示其效力的竞技场。

一、数字政府提升了便民服务质量

随着互联网特别是移动互联网的发展，社会治理模式正在从单向管理转向双向互动，从线下转向线上线下融合，从单纯的政府监管向更加注重社会协同治理转变。我们要深刻认识互联网在国家管理和社会治理中的作用，以推行电子政务、建设新型智慧城市等为抓手，以数据集中和共享为途径，建设全国一体化的国家大数据中心，推进技术融合、业务融合、数据融合，实现跨层级、跨地域、跨系统、跨部门、跨业务的协同管理和服务。要强化互联网思维，利用互联网扁平化、交互式、快捷性优势，推进政府决策科学化、社会治理精准化、公共服务高效化，用信息化手段更好感知社会态势、畅通沟通渠道、辅助决策施政。数字经济时代，依靠大数据、云计算来实现“推进政府决策科学化、社会治理精准化、公共服务高效化”，已经逐步在各个城市落地。大数据时代，云计算成为经济社会发展的基础设施。政府成为云计算最为积极的实践者之一。目前，全国引入阿里云计算的省、自治区、直辖市包括：海南、浙江、贵州、广西、河南、河北、宁夏、新疆、甘肃、广东、吉林、天津。各地政府希望借助云计算推动电子政务、政府网络采购、交通、医疗、旅游、商圈服务等政府公共服务的电商化、无线化、智慧化应用，同时推动传统工业、金融业、服务业的转型升级，催生带动一批本地创新创业企业发展。一是公安部与阿里云全面推进“云+端”合作模式。公安部通过完全自主可控的云计算和大数据平台以及云手机操作系统，也就是“云+端”的模式，为公安部全体民警提供手机移动执法和移动办公的服务。目前该项目已经上线测试，并且开通和使用了阿里公有云提供的弹性计算、云数据库、云存储，以及通过中央控制集群实现的云管理、云监控、云安全等服务。另外，公安部科技信息化局和其他业务司局以及多个省厅均在和阿里云进行云计算和大数据方面的沟通和探索。二是浙江省“政务超市”实现全省便民一张网。浙江省杭州市从2012年12月启动政务云建设，总体目标是围绕建设“智慧城市”和带动产业发展2个目标。目前，杭州市把阿里云计算作为杭州市“智慧经济”建设的统一的云计算和大数据基础服务平台，使得智慧城市的投入能够产生足够大的效益，让智慧城市具有可持续商业运营的能力。此外，智慧城市的本质是通过运营数据向老百姓提供互联网的公共服务。也正是在提供这些公共服务的过程中，民众的需求将进一步推动政府逐步实现数据公开，从而促使政府从管理型政府转型为服务型政府。围绕这一总体目标，杭州市政府全面推进杭州政务云项目建设。同时，也希望用政务云打破当前各委办局信息化系统各自独立建设为主的旧局面，一揽子解决部门独立建设中的浪费问题，逐步形成以按需分配的方式向各委办局提供存储资源和计算资源的政务信息化支撑模式。依托阿里云计算的海量数据处理能力，浙江政务服务网整合了40余个省级部门、11个地市和90个县(市、区)政务服务资源，实现了省市县的数据直连，将行政审批的“人跑腿”变成“数据跑腿”。浙江省市县3300余个部门已纳入浙江政务服务网，并按照个人办事、法人办事、便民服务等主题分类导航，面向网民提供在线服务。针对老百姓办理频率最高的婚育收养、教育培训、纳税缴费、就医保健、社会保险、证件办理等14类主题，浙江云计算“政务超市”汇聚了2.4万项服务资源，提供15万条便民服务信息。目前，公众可以在线使用预约结婚登记、预约诊疗挂号、报考各类职业资格以及查询高考成绩等各类服务。值得一提的是，在云计算“政务超市”里，网民不仅可以像逛淘宝一样方便地办事，还能使用支付宝来缴费。作为首批试点，高速公路违章罚款、水电煤费用、省财政厅政府非税收入等已接入支付宝在线缴费，未来将有更多缴费项目接入。据悉，这是政府网站首次接通支付宝在线支付，在全国具有突破性意义。该网站还集成了电子地图服务，汇聚全省14类近5000个办事场所和服务场馆信息，形成了全省便民服务一张网。浙江政务服务网还公布了全国首张省级政府权力清单。未来，更多的

政府权力将在这里晒出，包括“三公”经费、考试招生、征地拆迁、工程建设等社会关注的领域。各级政府部门每一笔审批业务的办理信息将在网上公告，接受公众监督。

二、数字政府降低了体制成本

报关是对外贸易的重要环节，报关精准和效率直接影响了进口商和出口商的利益。传统情况下，众多报关公司通过密集人工操作，输入表格后，完成报关操作。信号旗智能科技公司采用深度学习、人工智能、大数据技术，将各种表单自动识别，完成报关处理，不仅大大颠覆原有的低效率、高错误率的处理方式，使报关企业获得成本优势、技术优势，更重要的是通过人工智能获得的精度将直接服务于更多中小企业，为其带来成长优势，最终推动整体进出口贸易链的变革，更可能带动相关领域的整合。进出口贸易量大幅增长，报关业务因贸易便利化的趋势，而成为外贸市场细分化的产物。报关公司逐渐从外资企业和外运货代企业中独立起来，承担起报关咨询、报关代理和报检代理等中介服务。报关业作为沟通海关和客户的桥梁，正在贸易产业链中发挥着不可替代的作用。在中国，东部和东南沿海发达地区的进出口贸易规模大，是报关公司的聚集地，如上海有报关公司1619家。但是，中国整体报关行业发展水平并不高，超过万家报关企业中，只有不到千家可能成为《中华人民共和国海关企业分类管理办法》所列的A类企业。与美国作为世界第一大贸易国，百余家报关公司，进行集中而高效的报关运作不同，中国本土的报关公司依赖于人工操作，再加之报关员从事本行业的年限短，流动性大，有较高的报关差错率。这不仅为报关行业创造了巨大的发展空间，也使正在蓬勃发展的报关行业面临前所未有的挑战。2016年8月，前阿里巴巴集团高级IT审计专家庄志强在经历最初创业考验后，遇到了俞洲，两人开始碰撞出新的创业灵感。庄志强深知IT技术迭代和演进趋势；俞洲则与海关服务中心合作从事海关大数据增值服务与企业应用12年，对海关业务和商检业务熟悉至

极，与海关、进出口企业有良好的合作关系。他们成立了信号旗智能科技公司，开始从低效率、高误差的报关作业方式中寻找机会。他们在多次讨论后对报关存在的痛点列出“两多一高”的概括，即表单类型多，涉及环节多，成本极高。首先，报关需要涉及多达数十种的表单，除了发票、合同、许可证等少有的标准化单据，多数外贸表单并没有统一规定，外贸交易方之间，甚至公司与总公司，总公司与分部之间的表格也可能完全不同，没有固定格式。例如，原始合同、原产地证书、优惠协定等表格完全源自贸易企业双方自定义，再加之各类许可证和信用证因区域各异，报关表格所涉及的数据处理复杂而多样。当报关时，找到其中的某个数据或者完全按规定填表就非常困难。与此同时，按照行业规定，原始文件、过关数据、单证需要两年以上的存档期，以随时验证交易合法性。这意味着连接多个贸易环节的报关表单需要的精度极高，因为任何的表单错误都可能导致意外。如果人工录入表单时，产品报关的品类错误，就会产生税率差别；数量错误会影响贸易份额，如果进口种类存在配额规定，达到规定配额后就可能不再进口；如果其他相关信息错误，则有可能退单，或者带来仓储监管的问题，甚至可能因违规产生海关惩罚成本。“一个数字有时会影响深远，有时报关公司会负刑事责任。因此，报关公司几乎不能在任何一个环节出现错误。”庄志强说。在成本方面，报关公司因人工为主导的工作方式付出高额成本。进出口报关过程98%为人工制单，人工录入，人工审核校对，由于人力成本带来的运营成本不断提高，大量报关企业处于亏损状态。庄志强认为，不仅仅是高额的人工成本，还有各类成本因素的叠加。例如，由于贸易量季节波动，在“双十一”至圣诞节报关进入高峰期，报关公司需要投入大量人员进行报关过程操作；在贸易低谷期，企业可能产生大量冗员，业务波动带来的人员需求量波动，对企业形成成本压力。又如，报关过程中可能随时会遇到由于贸易环境变化带来的海关规则、税收规则调整，以及物流情况的变化，这就需要专门的人员培训，成本高，周期长。不仅报关公司需要高效而精确地处理表单数据，外贸企业

也对数据“充满渴望”，因为准确而高效的报关数据回传，可使他们提前部署生产方案，降低生产成本，合理安排库存。既有的技术方案以固定化的格式和字段属性识别，实现从表单中提取关键信息，例如身份证识别技术已经非常成熟。但是这种技术并不能适应报关环节表单的多样性。更新的技术可以通过OCR进行票据识别，在银行票据、发票凭证等方面已经有了广泛的应用。在报关领域，如果发票和信用证时期识别的表单字段有冲突，就很难进行信息比对。通关过程缺乏国际贸易单证标准化校验，因此引起的通关壁垒导致每年上万亿元的损失。在已有的参与者中，阿里巴巴旗下外贸综合服务平台在探索为进出口商提供更便利的报关服务。作为中国专业服务于中小微企业的外贸综合服务行业的开拓者和领军者，该平台为中小企业提供专业、低成本的通关、外汇、退税及配套的物流和金融服务。但存在的问题是，小报关公司以代理的角色参与时，运作方式依然是线下报关，再加之货代公司不愿与大公司合作，在庄志强看来，这些既有或者正在探索的方案并不能切合报关企业的实际需求。“多样的表单与机械人工操作是报关行业低效率、低效益的根源。可行的解决方式是将复杂的图表中信息识别后进行统一和深度的结构化处理。”庄志强说。信号旗智能科技公司在技术专家、人工智能团队和海关行业经验方面的优势，是他们赢得未来的先决条件。但是，在此方向创业的确面临实际的困难。首先，人与机器的配合就是一个难题。人工智能应用过程中在相当长时间内是人与机器配合。但是，人是否有能力进行技术实现？很多技术问题，实际上还没有从根本上得到解决。在某些方向，数据的准确率仍然不高，人与机器的配合也还没有达到水乳交融的地步。其次，在人才方面，现在需要的是人才积累能力，而不是培养。最后，内部还存在一些难以解决的技术冲突。比如，计算机视觉和语义两者都重要，但是有些功能到底视觉放在前面，还是语义放在前面？庄志强与技术创业团队将采取何种解决方案？第一是智能而集中地进行数据提取、汇集信号旗智能科技公司的团队选择了上海两家报关公司作为“种子”用户，以智能工具切入报关流程，结合用户实际业务流程，以分步走的方式进行系统开发。他们首先将计算机视觉、数据清洗、深度学习的技术应用于外贸海关领域。在此过程中，通过OCR技术识别文件，提取海关材料的关键信息，并解析复杂表格中所需要填写内容之间的复杂逻辑；自带审核、识别、校对功能，自动清除无效数据。他们开发出批量转换表格技术，批量压缩JPG、Excel、PDF等各种文件形式的表格。即使对不同公司、不同文件、不同结构、不同内容也能进行识别，系统具备深度学习，自动升级，提高识别与处理能力。这样，一键化操作的方式，替代传统报关过程中的制单、录入、审核等人工环节，此前进出口报关过程中98%的人工制单、人工录入、人工审核校对等工作，转换成了人工智能的机器处理，大幅度降低报关费用的同时为客户回传该票业务的海关、商检、外贸手册、港区、物流、税款、堆场、卡口外部实时数据。采用计算机视觉与模式识别以及自然语言处理与深度学习技术，将各种格式的英文进出口票据自动转为汉语的海关、商检标准格式的报文，可以一地集中发送，全国口岸申报。通过人工智能与人协同工作，报关企业降低了生产要素价格，提高了生产效率，直接为企业增加了利润。数据表明，与传统模式相比，应用人工智能报关的企业成本降低了1/2。2016年，上海两家报关公司在试用信号旗智能科技公司的人工智能报关系统后，其中一家报关公司只有5个人，但每年可以做1000票；另外一家公司由2000人的规模下降到150人，每人每天能做20票，有的单线程加审核的票甚至能在1分钟内完成，数据的错误率大幅降低。第二是数据创造新的生产力。信号旗智能科技团队计划首先立足于上海发展，开展业务，然后根据业务积累的大数据，拓展更多的业务。例如，通过智能报单的过程数据，帮助报关企业制订生产计划，安排货物进出口；向海关提供数据参考；等等。“我们提供的数据比海关更优质、更全面。”庄志强说。在此基础上，通过报关单位的交易记录和数据沉淀，如交易数量和规模、运转周期、仓储状态等，作为征信记录证明，获得供应链金融服务。第三是勾勒自己的云图。“基于深度学习、人工智能技术的多种表单数据

提炼仅是业务拓展的入口，在数据汇聚后，所有增值性的业务运营、业务创新都会以云为基础。”庄志强说。2017年，信号旗智能科技公司基于阿里云的服务，积极推动智能报关SaaS平台的研发与上线。未来，信号旗智能科技公司将基于云平台打造一个开放的社会化报关集成中心，成为可以1小时快速报关，并支持物流、商流、资金流的人工智能中枢。与此同时，通过自建、共建、合作等多种形式，打造全国开放式的服务团队，建立日处理30万票、2000万元货的报关业务，在保持合作共赢前提下，通过大数据沉淀，与第三方合作拓展相关服务产品，产生新的价值。

矢志不渝推动数字产业化

数字产业化是当前和今后一个时期各地区产业竞争和经济角逐的主战场。所谓数字产业化，通常意义上讲就是通过现代信息技术的市场化应用，将数字化的知识和信息转化为生产要素，推动数字产业形成和发展。数字产业化是发展数字经济的重要内容，是推动经济高质量发展的重要驱动力。习近平总书记强调："要发展数字经济，加快推动数字产业化，依靠信息技术创新驱动，不断催生新产业、新业态、新模式，用新动能推动新发展。"当前，我国正处在历史性窗口期和战略性机遇期，经济社会发展处在新旧动能转换的重要关口，加快推进数字产业化，拥抱经济发展"新蓝海"，将为构建现代化经济体系、推动高质量发展提供新支撑、增添新动能。

一、物联网产业有很好的发展前景

物联网（Internet of Things）是指不同传感器之间按约定的协议进行信息交换和通信，以实现物品的智能化识别、定位、跟踪、监控和管理的一种网络。简单说，物联网就是通过传感器联网以实现物与物之间的通信。物联网技术在工业、安防、交通、环保、海关、市场监管、应急管理等领域具有广阔的应用前景。

（一）发展现状

近年来，我国物联网技术创新能力明显提升，产业规模不断扩大，特别是传感器产业发展取得了长足进步。一是创新能力明显提升。许多高校开设了物联网相关专业，成立了物联网实验室、研究院、研究中心等创新载体。许多科研院所积极开展物联网技术攻关，在传感器、智能终端、应用系统等领域取得了丰硕的研究成果。其中光纤传感器、红外传感器等技术达到国际先进水平，超高频智能卡、微波无源无线RFID（射频识别）、北斗芯片等技术水平大幅提高，MEMS（微机电系统）传感器实现批量生产，中间件平台、智能终端研发取得重大突破。二是产业体系初步形成。2022年，我国物联网产业规模近3万亿元，形成了包括软件、硬件设备、芯片、电子元器件、系统集成、运维、咨询服务等在内的比较完整的产业链条，出现了京津冀、长三角、珠三角、成渝经济区四大物联网产业聚集地，涌现出一批物联网领军企业，建成了一批物联网产业公共服务平台，成立了一批物联网产业联盟。同时，物联网标准体系不断完善。三是政策环境不断完善。国务院印发了《关于推进物联网有序健康发展的指导意见》，成立了物联网发展部际联席会议和专家咨询委员会。2013年9月，国家发展改革委等14个部委联合制定了《物联网发展专项行动计划》。2017年6月，工业和信息化部办公厅印发了《关于全面推进移动物联网

（NB—IoT）建设发展的通知》。中央财政安排了物联网发展专项资金，物联网被纳入高新技术企业认定和支持范围。杭州、厦门、威海等一些地方政府专门编制了物联网产业发展规划。

（二）存在问题

一是国产传感器性能与西方发达国家的传感器产品相比存在一定差距，国产传感器产品往往不成系列，在测量精度、温度特性、稳定性、响应时间、可靠性等方面有较大差距，特别是稳定性、可靠性较差。许多国产传感器寿命短、故障率高、技术含量低、产品附加值低，处于产业链中低端。二是缺乏高端传感器人才。国产传感器企业高端人才匮乏，技术和产品创新能力不足，特别是传感器设计技术、封装技术、装备技术等与国外存在较大差距。国内传感器研发人才主要集中在高校和科研院所，民营企业难以吸引优秀人才。三是物联网标准体系不健全。物联网标准化滞后，缺乏相关国家标准和行业标准。由于利益纷争，难以形成各个企业都认同的物联网标准。标准不统一，限制了物联网系统的互联互通，增加了用户应用物联网的成本。

（三）努力方向

一是积极通过财政资金支持、税收优惠等政策措施支持有关企业联合高校和科研院所开展物联网核心技术攻关；做好IPv6地址资源申请工作，合理分配IPv6地址资源；组织各方力量开展物联网标准研究和制定工作，做好物联网标准宣贯和实施工作；开展物联网信息安全风险评估，及时发现并消除安全隐患。二是下大力气鼓励企业将物联网技术嵌入工业产品，提高产品网络化、智能化程度。重点在汽车、船舶、机械装备、家电等行业推广物联网技术，推动智慧汽车、智能家电、车联网、船联网等的发展。推进电子标签封装技术与印刷、造纸、包装等技术融合，使RFID嵌入工业产品。通过进料设备、生产设备、包装设备等的联网，发展具有协作能力的工业机器人群，建设无人工厂，提高企业产能和生产效率。在

供应链管理、车间管理等管理领域推广物联网技术，提高企业管理效率和智能化水平。利用物联网技术对企业能耗、污染物排放情况进行实时监测，对能耗、COD（化学需氧量）、SO2（二氧化硫）等数据进行分析，以便优化工艺流程，采取必要的措施。利用物联网技术对工矿企业作业设备、作业环境、作业人员进行实时监测，对温度、压力、瓦斯浓度等数据进行分析，当数据超标时自动报警，以便有关人员及时采取措施，或者自动停机、切断电源、加大排风功率等，以避免发生重大安全生产事故。三是大力开展物联网技术应用试点示范工作，提高行政管理和公共服务的自动化、智能化水平，促进行政管理和公共服务模式创新，实现从“电子政府”到“智慧政府”的转变。对传统传感器、RFID应用系统进行升级改造，实现数据的自动采集、处理和分析，更好地支撑本部门的业务。把物联网技术与云计算、大数据、移动互联网等技术进行集成应用。例如，利用云计算和大数据技术对物联网采集的大量数据进行处理、分析，开发物联网应用系统客户端App，方便手机用户应用。相关部委可以把物联网技术应用于数据大集中工作，基层数据直报给国家部委，以加强中央对生态环境、国土资源等领域的管控能力。四是推动传感器件、仪器仪表等传统行业转型升级。增强传感器的功能，提高传感器的性能，将单一功能的传感器升级为多功能传感器。通过增加物联网数据传输接口、远程控制功能等，实现传统仪器仪表向智能仪器仪表的转变，提高产品技术含量和附加值。五是积极推动物联网发展与智慧城市建设、工业转型升级等工作相结合，制定《物联网产业引导和扶持方向目录》，对物联网核心技术攻关、物联网技术创新应用等方面进行资金支持。推动工业转型升级资金对预期效益好、带动面广的物联网项目进行重点支持；引导有关高校应及时调整专业和课程设置，特别是与物联网有关的专业包括计算机科学、电子工程、自动化、通信工程、机电工程、管理科学与工程、企业管理等开设跨院系、跨专业的物联网通选课，培养复合型人才；积极探索、建立校企合作培养物联网人才的新模式。

二、云计算产业有很好的发展前景

云计算（Cloud Computing）是一种可以随时随地方便地、按需地通过网络访问可配置计算资源（如网络、服务器、存储、应用程序和服务）的共享池的模式，这个池可以通过最低成本的管理或与服务提供商交互来快速配置和释放资源。云计算与电力行业的“发电—输电—用电”过程类似，软硬件集中部署在云计算中心/平台（就像“发电站”），用户使用云计算中心/平台的资源（就像“用电”），而互联网就是“输电线”。

（一）发展现状

一是根据中国信息通信研究院发布的《云计算发展白皮书（2022年）》，2021年我国云计算产业规模达到3229亿。目前，云计算服务提供商众多，主要有中国移动、中国电信、中国联通等基础电信运营商，BAT（百度、阿里巴巴、腾讯）等大型互联网企业以及浪潮、曙光等专业云计算服务提供商，市场竞争较为激烈。二是云计算平台大规模资源管理与调度、运行监控与安全保障等关键技术研发取得突破，云计算相关软硬件产品研发及产业化水平明显提升。三是许多政府部门建立了政务云，许多大中型企业建立了私有云，成为信息化应用的重要支撑。许多地方政府提出实施“企业上云”计划，由云平台为当地中小企业提供云计算服务，降低了中小企业的信息化门槛。

（二）存在问题

一是我国许多云计算平台的核心设备——服务器都采用IBM、戴尔、惠普等国外厂商的产品，国产化程度较低；国产服务器的核心器件——芯片依赖进口，网络安全存在隐患。二是中国在全球云计算市场份额的比例不足15%。国内云计算产业总体能力与国际水平相比还有一定差距，部分关键行业还没有形成成熟的解决方案，产业供给能力有待提升。国内云计算企业规模普遍较小，提供的服务种类有限，缺少综合性的大型云计算服务提供商。三是云计算产业发展“重硬轻软”，云计算生态系统有待进一

步完善。国内提供服务器、存储设备等硬件设备的厂商很多，而应用开发、系统迁移、标准认证、安全测试等与云计算配套的软件和信息服务业发展滞后，亟待建立技术、应用、产业、安全等协调发展、良性互动的产业生态体系。

（三）努力方向

一是大力支持发展容器、微内核、超融合等新型虚拟化技术，研发突破超大规模分布式存储、计算资源管理等方向理论基础与关键技术。加快研发云计算操作系统、桌面云操作系统、分布式系统软件、虚拟化软件等基础软件，推动低能耗新品、高性能服务器、海量存储设备、网络大容器交换机等核心云基础设备的研发和产业化。大力发展自主可控的国产服务器、国产存储设备，推动与云计算配套的软件和信息服务业发展，完善云计算产业生态体系。二是加快实施“政府上云”计划，把政府部门部署在自己机房的政务信息系统逐步迁移到政务云平台。摸清政府部门对云计算资源的需求，研究制定政务云平台资源管理和服务规范。考虑规模效益和专业人才，在省、自治区、直辖市一级政府建设政务云，区县一级政府一般不需要建设政务云，由所在地级市或设区市统一建设。三是积极引进云计算服务提供商，在工业设计、企业管理、电子商务等方面为中小企业提供云服务，降低中小企业信息化的成本和门槛。通过政府购买服务、财政资金补贴等方式，支持中小企业应用云服务。鼓励云计算服务提供商创新商业模式，促进云计算服务提供商与中小企业的对接。推进云计算技术在研发设计领域的应用。鼓励企业在工业设计、工业仿真等方面应用云计算技术，以提高研发设计效率，降低研发设计成本。鼓励软件研发设计提供商、第三方服务机构搭建面向中小企业的研发设计云服务平台，提高中小企业研发设计水平。鼓励在高新技术产业园、新型工业化基地、工业园区、产业集群等建设市场化运作的研发设计云服务平台。推进云计算技术在企业管理领域的应用。鼓励第三方SaaS平台运营商向云服务平台运营商转型，支持一批优秀的管理软件提供商建设云服务平台，为中小企业应用在线管理软件提供服务，降低中小企业信息化门槛，提升中小企业管理水平。推进大型企业建设基于云计算的下一代数据中心。鼓励中央企业、大型民营企业集团对数据中心进行升级改造，为企业信息化规模扩展和应用深化提供支撑，减少企业数据中心机房能耗，降低企业数据中心运行维护成本，促进企业数据中心智能化、低碳化。把云计算应用于企业大数据，建设数据云。四是加快研究制定云计算的相关标准和行业规范，做好云计算标准化工作，进一步规范云计算服务市场。建立和完善云基础标准、云资源标准、云服务标准、云安全标准。鼓励云计算服务提供商遵循相关国际标准，参与制定云计算领域的国家标准和行业标准，建立领先于同行的企业标准。五是积极鼓励高校、科研院所、专业培训机构等加强对云计算专业型、创新型、复合型人才的培养。建立人才引进、培养和激励机制，营造有利于云计算专业技术人才发展的良好环境。积极推进云计算领域的国际交流与合作，引进云计算国际顶尖人才团队，培养国际化云计算人才。引导企业与国际领先企业加强关键技术、产品的研发合作，支持龙头企业参与全球云计算市场竞争。六是完善《中华人民共和国数据安全法》，加强对云计算平台中用户数据的保护。进一步提高云计算平台的信息安全水平和应用的可靠性，让用户用得放心。做好关键信息基础设施中的云计算平台网络安全防护工作，支持云计算平台采用自主可控的国产服务器和存储设备。

三、移动互联网产业有很好的发展前景

移动互联网指由蜂窝移动通信系统通过移动终端接入互联网，用户可以随时随地接入互联网，以获得互联网上丰富的数字内容和服务。

（一）发展现状

根据人民网发布的《中国移动互联网发展报告（2019）》，2018年，中国移动互联网基础设施不断完善，核心技术创新起到有力的牵引作用，

“人工智能+移动互联网”构建智慧生态，推动移动互联网在智能互联、万物互联方向上取得大幅进展。“下沉”“出海”“转型”创造移动互联网新增长点，移动互联网向产业互联网转型升级；立法、监管力度空前，移动空间安全秩序持续改善；移动网络生态持续向好，助推社会治理与文化建设。根据中国互联网络信息中心发布的第44次《中国互联网络发展状况统计报告》，截至2019年6月，我国手机网民规模达8.47亿，网民使用手机上网的比例达99.1%；移动电子商务和移动电子政务快速发展，移动互联网管理法规不断细化，监管更加注重内容导向、经营规范；政府加快产业布局，强力推动关键技术创新；数字经济贡献率提升，成为经济发展的重要引擎。

（二）存在问题

在快速发展的同时，中国移动互联网也面临一些挑战，如互联网企业出海面临更多的贸易保护压力，还要应对各国各地区的立法差异、文化习俗差异、市场发育不成熟等问题；新兴领域发展带来移动安全新问题；大数据产业繁荣需要制定规则、规范管理；还存在部分地区网络覆盖薄弱等问题。

（三）努力方向

一是将发展移动互联网纳入国家信息经济示范区统筹推进，鼓励移动互联网领先技术和创新应用先行先试，扶持基于移动互联网技术的创新创业。加快实施“互联网+”行动计划、国家大数据战略，大力推动移动互联网和农业、工业、服务业深度融合发展，以信息流带动技术流、资金流、人才流、物资流，促进资源优化配置，促进全要素生产率提升。创新信息经济发展模式，增强安全优质移动互联网产品、服务、内容有效供给能力，积极培育和规范引导基于移动互联网的约车、租房、支付等分享经济新业态，促进信息消费规模快速增长、信息消费市场健康活跃。二是充分运用国家相关政策措施推动中小微互联网企业在移动互联网领域创新发展，支持和促进大众创业、万众创新。进一步发挥国家中小企业发展基金、国家创新基金等政策性基金引导扶持作用，落实好税费减免政策，在信用担保、融资上市、政府购买服务等方面予以大力支持，消除阻碍和影响利用移动互联网开展大众创业、万众创新的制度性限制。积极扶持各类中小微企业发展移动互联网新技术、新应用、新业务，打造移动互联网协同创新平台和新型孵化器，发展众创、众包、众扶、众筹等新模式，拓展境内民间资本和风险资本融资渠道。充分发挥基础电信企业、大型互联网企业龙头带动作用，通过生产协作、开放平台、共享资源等方式，积极支持上下游中小微企业发展。遏制企业滥用市场支配地位破坏竞争秩序，营造公平有序的市场竞争环境。三是加大对中西部地区和农村贫困地区移动互联网基础设施建设的投资力度，充分发挥中央财政资金引导作用，带动地方财政资金和社会资本投入，加快推进贫困地区网络全覆盖。鼓励基础电信企业针对贫困地区推出优惠资费套餐，探索推出“人、机、卡、号”绑定业务，精准减免贫困户网络通信资费。以远程医疗服务、在线教育培训等为重点，大力推动移动互联网新技术、新应用为贫困地区农产品销售、乡村旅游、生产指导、就业服务、技能培训等提供更加优质便捷的服务。依托网络公益扶贫联盟等各方力量，推动网信企业与贫困地区结对帮扶，组织知名电商平台为贫困地区开设扶贫频道，积极开发适合民族边远地区特点和需求的移动互联网应用。坚持经济效益和社会效益并重，在深入开展项目论证的基础上，充分发挥中国互联网投资基金作用，大力推动基于移动互联网的教育、医疗、公共文化服务等民生保障项目落地和可持续实施。

四、大数据产业有很好的发展前景

大数据（Big Data）是以容量大、类型多、存取速度快、应用价值高为主要特征的数据集合，正快速发展为对数量巨大、来源分散、格式多样

的数据进行采集、存储和关联分析，从中发现新知识、创造新价值、提升新能力的新一代信息技术和服务业态。大数据产业是指一切与大数据有关的经济活动，如数据采集、存储、清洗、加工、可视化、分析和交易等。

（一）发展现状

一是从分区域角度看，东部地区是大数据发展的前沿地带，占据全国大数据发展指数前10的前6个席位；西部地区紧随其后，中部地区和东北地区大数据发展相对滞后。广东以11.21的指数位列榜首，上海、贵州、北京、重庆等省市全国领先。二是从大数据产业发展看，随着大数据上升为国家战略，大数据产业发展对经济社会的价值和影响得到广泛认可，各省市纷纷抢抓大数据产业发展机遇。尤其是东部沿海地区大数据产业发展势头迅猛，其中，北京以26.50的发展指数在全国遥遥领先，广东、江苏等省市位列第一梯队。此外，随着国家大数据综合试验区建设的不断深入，试验区集聚引领态势凸显，八大数据综合试验区总指数占全国比重为45.62%。三是从大数据应用发展看，发达省市引领全国大数据应用发展，广东省以大数据应用指数20.62高居榜首；北京、浙江、上海、江苏等省市受经济基础较好，政府重视政务、民生大数据应用以及利用大数据技术推动产业转型升级等因素影响，位列第一梯队。此外，不同梯队省市大数据应用各有侧重，第一梯队侧重政务应用，第二梯队各类应用均衡发展，第三梯队工业应用成为重点。四是从大数据技术研发创新发展看，各省、自治区、直辖市技术研发创新依然存在较大的实力差距，研发实力排名靠前的省份大多来自传统ICT产业发达的东部地区，中西部地区实力整体较为平均但明显落后于东部地区。五是从数据开放共享看，全国数据资源开放共享指数省市间差异较大，体现出明显的省域发展水平的不均衡。其中，山东、贵州、广东和北京四个省市在数据资源开放共享方面均处于全国领先地位。此外，全国数据资源开放共享尚未形成区域联动发展态势，区域化发展格局尚未形成，各省市间没有明显的关联性。

（二）存在问题

一是数据不充分不均衡，大数据产业基础不牢。根据《2017中国地方政府数据开放平台报告》，全国19个地方政府数据开放平台中1/4的数据机器可读性较差，尤其在公共服务、教育、就业等领域数字基础设施建设不足，数字化程度亟待提升。二是数据质量不高，影响数据应用效果。由于缺乏统一的监管和规范，各行业的数据格式繁多，数据质量参差不齐，从而无法真正发挥大数据的价值。正如IBM的分析显示的，考虑到错误或不完整数据会导致BI和CRM（客户关系管理）系统不能正常发挥优势甚至失效，所以数据分析员每天有30%的时间浪费在了辨别数据是不是“坏数据”上。三是信息孤岛情况严重，数据整合能力不足。当前国内经济社会大数据领域比较离散，政府部门之间、企业之间、政府和企业之间由于信息不对称、法律制度不具体、共享渠道缺乏等多重因素，导致大量数据存在“不愿开放、不敢开放、不能开放、不会开放”的问题，造就了一座座企业和政府管理部门的数据孤岛，难以有效、权威地整合经济社会数据资源，无法构建全景的大数据。四是大数据平台建设监管不足，数据安全问题频发。由于缺乏统一的监管标准和引导，对于数据使用的权利和义务尚未明确，各类大数据平台的建设者和使用者鱼龙混杂，数据安全常常难以保障。在云安全联盟发布的12大安全威胁中，“数据泄露”高居榜首，国际某著名公司数据泄露门事件涉及10亿多用户账号被盗，这给我们敲响了警钟。未来，伴随数字中国、智慧社会的推进，数据安全将不仅仅关系到企业、个人的隐私安全，还会影响社会安定、国家安全。五是大数据市场竞争不规范，严重影响产业发展。在市场发展过程中过度竞争、无序竞争时有发生，尤其在以数据传输、存储为主的基础设施领域，低价甚至0元中标现象屡见不鲜。大数据产业不同于传统的互联网业，不能照搬所谓的“免费模式”。长此以往，不仅会损害对用户的服务质量，还将使得专注提供优质产品和服务的企业被淘汰，造成“劣币驱逐良币”的恶劣影响。此外，无序竞争还会进一步导致大数据基础设施的建设缺乏统筹规划，一

哄而上，最终导致资源被大量浪费。

（三）努力方向

一是夯实数据基础设施。加快建设人口、法人单位、自然资源和地理空间、宏观经济等基础信息库，建立电子证照库、社会信用数据库等专题数据库，开展政务数据资源整合、交换和共享，建立政务数据目录和交换体系，建立大数据中心。二是开放公共数据资源。制定公共数据资源开放政策，建立公共数据资源开放目录，开通政府数据网站，促进公共数据资源的社会化开发利用。三是推广应用大数据技术。对于地方党委，要推进大数据技术在组织、纪检、宣传、政法、统战等部门的应用，发展智慧党建；对于地方政府，要推进大数据技术在科学决策、经济调节、市场监管、社会治理、公共服务等领域的应用，构建智慧政府；对于企业，要推进大数据技术在研发设计、生产制造、经营管理、市场营销、客户服务等环节的应用，打造智慧企业。四是完善大数据产业链。建立和完善涵盖数据采集、数据存储、数据加工、数据分析、数据可视化、数据交易等环节的大数据产业链。（1）数据采集，引进和培育一批专业化数据采集服务机构，支持专业机构面向市场需求，利用互联网、移动互联网、社交网络等商业化平台，采集电商数据、社交数据、手机信号数据等。（2）数据存储，建设先进、绿色、高效的大数据中心，建立和完善大数据中心运营机制，发展数据云存储、异地容灾备份等业务，提供数据存储服务。（3）数据加工，引进和培育一批数据标引、数据整理、数据清洗、数据脱敏等数据加工企业；面向行业和企业实际需求，做大数据初加工市场，做强数据深加工市场。（4）数据分析，面向行业领域，建立专业分析模型，研发新型数据挖掘技术，面向政府部门和企事业单位提供大数据分析服务。（5）数据可视化，引进和培育一批数据可视化企业，研发数据可视化技术，研制数据可视化工具产品和行业解决方案，提供展示效果佳的数据可视化服务。（6）数据交易，由国有资产经营有限公司代表政府出资，与社会资本合作联合成立数据资产经营公司，开展数据交易业务；建立数据资产商品化、数据描述、登记确权、价值评估等配套机制，制定数据交易流程、交易标准和安全规则，规范交易行为，促进数据流通。

五、人工智能产业有很好的发展前景

人工智能是研究、开发用于模拟、延伸和扩展人的智能的理论、方法、技术及应用系统的一门新的技术科学。人工智能是引领这一轮科技革命和产业变革的战略性技术，具有溢出带动性很强的“头雁”效应。在移动互联网、大数据、超级计算、传感网、脑科学等新理论、新技术的驱动下，人工智能加速发展，呈现出深度学习、跨界融合、人机协同、群智开放、自主操控等新特征，正在对经济发展、社会进步、国际政治经济格局等方面产生重大而深远的影响。加快发展新一代人工智能是我国赢得全球科技竞争主动权的重要战略抓手，是推动我国科技跨越发展、产业优化升级、生产力整体跃升的重要战略资源。

（一）发展现状

近10年来，类脑计算、深度学习等人工智能技术快速发展，被广泛应用于人机大战、智慧医疗、机器人、无人驾驶汽车、无人机、智能家居、搜索引擎、人脸识别等领域，人们的生产、生活的智能化程度越来越高。一是产业规模飞速增长。根据清华大学中国科技政策研究中心发布的《中国人工智能发展报告2018》，2017年，我国人工智能产业市场规模达到237亿元，同比增长67%。2018年，中国机器人市场规模达73.7亿美元，其中工业机器人占1/3，成为世界第一大市场。二是科技成果不断涌现。近年来，我国在人工智能技术研发方面取得重要进展，语音识别、视觉识别等技术处于世界领先水平。例如，科大讯飞的语音识别和语音合成技术研发水平走在世界前列，眼擎科技公司发布了全球首个人工智能视觉成像芯片。百度的无人驾驶平台、阿里云的智慧城市平台、腾讯的医疗人工智能

平台、科大讯飞的智能语音系统平台成为国家级人工智能开放创新平台。根据科技部新一代人工智能发展研究中心、中国科学技术发展战略研究院联合发布的《中国新一代人工智能发展报告2019》，2013—2018年，全球人工智能领域的论文文献产出共30.5万篇，其中中国发表7.4万篇，高居全球首位。三是智能经济快速发展。人工智能技术在工业、智慧交通、无人驾驶、智能家居、安防等领域得到越来越广泛的应用。人脸识别在抓捕逃犯方面成效明显，刷脸支付普及率快速提高。我国东南沿海地区面临“招工难”“招工贵”问题，越来越多的企业推行“机器换人”。国产工业机器人已服务于国民经济37个行业大类、102个行业中类，以机器人产业为代表的智能经济迅速发展。

（二）存在问题

一是基础研究比较落后。我国人工智能产业基础研究、前沿研究与发达国家相比还存在较大差距。人工智能学术研究以跟踪、模仿、改进为主，缺少重大原创性成果。人工智能基础理论、核心算法、前沿技术等方面的研究滞后，核心芯片、高端软件等尚未取得重大突破，许多国产人工智能产品的智能化程度较低。二是核心技术受制于人。工业机器人的伺服电机等核心零部件依赖进口。国产机器人以组装为主，性能与国外同类产品相比差距较大。面向工业领域的人工智能技术和产品少，智能制造装备产业发展滞后，以中低档数控机床为主，缺乏高档工业机器人。三是产业环境有待改善。人工智能产业还处于起步阶段，标准、数据、人才等方面都存在问题。以医疗人工智能为例，虽然许多巨头进军医疗人工智能领域，但医疗图像的病灶标注方式缺乏标准，即使同一个科室的医生也可能有不同的标注方式。医院信息化建设各自为政，医疗信息系统缺乏数据共享，患者的电子病历数据很难完全准确同步。我国人工智能产业从业人员不足5万人，每年高校培养的人工智能相关专业学生不足2000人。美国人工智能产业从业人员拥有10年以上工作经验的约占一半，而中国不到1/4。

（三）努力方向

一是切实加大机器人关键零部件的研发力度，夯实中国机器人产业的基础，集中力量攻克精密减速器、伺服装置、变频装置、高性能控制器、传感器与驱动器等关键零部件及系统集成设计制造等核心技术，开发工业机器人、特种机器人、家庭机器人、军用机器人等产品。规划建设一批机器人产业园区，促进机器人产业集聚发展。二是加大智能汽车研发力度，推进无人驾驶汽车研发生产，推动泊车辅助、并线辅助、距离控制、自适应悬挂等先进技术研究和应用，提高汽车智能化水平；对现有交通基础设施进行升级改造，发展车联网，以适应智能汽车的推广普及。三是加快实施以人工智能为引领的创新驱动发展战略，发展智能经济，重点发展智能制造、智慧农业、智慧交通、智慧旅游、智慧社区等。引导企业采用智能装备，建设智能工厂，研制智能产品，提高研发设计、生产制造、经营管理、市场营销等关键环节的智能化水平；实施“机器换人”计划，制定融资租赁、财政补贴等方面的政策，支持企业应用工业机器人。四是加大扶持力度。完善人工智能产业发展扶持政策，加大资金扶持力度，加强对人工智能的知识产权保护，优化人工智能产业发展环境；有条件的省市可以设立人工智能专项资金，重点支持人工智能技术攻关、人才培养和应用推广等；鼓励对人工智能应用系统进行软件产品登记，登记后享受相关税收优惠政策。五是建设公共平台。加强人工智能技术创新载体和行业公共服务平台建设，建立面向行业的人工智能工程中心，符合条件的优先推荐认定为各级企业技术中心，享受相关优惠政策；建设一批以人工智能产品研发设计、检验测试、推广应用等为主要内容的行业公共服务平台，完善人工智能产业链；鼓励建立由骨干企业、专业机构、行业协会、产业园区、重点高校、科研院所多方参与组建资源共享、优势互补的人工智能产业联盟，围绕产业重点，开展人工智能标准规范研究、关键核心技术攻关和产业化推广。六是促进人工智能技术、产品和解决方案提供商与企业的供需对接，以应用促发展；促进从事人工智能研发的科研院所与投资机构的对

接，推进人工智能产业化；促进人工智能企业与高校的对接，联合培养人工智能专门人才；鼓励企业应用人工智能来提高产品信息技术含量和自身信息化水平；鼓励科研院所开展人工智能技术攻关，打破国外技术垄断；人工智能企业要抓住传统产业升级改造对人工智能的迫切需求，贴近用户实际需求，推出实用的人工智能技术产品和行业解决方案，完善售后服务体系，提高市场竞争力。

六、虚拟现实产业有很好的发展前景

虚拟现实（Virtual Reality，VR）技术是一种可以创建和体验虚拟世界的计算机仿真系统，它利用计算机生成一种模拟环境，是一种多源信息融合的交互式的三维动态视景和实体行为的系统仿真，使用户沉浸到该环境中。虚拟现实产业包括虚拟现实硬件产业、虚拟现实软件产业和虚拟现实信息服务业等。虚拟现实硬件设备包括数据头盔、数据手套等。虚拟现实软件包括3D制作软件、计算机仿真软件等。虚拟现实信息服务业包括虚拟现实产品或服务电子商务平台、虚拟现实信息服务、虚拟现实咨询（市场咨询、投资顾问）等。

（一）发展现状

根据《中国虚拟现实应用状况白皮书（2018）》，2018年全球虚拟现实产业规模已接近1000亿元，预计2020年这一规模将超过2000亿元。2018年12月，工业和信息化部印发了《关于加快推进虚拟现实产业发展的指导意见》，提出突破关键核心技术，丰富产品有效供给，推进重点行业应用，建设公共服务平台，构建标准规范体系，增强安全保障能力。目前，重庆市、南昌市、长沙市、福州市、厦门市、青岛市等地都在积极发展虚拟现实产业。2016年4月，福州市政府出台了《关于促进VR产业加快发展的十条措施》，提出设立一亿元的专项扶持资金。福州市政府成立了VR产业基地项目推进小组办公室，编制了《中国东南大数据产业园暨数字福建

（长乐）产业园VR产业园产业发展规划》。2016年6月，南昌市政府出台了《关于加快AR/VR产业发展的若干政策（试行）》。2016年8月，重庆市经济和信息化委员会印发了《关于加快推进虚拟现实产业发展的工作意见》。2017年1月，青岛市崂山区获科技部批复建设全国首个虚拟现实高新技术产业化基地。2021年，全球虚拟现实行业市场规模体量超过800亿元，全球VR设备出货量同比增长63.4%至1095万台。

（二）存在问题

一是产业基础薄弱，关键核心技术缺乏。在动态环境建模、三维图像加速、自然人机交互等VR关键核心技术领域积累依然不足，产业链上游的高性能AMOLED屏幕、GPU芯片、显示驱动芯片、光学镜头、图像及MEMS惯性传感器等国产化水平较低，尚难实现稳定量产，新型材料、人体工学设计、仿真系统、开发工具等相关配套技术仍未成熟，高校院所和企业技术成果仍未充分实现产业化。二是低端硬件泛滥，优质内容产品相对匮乏。我国VR硬件产品性能尚不完善，容易造成眩晕感，国内VR硬件市场仍存在大量廉价“山寨”产品，主要性能指标与国际主流产品差距较大，参数造假和夸大宣传的行为屡见不鲜。例如，在内容产品方面，VR内容制作壁垒高、难度大的问题未得到缓解，真正具备较好体验的视频游戏等内容依然匮乏，面向制造、教育、医疗、文化等行业的高质量的应用缺失。三是标准化仍有较大欠缺。目前，我国虽然在VR头戴式显示设备等方面制定了一些团体标准，但标准体系仍然不健全。国内VR软硬件和内容厂商仍以各自为战为主，屏幕分辨率、系统延迟、视场角等参数上定义不同造成了应用程序、VR终端设备和内容之间兼容性差，对产品技术和市场发展造成障碍。四是部分地区缺乏科学规划，存在盲目跟风行为。国内个别地区在VR产业领域基础极为薄弱，且对VR产业发展规律认识不足，对产业链上下游的协同配套和园区、资本的运作模式规划不清，在此情况下，存在盲目跟风发展现象，轻技术创新、重招商引资。有业内专家鲜明指

出，“目前所有不以技术创新为第一驱动的VR园区都是炒地产”。

（三）努力方向

一是做好虚拟现实产业空间布局。发展虚拟现实产业要有载体，要规划建设虚拟现实产业园区或基地。2016年2月27日，中国·福建VR产业基地在福州揭牌，福建省力争通过3~5年的努力，在福州培育起完整的产业链，形成全国领先的VR产业集聚区和全球VR产业重要创新创业平台。二是制定虚拟现实产业发展政策。地方政府可委托专业机构编制虚拟现实产业发展规划，明确当地虚拟现实产业发展的指导思想、基本原则、发展目标、主要任务、重点工程和保障措施。及时制定虚拟现实产业政策，在政府立项、政策扶持、资金补助、建设用地、税收优惠等方面对虚拟现实产业予以支持和倾斜。三是培养虚拟现实专业技术人才。虚拟现实是一门交叉学科，涉及计算机、互联网、电子信息、仿生学等学科。要支持有条件的高校通过特殊人才引进壮大虚拟现实师资力量，设立虚拟现实专业，开设虚拟现实相关课程，建立虚拟现实实验室，与企业合作建立虚拟现实实训基地。四是建设一批虚拟现实工程技术中心、虚拟现实孵化器或众创空间、虚拟现实展示或体验中心，完善虚拟现实产业链。实施“VR+”行动计划，在工业、教育、文化旅游、卫生健康、商贸流通等行业大力推广应用虚拟现实技术。

七、机器人产业有很好的发展前景

机器人既是先进制造业的关键支撑装备，也是改善人类生活方式的重要切入点，其研发及产业化应用是衡量一个国家科技创新、高端制造发展水平的重要标志。

（一）发展现状

根据中国电子学会发布的《中国机器人产业发展报告 2019》，2019

年，我国机器人市场规模预计达到86.8亿美元，2014—2019年的平均增长率达到20.9%。其中工业机器人57.3亿美元，服务机器人22亿美元，特种机器人7.5亿美元。工业机器人仍然是我国机器人市场的“主力军”。

（二）存在问题

一是工业机器人部分关键技术有待突破。在工业机器人领域，我国面临的较大挑战来自核心零部件。工业机器人的核心零部件主要有减速器、伺服电机＆驱动器、控制器。这三个核心零部件占工业机器人总成本的72%，其中减速器占36%。工业机器人使用的减速器主要有两类：谐波减速器，负载在10公斤以下工业机器人一般使用谐波减速器，10～20公斤的机器人小臂、手腕关节可以采用谐波减速器；RV减速器，负载在20公斤的工业机器人则主要使用RV减速器。目前，我国的谐波减速器已经实现国产化，但RV减速器全球市场80%的份额被日本企业纳博克斯特占据，我国的RV减速器行业仍以外资品牌为主。国内在RV减速器领域的关键技术仍有待突破。伺服电机&驱动器国内可以生产，但产品的稳定性、可靠性有待提升。控制器是我国与国外技术差距最小的领域。二是手术机器人与国外差距较大。在服务机器人领域，我国与国外差距较大的是手术机器人。手术机器人对于安全性能要求较高，而且更加强调“医生、机器人、患者”三者的共融。因此，如果医生不接受操作系统，手术机器人就难以得到推广。目前，手术机器人商业化最成功的是达·芬奇手术机器人，这一品牌的机器人在我国诸多医院得到应用。2019年12月，我国自主研发的第一台微创手术机器人“妙手S”系统进入临床试验阶段。据悉，“妙手S”从软件到硬件均实现了国产化。由于我国手术机器人起步晚，技术上与国外同款产品存在差距，其商业化进程较为缓慢。三是特种机器人的应用场景仍需拓展。在特种机器人领域，国内技术、产品与国外几乎处于同一个赛道上，目前差距较小，甚至有些领域国内企业已经成为全球领跑者，比如无人机。目前，我国的特种机器人市场规模主要依赖应用场景，因此应用场景是特种机器人发展面临的问题。

（三）努力方向

一是面向世界科技前沿，攻克机器人领域关键核心技术。习近平总书记指出，实践反复告诉我们，关键核心技术是要不来、买不来、讨不来的。只有把关键核心技术掌握在自己手中，才能从根本上保障国家经济安全、国防安全和其他安全。机器人领域的关键核心技术也一样，要对标全球领先技术，依靠自主研发、自主创新才能摆脱依赖外资品牌的局面，才能从根本上解决我国机器人产业健康发展的动力源问题。二是面向经济主战场，加速部分机器人技术的产业化、市场化。我国经济已由高速增长阶段转向高质量发展阶段，经济的高质量发展离不开科技的支撑。在各产业领域，多种重大颠覆性技术不断涌现，科技成果转化速度明显加快。这也要求机器人领域部分技术加速转化，以实现产业化和市场化。例如，医疗领域的机器人技术及相关产品。这样才能为经济发展提供科技支撑，同时也获得市场的反馈与“回馈”，形成技术与市场的有效互动与良性循环。三是面向国家重大需求，努力为国家战略提供支撑。战略性新兴产业是未来发展的战略支点，是国际角逐的必争之地，我国对战略性新兴产业的政策供给在不断优化，由项目导向向以企业和产业对要素和市场环境的适应为基础的能力导向调整，以发现和强化产业和企业的核心能力为关键。机器人产业作为战略性新兴产业的典型代表，也必将面向国家重大需求和发展战略，产业不仅要做大，更要做强，同时还要确保关键技术自主可控。

八、3D打印产业有很好的发展前景

3D打印技术是科学进步的产物，作为一种新兴的技术，目前在社会中发展速度较快。近些年来，3D打印技术也受到了很多国家的关注，对其发展理论和未来应用领域等相关的研究也较多。随着新技术革命的进一步发展，未来社会中，3D打印技术及其相关的一系列技术等在社会发展中应用的领域也将越来越广阔。

（一）发展现状

20世纪末，我国一些高等学校开始对3D打印技术及相关的材料进行研究，并设计开发出相应的软件等，同时在工业领域进行试验研究。目前，一些中小企业也逐渐认识到3D打印技术的发展前景，成了国外3D打印相关设备的代理商，销售打印成套设备和原材料，尤其是广东省等发达地区，凭借其丰厚的人才优势，向国内外3D技术使用客户提供服务，取得了较好的经济效益。

（二）存在问题

一是在发展中缺少宏观规划。3D打印产业是一项包含多项发展技术，如控制技术、材料技术及软件技术等在内的产业项目，在发展中需要兼顾各项技术，才能最终推动整个产业的发展。我国目前正处于工业转型发展时期，很多产业技术的发展不完善，数字化平台等建立还需要进一步完善和发展，这些也都影响到新技术的革新和发展。在实际发展中对3D打印技术的重视程度不够，缺少完整性的规划，导致其在发展中存在很多不合理的地方。二是技术研究及投入力度不够。新技术的应用和发展离不开人才和资金的投入，我国虽然很希望企业自身能够制造3D打印的相关设备，但是这些企业在发展中的影响并不大，没有形成一定的发展规模，因此其研发投入等略显不足。同时，在生产中相关的工艺操作和流程较复杂，对制作技术等要求较高，在相关环节中资金等投入不足，最终影响到整个生产流程。目前，一些发达国家凭借其技术优势，对我国3D打印市场等进行不断拓展，这也对本国的产业化发展产生了很大的冲击和影响，加之技术等方面的缺陷，与国外的技术发展差距越来越大。三是缺乏统筹发展的思想。作为新兴的产业，3D打印产业在发展中需要不断对自身的发展体系进行完善，并对相关联的服务体系、供应商体系等进行全面分析。3D打印产业的发展需要市场多方面的支持和研究，但是从我国3D打印产业的发展现状来看，很多企业在发展中联系不紧密，基本上处于独自经营发展的状态，当前产业技术存在发展不高、布局分散等现状，对产业的进一步发展

和提升市场竞争力都产生了不利的影响，从技术的研发到技术的推广等都还处于无序的发展状态。四是推广力度不够，影响范围较小。新技术的出现，刚开始很难被人们接受和理解，这就需要社会重视宣传和教育。目前我国许多制造并未接受先进理念，对3D打印技术的发展缺乏战略规划，具体应用中影响范围较小。同时，在相关设备和材料及信息技术的研究上，还缺乏相应的教学课程体系，尤其是理论研究的发展受到的重视程度较低，很多仍旧停留在学生的兴趣学习中，这些都影响到技术的进一步推广和使用。

（三）努力方向

一是加大科研投入力度，重视统筹规划。我国在未来的发展中，要重视3D打印技术的发展，对其带来的工业变革等做全面的分析。这些也需要结合我国产业发展的具体情况，制定出长期发展的规划，并成立相应的组织和机构，专门对该项技术的发展和应用进行协调和管理，认识到该项技术在未来发展中的重要地位，并对相应的发展措施等提前做好规划。同时，重视技术的研发和应用，加大科技和资金上的投入，尤其是充分借助当前国家对新技术发展的政策支持，加强与国际先进技术的交流与合作，吸取国外的先进技术、设备和人才，不断完善自身的发展。在发展3D打印技术的基础上，不断拓展其应用领域，对其技术研发、产品生产和应用等进行深化发展。二是加强企业间的合作交流，推动协调发展。3D打印产业的发展综合了多项高端的科学技术，其产业发展包括了技术供应商、工业生产制造商和服务等产业，在实际发展中要充分加强各企业之间的交流和合作，充分利用现代网络平台，充分发挥各企业团体自身的优势，进行技术合作和信息共享，多方进行协调合作，从而最终促进企业的可持续发展，从而提高企业的整体竞争力。三是重视人才的培养和技术的推广。高科技的研究和发展离不开高端人才的支持，在新时期，企业要提高经济效益，促进产业化发展，需要重视人才的培养，重视人才在企业发展中的地位，并在经营和发展中做好3D打印等相关先进技术的推广和宣传，让更多的人了解和熟悉该项技术，并结合具体的发展特点，制定出符合自身发展的体系和规划，从而为3D打印技术的进一步发展提供更多的经验支持。

九、区块链产业有很好的发展前景

究竟什么是区块链？狭义来讲，区块链是一种按照时间顺序将数据区块以顺序相连的方式组合成的一种链式数据结构，并以密码学方式保证的不可篡改和不可伪造的分布式账本。广义来讲，区块链技术是利用块链式数据结构来验证与存储数据、利用分布式节点共识算法来生成和更新数据、利用密码学的方式保证数据传输和访问的安全、利用由自动化脚本代码组成的智能合约来编程和操作数据的一种全新的分布式基础架构与计算方式。简单地说，区块链就是一种去中心化的分布式账本数据库。

（一）发展现状

区块链在我国的应用主要集中在金融行业、政务服务和产品溯源这三个领域，单从金融行业看，区块链应用的场景主要包括跨境支付、保险理赔、证券交易、票据等。从服务企业的发展规模上看，近一半的企业集中在北上广及江浙地区。企业服务应用主要集中在底层区块链架设和基础设施搭建，为互联网及传统企业提供数据上链服务，包括数据服务、BaaS（Block chain as a Service）平台、电子存证云服务等。从政策出台上看，截至2019年上半年，国家及各部委出台的相关区块链政策已达12项，各省市地区陆续发布的政策性指导文件多，北京、上海、广州、浙江等全国超过30个省市地区发布政策指导文件。截至2021年年底，我国有114家区块链研究机构，有50所高校开设了区块链课程。截至2022年3月，全国已成立区块链产业园51家。区块链应用呈现多元化，从金融延伸到实体领域。区块链技术开始与实体经济产业深度融合，形成一批“产业区块链”项目，迎来实体经济产业区块链“百花齐放”的时代。

（二）存在问题

一是顶层设计及行业标准体系引领不强。缺乏全国层面的顶层规划设计，虽已出台针对区块链产业的扶持政策，但尚未出台区块链产业规划设计、方案等统领性政策文件。虽然区块链企业较多，区块链应用繁多，但由于区块链企业所使用的底层技术平台标准不一、行业标准不同，导致区块链产业相对分散，企业过于杂乱。二是自主核心技术集成创新不足。共识算法、网络设计、合约可信性等关键核心技术供给不足，部分企业产品开发过于依赖国外联盟开源框架，在区块链与人工智能、大数据、云计算、物联网、5G等前沿新兴领域的技术融合方面研究不够深入。三是产业生态有待进一步完善。区块链应用大部分集中于金融领域，与传统实体行业融合不够深入，应用场景匮乏现象较为突出；在人才培养方面尚未建立课程体系，产学研结合相对较弱，人才培育力度有待加强；区块链相关企业孵化育成体系尚未完全建立，一定程度上制约了产业链延伸；民众对区块链的认识不足，普遍将区块链和以比特币、以太币为代表的各类虚拟货币画等号，随着各类虚拟货币合法性受到质疑，区块链行业也将遭到怀疑。

（三）努力方向

一是制定规划引领，统筹谋划产业发展方向。建立多部门协同，各地联动的相关机制，共同推动全国区块链产业快速发展；加快出台全国性区块链发展的实施方案或指导意见等，统筹谋划区块链产业发展方向。二是持续夯实基础研究，加强核心技术攻关。持续加大自然科学基金等在分布式计算理论、密码学理论、软件可信理论、异构系统交互理论以及并行理论体系等基础研究领域的布局，引导高校、科研院所资源向基础与应用基础研究倾斜。围绕共识算法优化平衡、安全与隐私保护、合约可信性、可扩展性和跨链技术等方向组织实施一批重点领域研发计划攻关项目，引导区块链企业、创投机构加大区块链核心技术攻关投入力度，推动形成国

产的、安全可控的区块链支撑体系。三是强化平台属性，提升公共服务能力。鼓励区块链众多底层平台开源开放、统一行业标准，构建区块链开发互联互通的平台与沟通机制，减少系统移植风险，更好地服务行业开发者，促进底层技术开发行业的持续发展。统筹规划区块链公共服务体系建设，完善网络支撑、数据服务、资源共享、认证许可、检验检测、评估测评等公共创新服务平台，提升公共服务能力，促进产业应用快速推广。四是加快标准制定，做大行业联盟组织。聚焦自主可控和互联互通等关键要素，支持区块链企业从应用场景实践出发主导或参与区块链国际、国家、行业、团体及地方标准制定，完善全国性区块链产业标准体系。依托相关行业组织，统筹全国性区块链相关企业协会、行业协会或联盟成立区块链国家级官方协会，引导行业健康快速发展。五是推进技术集成融合，加快应用场景落地。推进区块链关键技术集成创新，深化区块链和人工智能、大数据、云计算、物联网、移动互联网、5G等新兴技术的深度融合。重点聚焦社会民生、智能制造、政务服务、数字金融等领域，加快推进一批以区块链为基础的应用落地，打造一批典型应用示范。六是汇集要素资源，形成良好的产业生态。鼓励各级产业投资基金、各级战略性新兴产业创业投资引导基金等按市场化方式发起设立区块链产业子基金，吸引社会资金集聚形成资本供给效应，为区块链企业提供天使投资、股权投资、投后增值等多层次服务。支持全国各地导入国际先进创业孵化模式、引进前沿技术及高端人才，为区块链企业提供孵化、导师、金融、培训、成果转化、产业推介等全方位服务。大力鼓励高等院校等科研机构加强区块链技术的研究，设计培养区块链人才的课程体系，实施产业人才输入输出双轨制，培养一批应用型、复合型、创新型区块链人才。

十、数字内容产业有很好的发展前景

数字内容产业是信息技术与文化创意高度融合的产业形式，涵盖数字阅读、网络文学、网络游戏、动漫、网络视频、短视频、直播、数字音

乐、数字教育等，高度融合了高新技术与文化内容要素。随着互联网的发展和信息技术的进步，数字内容产业作为一个新兴产业在世界舞台上变得越来越重要，发达国家都将发展数字内容产业作为一项重要战略决策。

（一）发展现状

中国新闻出版研究院发布的《2019—2020中国数字出版产业年度报告》显示，2020年，中国游戏国内市场整体收入2401.92亿元，游戏海外市场整体收入154.50亿美元，网络文学、数字阅读整体收入达600亿元，数字音乐产业达700亿元。2020年产业规模超万亿元，溢出效应更大。据统计，2020年396家A股新上市公司中，数字内容的企业占据很大份额，约为33%。在全球资本市场，投资并购以及IPO也非常活跃。2021年上半年，游戏行业的投融资宣布和完成的交易超过635笔，交易额飙升至创纪录的3900亿元人民币。仅半年，用于游戏收购、投资和公开发行的资金几乎是2020全年的2倍。在并购方面，2021年上半年共有169笔并购交易宣布或完成，总价值高达1495亿元人民币。VC和战略投资者共融资364笔，累计融资额高达370亿元人民币。37笔完成IPO，金额高达720亿元人民币。

（二）存在问题

一是产业政策跟不上发展需求。由于形势变化过快，发展过于迅速，国家出台的政策跟不上其发展趋势。同时，整个产业投资过大，存有较高的风险性，国家的预见性有限，不能有效规划数字内容产业的发展蓝图。此外，缺乏相关政策的扶持，管理体系尚不完善，也使得我国数字内容产业发展容易遇到瓶颈。二是机遇与挑战层出不穷。在加入世贸组织后，我国经济发展有了更多的机遇，尤其是互联网用户的巨量增加，为数字内容产业提供了广阔的市场。但越来越多的企业和个人转战互联网，形成了激烈竞争的局面。同时，国外巨头不仅资金实力雄厚，技术水平高，他们能用一流的运作方法抢占市场，从而给国内数字内容产业的生存与发展带来极大的压力。三是产业核心环节存在壁垒。现阶段，我国数字内容产业核心环节缺失，不能形成产、学、研体系，导致整体发展水平较为滞后。一方面，产业链条不完善，缺乏国际型有竞争力的科技企业。另一方面，多数软件和硬件核心技术被国外巨头垄断，国内自主研发能力尚且不足，而且还遭受国际政策、技术等方面的封锁，从而造成我国数字内容产业发展困难重重，很难在短时间内突破核心环节的壁垒。四是缺乏技术人才的支持。21世纪，国际竞争的本质是人才和技术的竞争。我国是一个教育大国，并不能被称为教育强国。虽然国内有较多的高等院校，而且开设的专业也十分丰富，但是培养的数字内容产业所需要的综合性技术人才与发达国家相比差距明显，因此我们要不断完善人才培养的体制和机制。

（三）努力方向

一是完善法律法规，推动产业发展。为推动数字内容产业的健康发展，国家必须认识到该行业的发展前景，以及对发展国民经济的价值作用。通过制定扶持性政策，完善相关法律法规，不断优化产业市场环境，从而满足行业发展需求，为产业健康绿色发展保驾护航。（1）分析当前技术发展趋势，结合实际情况，积极制定支持性、鼓励性的政策，逐步引导企业制定符合国情、民情的营销策略。同时，坚持以市场为导向，将技术与内容紧密融合在一起，进一步提升服务水平。（2）完善相关法律法规，用法律武器约束数字内容企业的行为。通过发挥法律的作用，健全产业发展机制，处理违法违规行为。例如，基于当下的信息技术环境，很多企业和个人在巨大经济利益的诱惑下，开始走上了违法犯罪的道路。如果没有严格、完善的法律机制为依托，不打击这些犯罪行为，势必会增加犯罪分子的嚣张气焰，损害人民群众的利益。对于网络平台而言，无论是网文作者还是广大平台方都是重要的参与者，在对著作权转让处理的过程中，应当秉着公平、平等协商、债权对等的原则，严格按照相关法律法规和公序良俗展开交易活动。就网络著作权而言，在转让合同的过程中，应当最大化体现出对作者人身权的尊重，摒弃平台自行处理作品、账号归属等不合理的合同条款，为作者提供多种类型的出版合同，给作者一个自主

选择的机会，以便于作者找到更适合自身权益的合同，同时根据授权方式的不同，制定相应的收益条款，尤其是针对作品版权改编、收益内容，应当明确无论是授权平台自用，还是将其推荐给其他平台，原作者都有收益分配权益和作品改编的权利以及参与权利，对于开发周期等内容，平台方和著作者可以进行协商，以此保证双方权益不被侵犯。这样的约定不仅可以向平台输送更多优质、有价值的作品，同时也降低了平台运营、开发过程中存在的各种风险。（3）成立专门的扶持机构，协同和帮助相关企业发展。通过建立完善的监督、指导机制，以及加大资金扶持力度，确保相关企业在良性的环境中获得健康、稳定、快速的发展，破除生存与发展的瓶颈。二是抓住市场机遇，大力发展产业。随着我国加入世贸组织，国内企业发展形势日益严峻。只有抓住市场机遇，提高核心竞争力，才能在激烈的市场竞争中占据一席之地。因此，必须立足于长远角度，着手制定与数字内容相关的金融、税收、投资等政策，给数字内容产业发展提供环境支持。（1）加强信息资源的开发与利用，合理规划产业发展方向。比如，公开非密信息，加强信息互动，逐步实现深层次的信息共享。同时，促进信息资源创新与深度开发，提高其附加值，进一步提高其经济收益能力。（2）坚持用发展的眼光看问题，加大各个环节的创新力度。通过充分发挥本土优势，积极传承中国文化，使整个产业能用本土文化武器壮大自身实力。（3）加强管理理念创新。通过保护知识产权和开展合作联盟，解决发展过程中出现的问题，逐步提升技术实力和拓宽产业市场，从而突破国际巨头的垄断与封锁，实现“走出去”的发展方针。同时，不要过分沉迷技术，要坚持“内容为先”的原则，进一步优化资源配置，避免重复工作，防止出现人力、物力、财力浪费。在发展数字产业的过程中，可以建设一个多样化的数字内容产业，根据目前数字发展情况，数字内容的传播途径越来越广泛，形式也是多样化，推送更加准确。在这样的环境中，数字内容产业也需要及时调整发展的理念，做到与时俱进，从根本上助力于注入多元化、多样化、差异化的文化内容。数字产业应当在创新自身发展的基础上，积极与其他产业相融合，创造多样化的数字内容。提高与其他产业合作的重视程度，开发创造更符合当代传媒产业发展的数字产品，促使数字内容产业更加丰富，以此优化客户的感受，进而提升信息传播的效果。一方面，需要鼓励数字内容产业在内部构建合作模式，例如，文学IP融入数字出版、数字视听、游戏、教育等多个方面的内容，深入挖掘IP，进行多维度的建设，在IP基础上打造一个多辐射、多品类的内容，基于此进行细致的划分，使之形成一种体系——集网络剧、电影、综艺、文学、音乐、游戏等的网络文学创作体系，并且形成一种联动效果，促使IP价值能够最大化发挥出来。另一方面，积极构建与其他产业之间的合作模式，实现互利共赢的模式，借助其他领域，在建设数字内容产业的过程中，促使其他产业经济得到增长。如果是与智能设备产业之间的合作，可以在优化数字内容的同时对智能设备制造起到推进作用。比如，目前新媒体技术发展快速，具有传播信息快速、范围广的特点，但是使用新媒体的前提就是智能设备，由于软件和硬件的不断更新，对信息设备内存的要求也越来越高，一定程度上促使智能信息产品更新换代比较快，以此提高智能设备的经济效益，同时智能设备也有利于用户观看、浏览数字内容，从而提升数字产业的收益，实现互利的目的，共同提升我国数字经济。三是加强技术研发，消除核心环节壁垒。我国数字内容产业发展滞缓，主要是因为自主研发技术不足，核心环节能力薄弱。因此，为改善这一状况，需要转变发展观点，将更多的资本、精力投入到技术研发和体系构建上。通过提升核心技术研发标准，优化和完善产业链条，保证数字内容产业健康可持续发展。（1）针对大、中、小企业制定不同的扶持策略。通过用法律规范市场秩序，营造良好的竞争环境，促进企业在客观条件的支持下快速成长。对于大型数字内容企业，需要给予重点培养，通过加大宣传，树立其品牌形象，提升其竞争力。针对中小数字内容企业，需要加大帮扶力度，通过制订完善的辅导、奖助计划，为其研发技术和开发服务项目提供支持。（2）为使数字内容产业能够实现快速的发展，必须采用统一的政

策、统一的管理，加强对产业体系的布局。通过打造数字内容产业群，推动产业联盟的形成，促进各个企业合力开发新技术，在降低生产成本的同时提升盈利能力。此外，打造产业群不仅有助于企业相互合作和取长补短，还能实现真正意义上的专业化生产，更能消除核心技术存在的壁垒。四是培养专业人才，提供助力支持。人才是数字内容产业发展的关键性因素。因此，必须加强人才培养，不断为产业发展提供助力。（1）要加大对数字内容产业人才培养资源的投资与扶持力度。一方面，积极开办相关院校，完善相关专业。通过创设层次分明的学科制度，提高不同方向人才的培养能力，进一步满足数字内容产业的发展需求。比如，加大专业博、硕等级建设，使更多的高新人才能够更好地走上工作岗位。另一方面，要壮大师资力量，保证专业教学的质效性。通过引进先进的教育技术，提升教师岗位工作待遇，以及提高专业的影响力，吸引更多的人才加盟学校，从而为提升专业教育效果提供助力。（2）企业要抓住市场机遇，积极向外拓宽市场。通过坚持"走出去，引进来"的原则，吸收国外的先进管理经验，不断提升自身实力。同时，要加强与高校的合作，为自身培育更多的人才，实现社会、企业、个人的多赢。另外，也可以定期组织工作人员参加社会中的相关培训活动，鼓励员工积极参与社会中的相应活动，如网络文化交流会、数字产品技术展览会等活动，让员工充分了解到当今时代发展潮流和数字化产业发展趋势，以及国内外先进的管理经验，这也有利于工作人员抓住发展机遇，实现提升自我能力的目的。只有工作人员具备先进的管理理念、较高的综合素养和较强的专业技术，才能够保证数字产业可持续发展。

十一、数字创意产业有很好的发展前景

数字创意产业是现代信息技术和文化创意产业逐渐融合而衍生出的一种产业形态，其基础是创意和内容，借助于技术的力量进行生产、传播与消费。国家统计局发布的《战略性新兴产业分类(2018)》明确数字创意产

业主要覆盖四个领域：数字创意技术设备制造、数字文化创意活动、设计服务和数字创意与融合服务。数字创意产业的核心领域有网络新闻、网络音乐、网络文学、网络视频(含短视频)、网络动漫游戏、网络直播等。

（一）发展现状

一是数字创意产业的总体市场规模逐年攀升。从产值来看，数字创意产业产值的主要贡献行业为网络游戏、网络长视频(不含动画)、网络新闻媒体、网络短视频、网络直播。例如，网络短视频在短短五年内实现从无到有，经历了飞速发展，在市场规模上甚至追赶上了发展多年的长视频领域。网络文学、网络音乐、网络音频市场规模虽然占比不大，但却是数字创意产业全链条中不可或缺的一环，特别是网络文学，它是后续衍生产业的IP策源地。网络书、报、刊(含博客)的市场规模虽然有所增长，但是并不大，说明传统文化创意产业的数字化转型不是很顺畅，数字经济时代传统文化创意企业日渐为互联网企业所超越。二是数字创意产业的龙头企业在数字经济领域具有较强竞争力。国内的代表性企业不仅是数字创意产业的领军企业，也是中国数字经济的头部企业。对中国互联网协会、工业和信息化部网络安全产业发展中心联合发布的《2020年中国互联网企业100强》榜单的企业主营业务进行梳理，涉及数字创意产业业务的企业多达51家，以网络游戏和网络视频为主。在海内外上市企业中，以腾讯控股和阿里巴巴集团最为突出，特别是腾讯有互动娱乐、平台与内容两大事业群，专注数字创意产业。三是数字创意产业已呈现集群发展特征。据前瞻产业研究院统计显示，全国目前有近80家数字创意产业园区，近30个省区市出台了支持数字创意产业园区发展的政策，其中综合竞争力较为突出的园区有中关村软件园、中广国际广告创意产业园、上海张江文化创意产业园区等。数字创意产业集群具有明显特点：数字创意产业往往和ICT行业集群同步布局；数字创意产业发展主要依托数字创意龙头企业扩散至上下游；数字创意产业集群主要分布在北京、上海、广东等经济发达地区，而欠发达地区较少。四是数字创意产业在吸纳就业方面已形成独特优势。在创意

经济时期，英国伦敦兴起“一人一桌”创办创意企业。数字创意产业突破地域局限，服务范围更广，以小微企业、个人创业为主。据《数字文化产业就业报告(2020)》)(以下简称《报告》)估算，数字文化产业中四个典型领域——游戏、电竞、直播和文学总体就业人数约3000万人，其中全职就业者约有1145万人。数字创意产业创造了诸多新的就业岗位，如网红、Up主、在线学习服务师；丰富了就业形式，如自由职业、灵活就业、自雇、线上工作、居家工作等。而且，互联网行业的薪资水平在所有行业中亦具有竞争力。五是政策环境利好数字创意产业发展。2017年，自数字创意产业纳入《“十三五”国家战略性新兴产业发展规划》及配套目录后，关于数字经济的顶层设计、省域规划和具体实施办法层出不穷。2020年11月，文化和旅游部出台《关于推动数字文化产业高质量发展的意见》，实施文化产业数字化战略，加快发展新型文化企业、文化业态、文化消费模式，改造提升传统业态，健全现代文化产业体系，推进文化产业“上云用数赋智”。浙江、河北、山东、湖南等省份陆续出台省级层面的数字经济发展规划。这些政策旨在培育数字经济新业态，打造全面高效的数字新生态，为数字创意产业的发展提供了有力支撑。据不完全统计，近五年从中央到省市县层面设置的与数字创意产业相关的产业基金总额达1万亿元以上。

（二）存在问题

一是数据量大，但质量和安全难以保障。据《数字化世界——从边缘到核心》白皮书显示，2015年来自数字电视、在线视频、音乐和游戏的娱乐数据在数据圈的占比达到46%，预计2025年娱乐数据将增长7～8倍。因此，应更加重视数字创意产业的数据问题。（1）数据纯度和信度较低。收视率的伪造、音乐排行榜的粉丝打榜行为、电影票的虚售等数据造假现象频现。这些人为扭曲的数据被称为“脏数据”，并不能反映产业的真实情况，为行业的健康发展带来危害。（2）数据流动不畅。数字创意产业分属于多部门管辖，而部门之间存在数据不畅的问题，不同地域之间数据也未实现共享。（3）数据的采集、流通、使用环节安全度较低，并具有侵犯用户隐私的嫌疑。因为法律、监管缺位和用户自我保护意识缺乏，用户的健康、娱乐、信用等数据在网络黑市被非法售卖，对个人权益造成潜在危害。二是内容质量有待提升，原创性和生命力不足。内容是数字创意产业高质量发展的原动力，但目前数字创意产业的内容质量较低。（1）创意抄袭和同质化现象严重，折射出的是内容原创力不足和知识产权保护乏力。例如，游戏“换皮”，保留原有游戏的角色、情景设计，只是进行美术加工，换个图像呈现；抖音用户翻拍抄袭同款短视频等。（2）内容的精品化、多次开发程度不高，反映的是IP的生命力不强。一般而言，通过网络文学形成的IP改编电影、游戏、动漫较为常见，但是在此基础上二次开发的漫游互动、影游互动、衍生品开发链条则表现出延伸乏力。三是成本攀升较快，但政策性供给减少。（1）受需求侧的影响，流量获客成本越来越高。随着网民增速的减缓和人均上网时间的固定，数字创意产业的流量“天花板”正在初步显现。（2）受供给侧的影响，IP的价格特别是有较高市场辨识度和较强影响力的优质IP的价格越来越高，上游的成本传导到中下游，引起整个行业生产成本的攀升。（3）融资成本加大。2016年文创产业领域投资数达到2635项的峰值，而2020年跌至348项，并且投资数额明显收紧。（4）政策性供给越来越少，书号、刊号、网络游戏出版物号等一系列资质的供给趋严。四是小微企业抗风险能力弱，易受到冲击。数字创意产业不同于其他行业，企业类型以小微企业为主，而且这些企业只专注于某个细分行业的某个环节，如只聚焦游戏行业的广告投入，只聚焦某类家电产品的MCN推广。一旦产业链受到外部冲击，对链条上的所有企业都会产生极大影响。例如，新冠疫情对电影行业产生较大的负面影响，从事在线票务的猫眼公司仅2020年上半年就亏损约4亿元。五是规模化扩张正在触顶，发展路径有待创新。市场规模是我国数字经济特别是数字创意产业的发展优势。快速扩张的模式被市场证明是可行的，但数字创意产业正在触顶，过去习惯于走规模化路线而造成的路径依赖和锁定，有可能在某种意义上成为我国数字创意产业发展乃至数字经济发展的

劣势。例如，我国经济的超大规模性也有可能变成一种“资源诅咒”，导致数字创意企业重营销轻研发，长期低水平建设、重复化经营、同质化操作，提供低附加值产品和服务。

（三）努力方向

从宏观层面看。一是提升数字治理现代化。国家治理能力的现代化一定包含着数字治理这一维度。数字经济是个中性词，既有促进经济增长的积极意义，也有失控后的负面意义。面对政策的缺位、错位、滞后等问题，要突出数字经济的安全意识和底线意识，在数字创意产业领域尤其要杜绝网络暴力、假新闻、虚假广告、网络游戏成瘾、情感欺骗、隐私暴露等现象。坚持以人为本，保障人民的生命与财产安全。要实现数字经济从野蛮生长迈向规范发展阶段，政策制定则要从落后于数字经济实践迈向引领实践的阶段：既要有顶层设计，又要有具体的操作细则；既要包容创新、宽容失败，又要合理加强市场监管；既要加强细分领域的政策制定，又要出台配套政策辅助实施。重点关注数据管理创新、服务产业技术创新、规范市场秩序三个维度。二是确保数字创意产业的引领性。第一，始终坚持以人民的福祉为落脚点，打造更具包容性的数字运营平台，保障老年人、残疾人等弱势群体的权益，增加人民数字福利，数字创意产业在吸纳就业方面有天然优势，可以加强老少边穷地区的数字教育，培养数字能力，以灵活多样的形式解决就业问题。例如，可借鉴非洲从事缩小数字鸿沟的社会企业经验，为青年培训云计算方面的技能，提升他们的就业能力。第二，始终坚持平衡经济效益与社会效益。在数字创意产业领域，游戏行业利润丰厚，但是其带来的社会效益难以一概而论，甚至对一些青少年产生不良影响。因而需要政策制定者综合考虑经济与社会两大因素，以社会效益优先。第三始终以增强人民的精神力量为出发点，抵制庸俗、低俗、媚俗，打造清朗的网络空间，加强平台治理，落实平台作为数字经济守门人、数字内容把关者的责任。第四始终坚持推动数字创意产业的全球化。着力聚焦在数字创意产品和服务、数字平台，以及数字企业资本“走出去”：营造有利条件，让我国的数字平台以新型竞合方式“走出去”，吸引更多的国外用户，提升国际市场占有率；积极在“一带一路”的合作中，提供先进的数字基础设施、数字领域的基础技术等国际公共品。全球供应链呈现从开放性“全球模式”向区域化“俱乐部模式”转变的趋向，数字经济特别是数字创意产业，可以先从“东亚儒家文化圈”入手，在亚洲经济圈中形成有利的“微气候”，再向其他国家和地区扩散。有效推动“引进来”，打造国际性的动漫艺术节、电竞文化节等，提升本土数字创意节庆活动的国际性，提升创意城市的国际化水平。

从微观层面看。第一，可以持续推进数字创意产业创新驱动：坚持技术创新是创新的源头，做到“内脑”和“外脑”并用，借力创新网络培育数字创意企业在技术层面的创新能力；做好融合创新，推动技术创新与商业模式创新，将技术创新的成果积极运用到价值创造、价值传递和价值获取环节，提出新的价值主张；做好内化创新，在技术变革的驱动下推进管理变革，包括管理理念、管理方式、组织机构等。设置首席信息官、首席数字官等岗位，积极向数字经济铺轨、接轨、并轨，积极实施“中台战略”，探索OKR(Objectives and Key Results)管理，关注企业发展的核心关键目标；注重创新的建制化，上升为行业的技术标准、服务规范、发展案例等，鼓励企业不断沉淀，同时也助推数字创意产业不断升级。第二，可以着力形成大中小企业协同的梯次发展格局，积极建设数字创意产业的数字生态。在数字经济的大生态中找准生态位，兼顾快速扩张与持续经营，对于数字创意企业来讲至关重要。例如，数字创意平台型的领军企业，将迈向精细化、精品化运作，应注重品牌美誉度、国际竞争力和创新持久力的打造。同时，大型数字创意企业作为供应链的主导者，要更多担当企业社会责任，自觉维护数字经济的整体生态。就中型企业而言，这些成长性良好的企业在自己的垂直细分领域积累沉淀了独特的竞争优势，要保持并继续深耕细作，培养在VUCA(Volatility、Uncertainty、Complexity、Ambiguity)环境中的动态能力。就小微企业而言，要尽快找准适合自身的

赛道，加强数字核心能力的提升，在融合发展过程中寻找新的市场机会。同时，企业要有超生态位思想，摒弃传统的线性供应链思维，尝试和多种商业合作者，甚至是与竞争对手展开合作，在一些高度复杂的领域高度配合，如智慧旅游、媒体融合、智慧娱乐等，寻求双赢或共赢。

矢志不渝推动产业数字化

不同国家和机构对产业数字化有不同的理解和定义，国家信息中心认为，“产业数字化是指在新一代数字科技支撑和引领下，以数据为关键要素，以价值释放为核心，以数据赋能为主线，对产业链上下游的全要素数字化升级、转型和再造的过程”。虽然不同主体对产业数字化内涵的解释各有侧重，但本质大体相同。总的来说，产业数字化转型呈现四个基本趋势，一是随着全球产业信息基础大幅加强，海量数据源源不断地产生，进一步推动劳动、技术、资本等要素互联互通，带动数字化转型从被动到主动、从片段到连续、从垂直到协同转变。二是数字化转型加速推动产业链各环节及不同产业链的跨界融合，重塑组织架构和商业模式，促进了共享经济的快速兴起，加剧了企业在数字化转型底层技术、标准和专利掌控权的争夺，呈现出平台化、共享化新特征。三是产业数字化转型直接带动了技术开源化和组织方式去中心化，跨地域、多元化、高效率的众筹、众包、众创、众智模式不断涌现，凸显出全球开放、高度协同的创新特质。四是随着新兴的数字化产品、应用和服务大量涌现，对消费者的数字化资源获取、理解、处理和利用能力提出更高要求，世界主要国家日益高度重视对公民数字技能和素养的教育及培养，并逐渐上升到维护国家在新时代打造新型核心竞争力的战略高度。据中国信通院研究数据显示：2019年我国产业数字化增加值规模约为28.8万亿元，占数字经济增加值比重高达80.2%；2005年至2019年复合增速高达24.9%，显著高于同期GDP增速，占GDP比重由2005年的7%提升至2019年的29.0%。

一、推进信息化与工业化融合是条好路子

信息化与工业化融合是指信息化与工业化在技术、产品、管理、产业等各个层面相互交融，并催生工业电子、工业软件、工业信息化服务等新产业的过程，其主要包括技术融合、产品融合、业务融合和产业衍生四个方面。作为制造大国和网络大国，我国具备了通过推进两化深度融合、抢抓“换道超车”机遇的独特优势。因此，要充分发挥两个大国的叠加、聚合、倍增效应，深化新一代信息技术与制造业融合发展，以“鼎新”带动“革故”，以增量带动存量，最终实现我国在新工业革命中从“跟跑”到“并跑”再到“领跑”的历史跨越。

（一）发展现状

一是推进体系已经基本形成。党中央、国务院先后出台了《国家信息化发展战略纲要》《关于深化制造业与互联网融合发展的指导意见》《关于深化“互联网+先进制造业”发展工业互联网的指导意见》等系列文件；建立了以信息化与工业化融合管理体系工作领导小组负责宏观指导和重大决策，专家指导委员会提供专业指导，联合工作组负责贯标落实，地方和行业负责组织实施的工作机制；围绕制造业与互联网融合发展、信息化与工业化融合管理体系贯标、工业互联网开展了一系列试点示范；深化了国际交流，建立了中德、中美、中韩等双边对话机制，在产业、标准、园区、人才培养等方面的合作取得初步成效。二是阶段性成效较为显著。成功组建了全国信息化与工业化融合标委会，信息化与工业化融合管理体系累计完成9项国家标准立项和3项国际标准立项，4项国家标准发布，推动全国1.2万多家企业开展贯标，引导12万家企业开展两化融合评估诊断，制造业数字化网络化智能化水平持续提升，截至2018年9月，企业数字化研发设计工具普及率和关键工序数控化率分别达到67.8%和48.5%；工业互联网平台发展迈出坚实步伐，培育了50多家有一定影响力的区域工业互联网平台，工业设备连接数量超过10万台套，工业大数据、工业App、边缘采集、智能网关等成为发展热点；制造业“双创”平台建设取得积极成效，累计遴选了266个“双创”平台试点示范项目，截至2018年6月，制造业重点行业骨干企业“双创”平台普及率为75.1%；新业态、新模式不断涌现，截至2018年6月，开展网络化协同、服务型制造、个性化定制的企业比例分别达33.7%、24.7%、7.6%。

（二）存在问题

一是以工业互联网平台为核心的融合生态之争成为全球制造业竞争的新焦点，我国信息化与工业化融合发展的窗口期稍纵即逝。二是服务融合发展的产业体系有待加强，有效供给不足、创新能力不强、核心技术受制于人等问题仍然存在。三是制度法律环境有待完善，支持信息化与工业化融合发展的财政、税收、金融等政策仍需进一步加强协调配合。

（三）努力方向

一是加强信息化与工业化深度融合统筹协调和顶层设计。健全组织实施机制，完善信息化与工业化融合管理体系工作领导小组、专家指导委员会和联合工作组的工作机制，体系化开展两化融合重大战略制定和政策落地实施；完善顶层参考架构，优化完善信息化与工业化融合生态系统，统一各界对信息化与工业化深度融合内涵外延的共识，形成融合发展合力；强化标准体系建设，加强全国信息化与工业化融合标委会建设，推动融合发展关键标准研制与应用推广，加快国际标准化进程。二是推动企业构建信息时代核心竞争能力。加强以贯标引领企业管理创新，推动地方政府、行业协会、中央企业等开展区域、行业、央企集团信息化与工业化融合管理体系贯标试点示范，持续完善市场服务体系，引导企业加快技术创新、管理变革和能力建设；积极培育新模式、新业态，培育网络化协同、个性化定制、服务型制造等新模式，发展工业电子商务、工业大数据等新

业态；打造制造业“双创”升级版。继续培育制造业“双创”平台，推动制造业“双创”迈向更大范围、更高层次、更深程度。三是提升行业系统解决方案供给能力。突破关键共性技术，培育开源社区，推动工业技术软件化，加快关键共性技术系统性突破；培育行业系统解决方案。推动制造企业以及各类服务提供商联合攻关，形成一批可复制、可推广的行业系统解决方案；加快系统解决方案推广应用，分行业、分场景培育一批解决方案最佳应用实践，加快解决方案的规模化推广和产业化应用。四是加快打造工业互联网平台体系。加强平台建设，继续开展工业互联网平台培育行动，培育一批企业级平台、行业级平台以及综合性服务平台；深化平台应用，实施工业设备上云“领跑者”计划，组织工业互联网平台应用试点示范，发布平台应用指南；完善生态培育，实施百万工业App培育工程，积极培育工业App开发者队伍，完善提供数据模型、工业知识、方法工具等服务的平台公共服务体系。五是优化信息化与工业化深度融合发展政策与环境。形成一体化政策规划体系，加快制定实施互联网、大数据、人工智能与制造业融合发展规划，建立支持融合发展的政策制度体系；完善资金财税机制，充分发挥财政资金的分类引导作用，加大对融合发展重点领域的支持力度；加快人才培育，支持高校设置信息化与工业化融合相关专业，完善适应融合发展需求的人才激励机制；携手国际竞合，围绕信息化与工业化深度融合开展双边、多边国际交流合作，推动融合发展“中国方案”“走出去”。

二、发展智能制造和智慧工业未来可期

智能制造和智慧工业是在工业互联网、物联网、大数据及云计算等新一代信息技术与先进制造技术深度融合的基础上，以标准化的“智能工厂”系统和赛博物理系统（CPS）相融合，以“智能生产”过程为特征，面向设计、生产、管理、服务等全生命周期，具有信息深度自感知、智慧

优化自决策、精准控制自执行，具备装备自动化、工艺数字化、信息集成化、生产柔性化四大特征，具有精密化、自动化、信息化、柔性化、图形化、可视化、多媒体化、网络化、集成化、智能化等十大优势，实现高效、优质、低耗、绿色生产和服务的制造系统。智能制造和智慧工业产业链包括智能装备（工业机器人、数控机床、服务机器人及其他自动化装备）、工业互联网（机器视觉、传感器、RFID、工业以太网）、工业软件（ERP、MES、DCS等）、3D打印以及将上述环节有机结合的自动化系统集成及生产线集成等。目前主要有五种智能制造新模式：离散型智能制造、流程型智能制造、网络协同制造、大规模个性化定制、远程运维服务。

（一）发展现状

一是坚持以试点及应用为抓手，推动产业智能化发展。通过聚焦汽车、机械、电子信息、纺织等重点领域，本着关键工序智能化、生产过程智能优化控制、供应链及能源管理优化，分类实施智能制造试点示范，推广应用个性化定制、柔性化制造、异地协同开发、云制造等智能制造和智慧工业新模式，推广应用在线监测、远程诊断等智能服务和智能化管理，形成可推广的行业智能制造和智慧工业系统解决方案，不断提升产业智能化发展水平。二是坚持以激励扶持为手段，培育壮大智能制造和智慧工业产业。以财税、金融、创新、人才等激励扶持政策及措施，积极培育壮大云计算、人工智能、虚拟现实、区块链、大数据、数控机床、无人机、3D打印、智能装备等智能制造和智慧工业产业。支持企业提升智能制造和智慧工业产品及业务的自主创新能力，鼓励联合高校科研院所开展智能制造和智慧工业相关研究。加大智能制造和智慧工业相关人财物等资源的引进及配置力度，通过“引进来”“走出去”等方式，大力发展智能制造和智慧工业相关业务。三是坚持以核心技术突破为重点，破解智能制造和智慧工业发展瓶颈。各种资源并举，推进机器人、高端数控机床、3D打印设备、智能专用加工装备等智能装备的研发及产业化，加强芯片、新型传感

器、工业软件、智能控制、工业互联网等技术在智能装备中的集成应用。力争早日在包括精密减速器、伺服电机、控制器、变频器、精密测试仪器等关键智能部件以及关键基础件上形成技术突破与产业化应用。四是坚持以搭建公共平台为起点，促进智能制造和智慧工业协同发展。坚持集中力量创建聚焦智能制造和智慧工业领域的创新中心、众创空间、产业供需对接与信息服务、人才培训基地、工业企业云服务、信息系统安全监管等服务平台，提升产业竞争软实力；注重产学研协同，支持骨干、特色企业创建国家级和省级重点实验室、工程实验室、工程技术研究中心、企业技术中心等，着力发展企业主导、产学研用紧密结合的产业技术创新联盟，建立联合开发、优势互补、成果共享、风险共担的产学研用合作机制；着力加强产业链上下游合作，带动更多具有核心技术和较强创新能力的创新型企业成长；坚持构建质量认证、检测保障体系，建设一批面向智能制造和智慧工业产品的计量、检测、评价、认证等公共服务机构，解除智能制造和智慧工业发展的后顾之忧；坚持通过创新政府服务，出台相关评价办法，开展智能制造和智慧工业水平评价，为行业查找自身短板提供参考标准，不断提升智能制造和智慧工业水平。五是坚持以产业园建设为重点，壮大智能制造和智慧工业发展载体。将智能制造和智慧工业作为推动工业经济转型升级的主攻方向大力推进，以智能制造产业园建设为重点，着力打造智能制造和智慧工业产业发展的空间载体。例如，珠三角、长三角地区，在推动智能制造和智慧工业发展，建设机器人、智能制造装备、大数据等产业园方面的表现尤为突出，目前已初步形成了以珠三角、长三角为代表的智能制造和智慧工业产业集群。六是坚持以数字政府建设为试点，优化营商环境。“最多跑一次”“不见面审批”“指尖办”等惠民利企的政府服务创新模式不断涌现，数字政府建设试点及探索，对于打破政府部门信息孤岛，实现政府数据信息的融汇和应用，大幅提升服务效率，优化营商环境，增强发展动能，为智能制造和智慧工业发展创造良好环境，具有重要实践价值。

（二）存在问题

一是以信息安全为核心的监管与服务跟不上，工业信息安全短板突出，服务能力有待加强。二是公共性、开放性行业服务平台短缺，细分行业解决方案供应商缺乏，中小企业的转型需求得不到满足。三是各地各类企业的智能制造和智慧工业发展阶段和发展水平不平衡，智能制造和智慧工业实践操作层面的推进难度较大。四是对于智能制造和智慧工业的认识不清，混淆自动化、数字化、智能化等重要概念。实践操作中，不少企业对于建立“无人工厂”“黑灯工厂”跃跃欲试，将建立在工业3.0基础之上的高度自动化等同于智能工厂，没有认识到自动化只是智能制造和智慧工业的基础。五是智能控制技术、核心元器件、智能化嵌入式软件等支撑高端智能装备发展的核心技术大都掌握在美、日、德等老牌工业强国手中，智能制造和智慧工业核心技术的对外依赖度高，存在核心技术一旦被断供、卡脖子，则产业发展就会发生崩坍的风险。六是与发展智能制造和智慧工业相匹配的研发、服务等复合型技能、管理等人才紧缺，制约着技术创新动力的形成和发展后劲。

（三）努力方向

一是坚持以新理念指导智能制造和智慧工业。在坚持“创新、协调、绿色、开放、共享”五大发展理念基础上，突出系统、务实的智能制造和智慧工业发展理念，系统性做好地区智能制造发展规划，系统性完善智能制造发展的推进保障措施，让智能制造和智慧工业发展推进有力、规划布局合理、保障措施完善，从而形成智能制造和智慧工业发展的合力，同时始终坚持务实、高效、协同推进智能制造和智慧工业。二是坚持以新基建保障智能制造和智慧工业数据畅通。基于网络、数据协同的云计算为智能制造和智慧工业发展提供了高性能计算平台，5G信息网络基础设施为智能制造和智慧工业的即时、在线反馈互动提供了畅通的信息高速公路，App、各种智能化手持设备等智能终端，为实现人机互联、人物互联、设备与设备互联奠定了重要的物质基础。要坚持打破以往以钢筋混凝土基建

为主导的传统基建观念，夯实大数据与信息技术高度融合发展所需的新基建，着力保障智能制造和智慧工业顺利发展。三是坚持以新生态厚植智能制造和智慧工业创新沃土。认真按照“应用牵引、创新驱动、基础支撑、开放合作”的基本思路，着力构建一个基础设施完善、标准统一规范、人才供给充足、政策环境良好、企业互利共赢的智能制造和智慧工业生态体系，推动智能制造和智慧工业始终朝着创新驱动方向迈进。四是坚持以新合作激发智能制造和智慧工业开放动力。坚持以大力扶持平台发展、促进平台间合作、深化拓展国际国内两个合作为新合作指导思想，切实在区域及国际范围内，加强技术研发、市场开拓、标准制定、人才培养、平台搭建、教育实训等方面的合作，以全新合作姿态，打破协同发展的地域、文化、制度藩篱，为智能制造和智慧工业的创新发展，提供源源不断的开放发展动力。五是坚持以新治理营造智能制造和智慧工业发展环境。适应建立在高效、实时、泛在数据互联网基础之上的智能制造和智慧工业要求，加快政府产业管理信息化平台搭建，打通部门间、地区间关联产业内部的数据壁垒，以数字政府建设为智能制造和智慧工业发展提供最基本的制度保障。

三、工业互联网和工业物联网真的很好

工业互联网是把工业生产过程中的人、数据和机器连接起来，使工业生产流程数字化、自动化、智能化和网络化，实现“数据的流通”，从而提升生产效率、降低生产成本；从技术架构层面看，工业互联网包含设备层、网络层、平台层、软件层、应用层以及整体的工业安全体系；与传统互联网相比，工业互联网多了一个设备层。工业物联网是工业互联网中的“基建”，它连接了设备层和网络层，为平台层、软件层和应用层奠定了坚实的基础，其设备层还包含边缘层；总体上，工业物联网涵盖了云计算、网络、边缘计算和终端，自下而上打通工业互联网中的关键数据流；工业物联网从架构上分为感知层、通信层、平台层和应用层。总的来说，

工业互联网涵盖了工业物联网。工业互联网是要实现“人、机、物”的全面互联，追求的是数字化；而工业物联网强调的是“物与物”的连接，追求的是自动化。工业物联网是物联网和互联网的交叉网络系统，同时也是自动化与信息化深度融合的突破口。

（一）发展现状

一是在工业互联网方面。第一夯实了工业互联网的基础。工业传感器、工业数据实时分析软件、以工业机器人为代表的智能制造装备等加快发展，工业传感器的精确性、稳定性和可靠性显著提升，实时数据库以及相应的大数据分析软件加快发展，传统机械装备、数控机床等加快向智能化的工业机器人转型，3C（计算机、控制和通信）功能的智能制造装备发展迅速；有条件的工业企业加快利用物联网技术对各类生产设备进行联网，对设备运行情况进行在线监控，“智慧工厂”遍地开花；按生产工序把焊接机器人、冲压机器人、搬运机器人等类型的工业机器人加速联网，群体工业机器人加快发展；越来越多的企业利用大数据分析技术对生产数据进行实时处理，以改进工艺流程；产品智能化水平切实提高，传统工业产品数字化、网络化和智能化加快推进，具有互联网接入和数据通信功能的智能汽车、智能家电、智能机械、智能可穿戴设备等产品加快发布；商务层面的工业互联网加快发展，针对工业企业负责人的培训活动加快开展，电子商务订单驱动型制造业发展迅猛。二是在工业物联网发展方面。第一，在信息化方面，已实现了产品信息化。目前，汽车、家电、工程机械、船舶等行业通过应用物联网技术，提高了产品的智能化水平。在汽车行业，物联网汽车、车联网、智慧汽车等逐渐兴起，为汽车工业发展注入新动力。例如，通用汽车推出了电动联网概念车EN-V，通过整合GPS导航技术、Car-2-Car通信技术、无线通信及远程感应技术，车主可以通过物联网对汽车进行远程控制等。又如，徐工集团、三一重工等都已在工程机械产品中应用物联网技术，其通过工程机械运行参数实时监控及智能分析平台，客服中心可以通过电话、短信等纠正客户的不规范操作，提醒进

行必要的养护，预防故障的发生；客服中心的工程师可以通过安装在工程机械上的智能终端传回油温、转速、油压、起重臂幅、伸缩控制阀状态、油缸伸缩状态、回转泵状态等信息，对客户设备进行远程诊断，远程指导客户如何排除故障。再如，美的集团在上海世博会上展示了物联网家电解决方案，海尔集团推出了物联网冰箱和物联网洗衣机，小天鹅物联网滚筒洗衣机已进入美国市场。第二，在生产制造方面，物联网技术应用于生产线过程检测、实时参数采集、生产设备与产品监控管理、材料消耗监测等，已经大幅度提高了生产智能化水平。例如，在钢铁行业，利用物联网技术，企业已经在生产过程中实时监控加工产品的宽度、厚度、温度等参数，提高产品质量，优化生产流程。海尔集团在数字化生产线中应用了RFID技术，提高了生产效率，每年可节省1200万元。第三，在企业管理方面，物联网技术主要应用于供应链管理、生产管理等领域。例如，在供应链管理方面，企业将物联网技术应用于车辆监控、立体仓库等，显著提高了工业物流效率，降低了库存成本。海尔集团通过采用RFID提高了库存管理水平和货物周转效率，减少了配送不准确或不及时的情况，每年减少经济损失达900万元；鹤山雅图仕印刷有限公司的RFID应用项目实施三年来，成品处理效率提高了50%，差错率减少了5%，人力资源成本减少了2700万元。第四，在节能减排方面，物联网技术已在钢铁、有色金属、电力、化工、纺织、造纸等“高能耗、高污染”行业得到应用，有效地促进了这些行业的节能减排。江西电网公司对分布在全省范围内的两万台配电变压器安装传感装置，对运行状态进行实时监测，实现用电检查、电能质量监测、负荷管理、线损管理、需求侧管理等高效一体化管理，一年来降低电损1.2亿千瓦时。第五，在安全生产方面，物联网已成为煤炭、钢铁、有色等行业保障安全生产的重要技术手段。2012年7月，通用电气投资1.7亿美元在美国纽约州东部城市斯克内克塔迪新建了一家电池生产厂，该工厂厂房面积为1.6万平方米，共安装了一万多个传感器，用于实时监测生产过程中的温度、气压、湿度、生产配料、能源消耗等方面的情况，管理人员可以通过平板电脑随时获取这些数据，对生产进行实时监督，以便尽早发现问题和安全隐患。2015年8月12日晚11点半左右，位于天津滨海新区的瑞海国际物流公司危险品仓库发生爆炸，造成165人死亡。如果瑞海国际物流公司采用物联网技术对危险品仓库的温度、挥发气体浓度等进行实时在线监测，一旦超过警戒值就自动报警，这场悲剧就有可能避免。

（二）存在问题

一是核心技术受制于人。目前，物联网核心技术主要掌握在欧美、日本等发达国家，我国具有自主知识产权的核心技术和产品较少，部分领域还没有掌握核心技术，长期受制于人；部分技术领域落后于国际先进水平，以跟随为主，处在产业链低端。在传感器、芯片、关键设备制造、智能通信与控制、海量数据处理等核心技术上与发达国家还存在较大差距，很容易引发工业物联网的信息安全问题，制约了物联网技术在军工、核电等工业领域的应用。二是应用不够深入。总的来看，当前多数工业物联网还停留在感知层面，即通过传感器对生产设备的运行情况进行在线监测，无法满足智慧工业、智慧企业发展的需求。实际上，比信息获取更深层次的应用是信息处理，进而通过操作执行机构做出有效反应。目前，工业物联网中的智能计算与工业自动控制系统还缺乏结合，使工业物联网的效能没有得到充分发挥。

（三）努力方向

一是努力消除工业物联网发展的制约因素。当前，制约工业物联网发展的主要因素有核心技术、标准规范和信息安全等。因此，要组织各方力量开展工业物联网标准研究和制定工作，做好工业物联网标准宣贯和实施工作；开展工业物联网信息安全风险评估，及时发现并消除安全隐患。二是坚持以推广应用带动工业物联网发展。积极鼓励企业将物联网技术嵌入工业产品，提高产品网络化、智能化程度，重点在汽车、船舶、机械装备、家电等行业推广物联网技术，推动智慧汽车、智能家电、车联网、船

联网等的发展。下大力气推进电子标签封装技术与印刷、造纸、包装等技术融合，使RFID嵌入工业产品。着力推进物联网技术在生产和管理领域的应用，通过进料设备、生产设备、包装设备等的联网，发展具有协作能力的工业机器人群，建设无人工厂，提高企业产能和生产效率；积极在供应链管理、车间管理等领域推广物联网技术，提高企业管理效率和智能化水平。三是下大力气推进物联网技术在节能减排和安全生产领域的应用。充分利用物联网技术对企业能耗、污染物排放情况进行实时监测，对能耗、COD、SO2等数据进行分析，以便优化工艺流程，采取必要的措施；积极利用物联网技术对工矿企业作业设备、作业环境、作业人员进行实时监测，对温度、压力、瓦斯浓度等数据进行分析，当数据超标时自动报警，以便有关人员及时采取措施或者自动停机、切断电源、加大排风功率等，以避免重大安全生产事故发生。三是切实加强工业物联网政策引导和人才培养发展。积极把发展工业物联网作为建设智慧城市、发展智慧工业、构建智慧企业的重要内容；切实加快工业物联网人才培养，如与工业物联网有关的专业包括计算机科学、电子工程、自动化、通信工程、机电工程、管理科学与工程、企业管理等；积极引导有关高校应及时调整专业和课程设置，开设跨院系、跨专业的物联网通选课，培养复合型人才，同时积极探索、建立校企合作培养工业物联网人才的新模式。

四、推进产品信息化前景广阔

产品信息化是信息化与工业化在产品层面的深度融合。目前，对产品信息化有两种理解，狭义的“产品信息化”是指产品自身的信息化，也就是把电子信息技术“嵌入”产品中，提高产品的技术含量，使产品数字化、网络化、智能化，增强产品的性能和功能，提高产品附加值。例如，在汽车、船舶、机械装备、家电、家具等产品中集成由电子元器件、集成电路、嵌入式软件等构成的信息系统。广义的“产品信息化”除了产品自身的信息化，还包括从产品设计到产品使用整个产品生命周期采用信息化手段。一是在产品设计阶段，采用三维数字化设计软件、工业设计素材库、计算机仿真等手段。二是在产品制造阶段，采用数控机床、制造执行系统（MES）、工业机器人等手段。三是在产品管理方面，采用产品数据管理系统（PDM）、产品生命周期管理系统（PLM）、产品质量管理系统等。四是在产品使用阶段，利用物联网技术对产品运行情况进行远程监测，对故障进行远程诊断，并将产品缺陷信息反馈到设计和制造部门，以便不断改进产品质量和性能。例如，对于如食用油、化妆品等无法嵌入电子信息技术的产品，采用产品数据管理系统（PDM）、产品全生命周期管理系统（PLM）等信息化手段对其进行信息表达和管理。

（一）发展现状

一是产品本身的信息化情况。目前，已经有很多产品实现了信息化，而且逐渐从“数字化”向“网络化”“智能化”方向发展，如汽车、船舶、机床、工程机械、家电等。从历史上看，30年来每一次汽车技术的进步，都离不开汽车电子技术的应用。在一些豪华轿车上，使用单片微型计算机的数量已超过50个，电子产品占到整车成本的70%以上。防抱死系统（ABS）、弯道制动力控制（CBC）、刹车辅助系统（EBA）、急速防滑系统（ASR）、电子稳定程序（ESP）等汽车电子控制装置提高了汽车驾驶的安全性，车载导航系统、音响及电视娱乐系统、车载通信系统等车载电子装置提高了汽车驾驶的舒适性和便利性。船用电子产品是船舶中技术含量和附加值比较高的部件，如通信导航设备、船舶测量控制设备。为了提高船舶航行的安全性，许多船舶还配备了驾驶台航行值班报警系统、电子海图显示与信息系统、船舶自动识别系统、全球海上遇险和安全系统、船舶保安报警系统。机械产品应用嵌入式软件后，就成为数控机械。与传统机械产品相比，数控机械的价格高20%～40%。作为机电一体化装备，数控机床集高效、柔性、精密、复合、集成诸多优点于一身，已成为当前装备制造业的主力加工设备和机床市场的主流产品。我国大型工程机械企业普遍应用物联网、嵌入式软件、GPS等技术来提高工程机械产品的信息

化水平，基本实现了对工程机械产品的远程监控、检测和诊断，为工程机械行业向服务型制造业转型奠定了基础。智能家电就是微处理器和计算机技术引入家电设备后形成的家电产品，具有自动监测自身故障、自动测量、自动控制、自动调节与远方控制中心通信功能。二是产品全生命周期信息化情况。产品数据管理系统（PDM）是一种用来管理产品规格、型号等相关信息的信息系统。PDM系统确保跟踪设计、制造所需的大量数据和信息，并由此支持和维护产品。目前，国内许多制造业企业实施了PDM系统。产品生命周期管理系统（PLM）是一种用来管理产品全生命周期相关信息的信息系统。PLM包含PDM的全部内容，但PLM又强调了对产品生命周期内跨越供应链的所有信息进行管理和利用。国外许多制造业企业都实施了PLM系统，并取得了显著成效。

（二）存在问题

总的来看，目前我国产品信息化存在的主要问题是工业电子、工业软件产业不发达；缺乏核心技术，高端产品依赖进口；产品的电子信息技术含量不高，产品智能化程度有待提高。

（三）努力方向

一是加强政策引导。制定针对产品信息化的财政投入、税收优惠、信贷支持、政府采购等方面的激励政策，编制《产品信息化发展指南》，引导企业研发电子信息技术含量高的新产品。鼓励企业利用信息化手段建立产品全生命周期管理体系，记录产品设计、加工、检验、销售、使用、维修保养、报废等方面的信息，实现产品的可溯源性。二是开展评测认证。积极鼓励第三方专业机构在工业和信息化主管部门的指导下，联合中国汽车工业协会、中国船舶工业协会、中国工程机械工业协会、中国家用电器协会等有关行业协会开展信息化产品认证工作，发布产品的数字化、网络化、智能化测评结果，为消费者选购有关商品时提供参考。三是培育服务市场。大力培育和发展支撑产品信息化的服务市场，鼓励电子信息制造类企业研制嵌入产品的传感器、控制器、电子显示屏等电子元器件和硬件设备；鼓励软件企业研制嵌入产品的微型操作系统、嵌入式软件、PDM系统、PLM系统等；鼓励企业研制产品信息化整体解决方案，提供针对产品信息化的系统集成、培训、咨询等专业服务；鼓励工业企业和IT企业联合申报产品信息化项目，共同研发信息化程度较高的新产品。实践证明，中国制造的产品要从中低端市场走向高端市场，就必须推进产品信息化，提高产品的“智商”水平。提高产品信息化水平，可以在消耗同样资源和能源的前提下，实现产值翻番。也就是说，产品信息化可以促进工业经济集约化发展。因此，推进产品信息化，是转变经济发展方式的有效途径。

五、下大力气发展工业云

工业云，是指企业（本文主要指制造型企业）通过高速互联网络，将自身的基础系统、业务和数据等部署到云端，同时获取云平台的计算、存储、数据和应用等服务。工业云是云计算按应用领域分类的一种，其本质还是云计算，只不过是将工业领域所需要的软件系统应用搬到云上。通过上云，企业能够充分利用云化工具降低运营成本，挖掘大数据的深层次价值，实现跨区域跨部门的业务协同，促进生产型制造向服务型制造的转变，为推进企业数字化与信息化转型进程、增强创新能力、提升两化融合水平提供动力与支撑。

（一）发展现状

目前，云计算技术已在工业设计、工业仿真、在线软件、企业数据中心等领域得到初步应用。一是工业设计。由于工业设计涉及大量的图形图像数据处理，特别是3D图形渲染需要超强的计算能力。而云计算具有超大规模的计算能力，可以为工业设计提供计算力支持。原先工业设计依赖图形工作站，设计效率受图形工作站性能的限制。应用云计算技术，可以使产品三维设计周期大大缩短。云计算还推动了CAD等工业设计软件厂

商的服务化转型，即从原先的卖产品转向卖服务。例如，2010年10月，Autodesk公司推出了基于云计算的网络版CAD软件——AutoCAD WS。用户可以通过网络浏览器和移动设备（如iPhone、iPad）查看、编辑和共享AutoCAD设计及DWG格式文件，还可以利用谷歌地图的集成服务，帮助用户在实际环境中更好地展示设计效果。二是工业仿真。云计算技术可广泛应用于工业仿真领域，如加工工艺分析、装配工艺分析、模具设计优化、机械零部件设计与性能分析、车辆等复杂机电设备性能及装配工艺分析与设计、汽车碰撞模拟仿真失效分析、工程电磁兼容性分析、虚拟装配、虚拟焊接等。三是在线软件。通过将各类工业软件和管理软件部署在云服务平台，以SaaS模式为中小企业提供软件应用服务，可以显著降低中小企业的信息化门槛。利用云服务平台，中小企业无须购买各类昂贵的应用软件，只需向云服务平台运营商支付一定的服务费，就可以在线应用ERP、CAD等软件。例如，苏州靖峰能源科技有限公司每年只需向SaaS服务商交纳7000多元，而如果采用传统自行建设方式，需要一次性投入15万元。四是企业数据中心。国际上，波音、通用等跨国公司都建设了基于云计算的下一代数据中心。我国大型工业企业在几十年的信息化过程中，积累了一大批硬件设备和软件，相继建立了企业数据中心，这些数据中心成为企业信息化的枢纽。随着云计算技术的发展，国内一些大型工业企业的数据中心逐渐向私有云方向转型。例如，中国医药集团采用云计算技术完成了企业数据中心改造工作。

（二）存在问题

一是从业务上云看，在工业App使用方面，星级上云企业中62.6%的企业实现了工业App上云，主要集中于供应链和服务环节（各占30%左右）；在基础云服务使用方面，星级上云企业比较倾向于采购云中的计算资源、存储资源和数据库（均在40%以上），云安全服务或产品的市场需求较低。二是从数据上云和设备上云看，星级上云企业普遍倾向于采用数据上云的方式，占比为44.1%；设备接入与设备服务上云的比重不高，约占16%，大部分企业尚未实现边缘计算。三是从基于数据+模型创新应用看，少数企业实现了产品/设备远程监控与运维、产品质量管控及工艺优化等创新应用模式（8.1%左右），利用云计算实现的网络协同制造、产业链协同等应用模式还需进一步培育和扶持。

（三）努力方向

一是推进云计算技术在研发设计领域的应用。鼓励企业在工业设计、工业仿真等方面应用云计算技术，以提高研发设计效率，降低研发设计成本；鼓励研发设计软件提供商、第三方服务机构搭建面向中小企业的研发设计云服务平台，提高中小企业研发设计水平；鼓励在高新技术产业园、新型工业化基地、工业园区、产业集群等建设市场化运作的研发设计云服务平台。二是推进云计算技术在企业管理领域的应用。鼓励第三方SaaS平台运营商向云服务平台运营商转型，支持一批优秀的管理软件提供商建设云服务平台，为中小企业应用在线管理软件提供服务，降低中小企业信息化门槛，提升中小企业管理水平。三是推进大型企业建设基于云计算的下一代数据中心。鼓励中央企业、大型民营企业集团对数据中心进行升级改造，为企业信息化规模扩展和应用深化提供支撑，减少企业数据中心机房能耗，降低企业数据中心运行维护成本，促进企业数据中心智能化、低碳化。四是为云计算技术在工业领域应用创造好条件。不断完善《中华人民共和国数据安全法》，加强对云计算平台中企业数据的保护。进一步提高云计算平台的信息安全水平和应用的可靠性，让工业企业用得放心。做好云计算标准化工作，进一步规范云计算服务市场。鼓励云计算服务商创新商业模式，促进云计算服务商与工业企业的对接。

六、工业大数据应用前景广阔

工业生产经历了一个从数据到大数据的过程。第一类数据是传统的工业数据，主要是来自工业信息化的数据，通常由IT域产生、使用和管理，

比如ERP与CRM等系统。信息系统对数据主要依托关系型数据库进行存储。另外还有一部分数据，主要是研发相关的数据，通常由PDM或者PRM来进行管理。这类数据由于技术成熟，并且由标准的信息化系统作为载体，因此可以很好地访问和使用。第二类数据是来自机器设备的数据，也是自动化的数据。这类由传感器产生的数据，以前存储在实时数据库里。然而，按照以前的体系划分，实时数据库并不属于IT系统的一部分，而是属于OT系统。因为机器数据具有高频、高通量的特性，动辄数百万点甚至千万点每秒的产生规模，使得IT领域的关系数据库无法满足其吞吐量、存储和响应速度等方面的性能要求。第三类数据是来自产业链上下游的跨界数据。其主要有三方面的特点：一是工业大数据具有多模态的特点。工业大数据形态多样，特别是非结构化数据。这是由工业生产社会化的属性所决定的，生产环节复杂、产业链跨度长、上下游发展程度不均衡、各参与主体任务属性特征差异巨大等因素导致了数据的多样组织、表达、定义和呈现，共同构成多模态特性。二是工业大数据具有高通量的特点。工业大数据量大，而且时效性要求高，这是区别于以前工业大数据的重要特征。以风力发电为例，按照50赫兹的采用速度计算，普通风机产生的测点数据可以达到每台500个测点左右的规模，并且连续24小时产生，要求系统具有极强的吞吐性能和响应性能。三是工业大数据具有强关联的特点。这个特点尤其重要，工业现场的数据在语义层有复杂的显性和隐性强关联，不同物理变量之间的关系，既有工业机制方面的，也有统计分析方面的，不能孤立、局部、片面地看待，否则满足不了工业对于严格性、可靠性和安全性方面的要求。

（一）发展现状

一是工业大数据应用逐渐向制造业延伸。通过对设备运行数据的分析实现提前运维从而避免意外停产，例如东方航空公司搜集了500多台CFM56发动机的高压涡轮叶片保修数据，并通过分析远程诊断记录和第三方数据，建立了叶片损伤分析预测模型，根据数据分析平台上的结果，即可在叶片损伤前便对其进行维护，大大提升了运营效率；通过对产品状态参数数据分析提供产品远程优化，例如三一重工通过对混凝土泵车、起重机、路机等设备作业状态数据分析，依据设备工作时间、行走时间、泵送时间完成阶段性质保分析，提示客户对不同部件进行保养；通过对生产线数据的分析进行生产效率的提升，例如格林公司通过西门子MindSphere分析一年的历史数据，预测刀具的磨损状态，并能够对刀具的提前更换做出提醒；通过分析客户需求数据分析确定产品设计参数，例如红领集团通过分析消费者不同体型的穿衣需求数据建立了数万种设计元素和数亿种设计组合，实现了个性化产品的大规模定制。二是支撑工业大数据的核心技术逐渐成熟。先进的计算技术和存储技术提供了处理海量数据的架构，随着各个行业数据量的爆炸式增长，批计算、流计算和迭代计算等先进计算技术和Nosql、Newsql等先进存储技术在各领域的应用逐渐深入，使企业掌握存储、管理和处理海量数据的能力的门槛降低，企业可以借助开源框架构建自身的海量数据分析能力；各种云服务模式降低了企业大规模应用数据分析的成本，随着云计算技术的成熟，公有云、私有云、混合云等各种云服务面向各行业提供廉价的计算、网络和存储等资源，避免了企业昂贵的软硬件和人力投入；开源工具降低了工业大数据的人员门槛，各领域对数据分析的需求拉动了通用数据分析工具的发展，Skilearn、Mahout和TensorFlow等各种集成高级数据分析算法工具相继出现，而且对于使用者的技术门槛要求逐渐降低，为制造业企业运用先进数据分析方法创造了良好的环境。三是工业大数据产业初具规模。装备制造商和自动化企业依托自身在工业领域的技术积累和行业经验形成了GE Predix、西门子MindSphere、三一重工根云、智能云科iSESOL等以工业大数据服务为核心的平台性产品；信息通信企业依托云计算、大数据、物联网、人工智能等领域的技术产业优势形成了IBM Bluemix、SAPHANA、阿里工业大脑等提供数据分析服务的通用平台；提供数据分析解决方案的初创企业，例如昆仑数据、天泽智云为面向工业领域的不同场景提供一站式的数据采集、存

储、分析等特色服务。四是工业互联网平台将成为工业大数据应用的新载体。一方面工业互联网平台具备与设备、系统、智能产品互联的能力，能够获取各种历史数据和实时数据，可以帮助企业实时、安全地对多源设备、异构系统、运营环境、人等要素信息进行采集和云端汇聚，为工业企业发展工业大数据奠定数据基础。另一方面，工业互联网平台由数据存储、数据共享、数据分析和工业模型构成的完整工业数据服务链，汇聚各类传统专业处理方法与前沿智能分析工具，可以帮助企业快速地实现工业大数据管理和分析，从而挖掘海量数据中隐含的价值。

（二）存在问题

一是工业数据标准的缺乏将严重阻碍工业大数据发展。主要表现为：设备数据采集难以实现，工业现场设备种类繁多、众多工业协议难以相互兼容、国外引进设备接口不开放等问题导致设备运行状态信息难以转化为可利用的数据；产品整个全生命周期的数据难以相互关联，需求、设计、生产、营销等环节的数据之间缺乏相互的对应关系，并且数据格式差异较大，难以为后期的产品质量检测、产品设计优化、决策分析等环节提供支撑；企业内部工厂间的数据难以互通，各工厂数据相互独立存储、独立运维，并且不同工厂之间对于相同数据的定义不同，导致各工厂间的数据相互孤立。二是工业大数据的发展将带来全方位的数据安全问题。一方面市面上缺乏针对工业数据采集、传输、存储等方面的安全措施，相关数据一旦被窃取篡改或传输至境外将对企业及国家安全造成严重威胁；另一方面用户隐私保护问题凸显，工业大数据在个性化定制、服务化延伸方面的应用必然会涉及用户地理位置、个人信息、生活信息等隐私信息，而这些信息在工业大数据环境下更容易泄露。

（三）努力方向

一是着力夯实工业大数据发展基础。切实加强工业大数据基础设施建设规划与布局，推动大数据在产品全生命周期和全产业链的应用，推进工业大数据与自动控制和感知硬件、工业核心软件、工业互联网、工业云和智能服务平台融合发展，形成数据驱动的工业发展新模式，探索建立工业大数据中心。切实加快工业大数据基础设施建设，加快建设面向智能制造单元、智能工厂及物联网应用的低延时、高可靠、广覆盖的工业互联网，提升工业网络基础设施服务能力；加快工业传感器、射频识别、光通信器件等数据采集设备的部署和应用，促进工业物联网标准体系建设，推动工业控制系统的升级改造，汇聚传感、控制、管理、运营等多源数据，提升产品、装备、企业的网络化、数字化和智能化水平。二是切实推进工业大数据全流程应用。建设国家工业大数据平台，推动大数据在重点工业领域各环节的应用，提升信息化和工业化深度融合发展水平，助推工业转型升级；加强研发设计大数据应用能力，利用大数据精准感知用户需求，促进基于数据和知识的创新设计，提升研发效率；加快生产制造大数据应用，通过大数据监控优化流水线作业，强化故障预测与健康管理，优化产品质量，降低能源消耗；提升经营管理大数据应用水平，提高人力、财务、生产制造、采购等关键经营环节业务集成水平，提升管理效率和决策水平，实现经营活动的智能化；推动客户服务大数据深度应用，促进大数据在售前、售中、售后服务中的创新应用。促进数据资源整合，打通各个环节数据链条，形成全流程的数据闭环。三是加快培育数据驱动的制造业新模式。深化制造业与互联网融合发展，坚持创新驱动，加快工业大数据与物联网、云计算、信息物理系统等新兴技术在制造业领域的深度集成与应用，构建制造业企业大数据“双创”平台，培育新技术、新业态和新模式；利用大数据，推动“专精特新”中小企业参与产业链，与中国制造2025、军民融合项目对接，促进协同设计和协同制造；大力发展基于大数据的个性化定制，推动发展顾客对工厂（C2M）等制造模式，提升制造过程智能化和柔性化程度。利用大数据加快发展制造即服务模式，促进生产型制造向服务型制造转变；坚持以大数据推动智能制造、网络化协同制造、大规模定制、服务型制造、平台型制造、社会化制造、软件定义制造

等新一代制造业发展。四是实施工业大数据创新发展工程。切实加强工业大数据关键技术研发及应用，加快大数据获取、存储、分析、挖掘、应用等关键技术在工业领域的应用，重点研究可编程逻辑控制器、高通量计算引擎、数据采集与监控等工控系统，开发新型工业大数据分析建模工具，开展工业大数据优秀产品、服务及应用案例的征集与宣传推广。建设工业大数据公共服务平台，提升中小企业大数据运用能力；全力支持面向典型行业中小企业的工业大数据服务平台建设，实现行业数据资源的共享交换以及对产品、市场和经济运行的动态监控、预测预警，提升对中小企业的服务能力。切实抓好重点领域大数据平台建设及应用示范，支持面向航空航天装备、海洋工程装备及高技术船舶、先进轨道交通装备、节能与新能源汽车等离散制造企业，以及石油、化工、电力等流程制造企业集团的工业大数据平台开发和应用示范，整合集团数据资源，提升集团企业协同研发能力和集中管控水平。积极探索工业大数据创新模式，支持建设一批工业大数据创新中心，推进企业、高校和科研院所共同探索工业大数据创新的新模式和新机制，推进工业大数据核心技术突破、产业标准建立、应用示范推广和专业人才培养引进，促进研究成果转化。

七、农业农村数字化转型迫在眉睫

伴随互联网基础设施的广覆盖、手机等智能设备使用的便利化以及对移动互联生态的广泛参与，我国农业、农村、农民的网络接入性鸿沟加速消弭，互联网红利得到前所未有的释放。在5G、工业互联网、人工智能、云计算、大数据等数字技术的加持催化下，农业农村数字化转型具备源源不断的创新活力和发展势能。一是促进农业降本增效。在前互联网时代，农业生产规模小、生产经营分散，条块式的产业链条、羸弱的信息捕捉力以及低效的农村物流体系长期耗损着农业生产和交易效率，“小农户与大市场”的资源配置困境始终无法有效解决。依托大数据分析、云计算等数字技术，农资电商平台在提供信息服务的过程中沉淀了大数据资源，在后台分析处理后，既可为农资经销商提供农产品生产与流通以及农户消费等数据服务，也可为金融机构的农业保险、商业贷款业务提供海量的农户交易信息，降低获客成本。二是加快推动现有产业链、价值链跃升。新一代数字技术为解构和重塑传统农业发展范式提供全新的发展逻辑，这在生产端体现得尤为明显。农业物联网通过掌握农业生产的实时在线数据，可以对农产品的农药、化肥、灌溉等要素投入提供检测闭环，从而实现农业生产的温度、湿度、光线和水分等智能管理，最大化挖掘动植物生长潜力和品质。自动识别技术、传感器技术、智能决策技术以及物联网技术等的加速发展，为构建全面感知、实时传输、智能决策为一体的农产品全供应链追溯系统强化了数字支撑。从下游看，大数据、云计算等数字分析技术高效连接农产品市场供需两端信息，实现市场需求、库存和物流信息的动态实时共享，倒逼企业优化生产经营决策，向以销定产、品种优化的现代农业方向迈进。三是催生农业生产性服务新业态。在数字化、网络化和智能化技术的深度融合下，农业分工愈加精细化和专业化，内置于农业生产链条的相关生产性服务环节逐渐社会化和市场化，农业生产性服务新业态不断涌现。例如，电商平台的崛起推动全国范围内的淘宝村风起云涌，“直播带货”“内容电商”等网购新业态向农村地区延伸，手机成为新农具、电商成为新农活，将物美价廉的农副产品带出“田间地头”。政府、企业和农业科研院所借助移动终端平台精准推送品种选育、种养技术、病虫害防治技术、农业科技等农技推广服务信息。

（一）发展现状

一是数字基础设施建设与服务供给水平大幅提升。“宽带中国”“普遍服务”等计划的实施有效提升了我国数字基础设施与服务的发展水平。与其他基础设施相比，数字基础设施在农村的渗透发展速度更快、应用成本更低。根据中国信息通信研究院发布的《中国宽带发展白皮书（2019年）》与中国互联网络信息中心发布的第44次《中国互联网络发展状况统计报告》，2019年我国建制村通光纤率、建制村4G覆盖率均达到98%，

固定宽带人口普及率超过经济合作与发展组织（OECD）国家平均水平。2022年5G网络建设与商用步伐加速推进，并逐渐向西部欠发达地区和农村地区延伸，全国开通5G基站已超200万个，已实现全国所有地级市5G网络覆盖。持续改善的数字基础设施，为农业农村数字化转型奠定了基础，推动了农业农村跨越式发展。在资费方面，持续推进的提速降费保障了大部分农民能够享受到较好的信息通信服务。截至2019年6月，我国固定宽带月户均支出资费、单位移动数据流量平均资费较2014年分别下降32%、90%，综合资费价格在全球处于偏低水平，远低于美国、日本等发达国家平均水平。二是"互联网+"在农业农村得到广泛运用。电子商务兴起使得"互联网+农业农村"在助农兴农方面发挥的作用日益显著。"互联网+"在缓解农产品滞销、带动乡村创新创业、促进乡村产业转型等方面发挥了重要作用。农业农村部信息中心与中国国际电子商务中心研究院发布的《2020全国县域数字农业农村电子商务发展报告》显示，2019年，我国农村电商有近1300万家，县域电商零售额达到30961.6亿元，同比增长23.5%。"直播带货""内容电商"等新业务、新模式在农村地区广泛推广实践，进一步发掘了农业农村的多元价值，不仅塑造了一批农产品品牌，而且有力带动了农村非实物产品的销售。例如，字节跳动通过"山货上头条""山里DOU是好风光"等短视频与视频直播专门栏目，打造了20款具有标志性地域特征的农产品品牌、9个县文旅品牌，帮助152个县美景好物走出大山，帮助超过10万人口实现增收。同期，精准农业和智慧农业集成了先进感知与遥感、数据采集与传输、人工智能决策与预警等数字技术，在生产环节的应用程度越发成熟，有助于加速农业生产方式变革，促进农业生产提质增效。三是数字技术推动城乡公共服务均等化。数字技术改变了政务、教育、医疗等公共服务的供给方式，为农村地区提供了低成本的优质资源共享渠道，成为城乡公共服务均等化、公共资源高效化配置的重要依托。"互联网+医疗""互联网+教育"行动计划稳步推进，加速推动公共服务城乡一体化发展进程。在医疗领域，我国所有的三甲医院均开展了远程医疗服务。例如，微医平台搭建全国基层医生远程医疗协作平台，覆盖了全国2700多家重点医院、28万名医生、7500多组专家团队，向基层医生提供远程诊疗、远程培训等服务。目前项目已经建设互联网会诊中心36个，互联网基层接诊点58个，服务人口66.15万人。在教育领域，教育卫星宽带传输网直接服务近1亿农村中小学师生，实现全国6.4万个教学点数字教育资源全覆盖，解决了400多万农村地区教学点学生因师资短缺而开不齐、开不好课的问题。教育部联合多部门和企业，研发推广“语言扶贫”App，帮助少数民族青壮年农牧民学好普通话。截至2019年9月，全国已安装“语言扶贫”App人数达28.8万。“互联网+语言扶贫”项目，成为实现稳边富民、带动民族地区增收的有力抓手。四是数字化和网络化加速乡村治理效能提升。以大数据等为代表的数字技术成为乡村治理效能提升的新途径。数字技术推动了农村政务服务电子化，越来越多的行政事务、信息发布采用了线上办理方式，提高了乡村基层工作效率。例如，浙江省德清县依托大数据和地理信息技术，打造“数字乡村一张图”，以精准防控解决了社会治理、资源环境整治等难题。有些地方正在积极探索农村集体资产大数据平台建设，利用信息化提升清产核资效率，精准掌握村集体资产运行情况，以实现乡村资产管理数字化。为强化乡村治理数字化，全国已建成村级益农信息社29万个，以帮助农民享受便捷高效的信息服务。以腾讯“为村”为代表的智慧乡村平台通过整合数据，打造“党务村务”功能板块，建立信息发布通道，开展移动互联网能力培训。截至2021年1月，“为村”覆盖了全国16283个村（社区），在疫情防控期间成为农村防疫工作宣传和信息互通的重要帮手。

（二）存在问题

一是数字基础设施建设与网络服务供给需要进一步提升。部分农村地区人口密度小、地形复杂，引致网络基础设施搭建成本高、搭建难度大等问题，限制了网络进一步向自然村和农户的延伸。4G网络尚未覆盖所有的自然村、居住点，仍需要以卫星、微波等手段提升偏远地区关键场景网

络覆盖水平。同时，农村网络带宽不够、信号不稳定等问题依然存在，一定程度上制约了农村地区远程医疗、在线教育、数字娱乐、移动出行等方面的应用程度。新冠疫情倒逼农村地区接受线上公共服务，进一步暴露了农村网络设施的短板。例如，疫情防控迫使2.65亿在校生转向线上课程学习，但是农村地区的网络接入条件不足，导致部分农村地区的中小学校网上教学出现困难。同时，农村地区信息通信资费套餐仍需根据实际情况进一步优化。由于农村网络设施铺设成本较高，部分农村地区固定宽带实际价格要高于城镇地区，加之大量青壮年农民外出务工，留守老人、儿童的互联网使用频率较低且用途单一，使得包年或包月的固定宽带资费套餐的平均单次使用成本较高，制约了农村地区家庭固定宽带接入的积极性。二是经营主体的数字化应用不足限制了其获取数字红利。当前，我国农业数字化尚处于起步阶段。中国信息通信研究院发布的《中国数字经济发展白皮书（2020年）》显示，2019年，我国数字经济规模达到35.8万亿元，占GDP的比重为36.2%，对GDP增长的贡献率达67.7%，但农业产业数字经济占行业增加值的比重、增长速率在三次产业中连续多年垫底，尚未达到服务业的25%、工业的50%。农业农村部信息中心、中国国际电子商务中心研究院发布的《2020全国县域数字农业农村电子商务发展报告》显示，县域电子商务零售额仅占全国的29.12%。同期，物联网、人工智能、大数据在精准生产、病虫害预警、农产品智慧物流等方面的应用依然停留在初级水平。实际上，从服务业与制造业数字化发展的现实情况来看，在当前和未来一个时期，农业农村生产领域的数字化转型可能面临更为严峻的“集成应用困境”考验。我国农业农村绝大多数生产领域的数字化转型仍停留在基础建设、单向应用层面，同时，由于存在农业产品附加值相对较低、农业物联网设备难以维护等实际问题，农业农村生产领域数字化转型进展缓慢。因此，如何更为合理地处理农业农村数字化转型短期建设与长期收益之间的矛盾，突破农业农村数字化转型困局，依然亟待探索。三是农民数字技能不足制约了其分享红利和就业增收。围绕着接入可及性的差异与接入后应用的差异，数字鸿沟被划分为“接入鸿沟”“应用鸿沟”等多个层次。在当前我国城乡绝大多数居民群体均可实现互联网接入的背景下，农民数字技能的匮乏是制约农村互联网普及、分享数字经济红利的核心因素。我国城乡间互联网应用鸿沟呈现缓慢弥合的趋势，但城乡居民互联网应用率方面依然存在较大差距。基于中国家庭追踪调查2018年数据样本的分析发现，农村居民使用互联网的比例仍比城镇居民低18个百分点以上，农村居民在社交娱乐、工作学习、商业消费方面的数字技能掌握比例均显著低于城镇居民。同期，这种技能缺失引致的城乡整体收入增长的差距达到24.6%。随着未来越来越多的企业用网络化、智能化替代人工环节，如果农民缺乏相应的数字技能，那么他们不仅难以参与新经济活动并从中获益，而且在未来有可能会被不断变革的劳动力市场排斥在外。

（三）努力方向

一是加快推进农村“新基建”。继续大力推行“宽带中国”行动计划，着力实现农村通信网络的全方位升级扩容。加快5G、千兆光纤、卫星4G等网络基础设施在部分有条件、有需求的农村地区布设，满足农民生活、农业生产日益增长的数字消费需求。建设更为稳定高速的农村教育专网、医疗专网，实现所有学校、乡镇卫生院的互联网稳定快速接入，试点推进部分县级医院“5G+远程医疗”工程，试点推进为乡村医生配备智能手机与专属应用的“互联网+乡村医生”工程。建设覆盖全部建制村的“乡村数字图书室”。根据农村居民、新型农业经营主体的用网特征与需求特点，开发更具个性化与针对性的资费套餐，提升用网积极性，最大限度地发挥互联网新型基础设施的效用。此外，还必须强调的是，一方面，要区分农村地区“新基建”不同建设主体的建设重点。由于技术迭代存在的巨大不确定性，农村与偏远地区“新基建”的布局重点仍应集中于底层网络与民生资源提供，以保障城乡“数字机会”的公平。人工智能、大数据等技术性创新应用向农业农村的延伸探索，则更多交由产业联盟、行业协会与国家风险投资基金进行半市场化的组织与投资操作，而并非由行政

主体进行直接建设，以免引致“道德风险”与“逆向选择”。另一方面，要选择“最适合的‘新基建’”，而不是“最先进的‘新基建’”。实际上，最新、最先进的技术并非“最好”的技术，企业必须权衡各类技术带来的价值与应用成本。即便是当前数字化水平最高的工业企业，也会在其生产环境中集成应用现场总线（FieldBus）、工业以太网（Ethernet）、无线局域网（WLAN）和蜂窝移动通信（3G/4G/5G）等多种网络通信技术，以最低的成本实现设备、系统的互联互通。因此，作为价格敏感度可能更高的农业农村数字化生产，更不能因为盲目追求性能溢出效应，“只选择最先进的不选最适合的”。二是加快推动农村电商的发展。鼓励地方政府购买第三方服务，倡导企业积极承担社会责任，重点依托互联网平台企业、农业企业和社会化服务组织的技术、人才、平台优势，加速农村商品、服务的线上化。鼓励支持新型农业经营主体开展数字化应用，推动“直播带货”“体验电商”等新一代电商务业务模式在农村地区落地，以创新模式带动农村非实物产品与服务发展。加大对新型农业经营主体、快递企业等的仓储保鲜冷链物流建设支持力度，引导社会资本参加县、乡（镇）、村邮政站点、物流集散网点的数字化改造，构建以县级农村电子商务公共服务中心、县乡级仓储物流配送中心、村级电商服务站为基础的农村电子商务公共服务体系，打通农村电商物流“首末一公里”。三是推动互联网从消费领域向生产领域全面扩张。一方面，积极推进工业互联网、物联网在农村地区的布局与应用，充分挖掘利用自然资源、生态资源、文化资源、劳动力资源等，推动原生态劳作、景观农业、休闲农业、乡村文旅等新业态发展，实现农村地区一二三产业融合发展。另一方面，制定农业相关数据标准，全面开展农业机械设备、农业生产设施的数字化改造，推动气象、水文、土壤、肥力、育种等数据在农业生产领域的采集、流通与应用，实现数据驱动与数据集成运用，化解农业生产中的风险与不确定性。加大对“互联网+农业技术”创新创业项目的支持，试点实施“新一代信息技术与农业融合发展创新重点任务揭榜工作”，推动数字技术在农业生产方面的创新与融合应用。四是构建面向农村地区的数字技能普及体系。借鉴国际电信联盟（ITU）、经济合作与发展组织（OECD）等机构在改善农村和贫困地区居民数字技能方面的实践经验，研发符合我国实际情况的“数字技能政策工具包”，着力改善农村地区居民基础数字能力，提升农民对数字经济的认知程度。对农村地区的学历教育、职业教育中的“电脑课”进行升级换代，改设数字技能培训课程。对基层干部、农村教师、乡村医生开展专门的数字技能培训。组织实施面向新型农业经营主体、返乡农民工、留守妇女等群体的电子商务、网络直播、普惠金融等培训，以及面向农村中老年群体的电脑、手机使用技能培训。创新培训方式，通过“家庭内部培训”“社区志愿培训”等途径，增强培训效果。

八、服务业数字化转型值得加快推进

习近平总书记在众多讲话中都明确强调了数字经济的重要性，提出要大力支持网络化、数字化、智能化与实体经济融合发展，从而建立起新的经济增长点，实现各行各业现代化数字水平的提升。在电商、快递运输服务、互联网大数据等的背后，我国服务贸易不管是在协同发展还是贸易效率上的能力都有了极其显著的提升。具体来说，数字经济提升了服务贸易的可贸易性，提高了服务贸易的便利化，拓展了服务贸易的发展空间，提升了服务贸易的质量，也提高了服务贸易的资源配置效率。据中商产业研究院统计结果显示，2020年，我国服务业实现了553977亿元的增加值，比2019年的535371亿元增长了2.1%服务业增加值占国内生产总值(GDP)比重为54.5%，与2019年的54.3%相比提高了0.2个百分点。其中，以新技术为核心竞争力的相关服务业，包括以高新技术、科技、战略性为特色的新兴服务业都实现了可观的增长，营业收入增速分别为12%、11%、8.6%。经济越发达地区用于投入研发的资本越多，新技术产生的概率越大，与数字经济的联系就越密切。

（一）发展现状

一是以新技术为热点的数字化服务业正在加速崛起。目前崛起的数字化服务业的重要组成部分包括云计算、大数据、移动互联网等新技术。数字化服务贸易的迅猛发展也与软件信息、互联网、电商、交通运输以及仓储和邮政领域的发展密不可分，全国近年来所有门类服务业中，信息传输、软件和信息技术等服务业所创造的营业收入、贡献率以及拉动经济增长百分点都是最高的。二是线上服务新业态规模不断扩大。随着线上模式的普及与发展，线上服务新业态规模不断扩大。当前的服务业新业态主要表现为将原有技术无法很好满足的市场需求与新的技术创新相结合。特别是在新冠疫情防控期间的居家隔离管控下，消费者对购物消费的需求推动了“宅经济”的产生和发展，为了满足宅家消费者的需求，许多企业纷纷利用线上模式拓展服务范围、提高服务质量。例如，网上购物和送菜上门等线上消费模式满足了消费者在新冠疫情防控居家隔离时的物资需求，线上办公、远程医疗以及诸如学大教育推出的“双螺旋”教学模式等新型在线教育的线上服务，则让“宅经济”更加火热。三是数字化服务新模式广泛应用。近年来，传统型服务行业模式被重新定义。例如，传统的干洗服务流程为消费者把衣物交给干洗店，然后在预定的时间取货，消费者对干洗服务的详细流程一无所知，而得益于国内企业研发的创新型可视化系统，为如今的干洗服务添加了数字化特征，通过利用专属配置的衣物芯片，消费者可以在用户终端设备上在线实时掌握送洗衣物的进展。这种在手机App和电脑终端让消费者享受数字化、智能化、自动化服务的新模式，给传统洗衣服务带来了颠覆性的变革，极大提高了消费者对该行业的信赖度。

（二）存在问题

一是信息技术研发能力有待加强。在科技创新相关支持条件上还略有短板，包括科技金融、高等教育资源的建设尚未完全跟上经济水平的发展，并且拥有前沿技术的企业数量不足，聚集效应还未显现，且企业大多都聚集在发达地区，尚未形成辐射带动效应。目前人工智能是推动服务业新技术发展的一大动力，各地及企业亟须加强人工智能的研发和运用。二是服务业产业占比不足，数字化水平落后。产业高质量发展要求产业结构高度化，而产业结构高度化的突出特点就是第三产业尤其是高度运用数字信息技术的现代服务业占比的提高。总体来说，国内现代服务业的发展规模和增速都比较可观，但服务业数字化水平相对偏低。三是缺乏对新型服务业的有效指导与市场监管。现代服务业领域宽泛，具有动态性，服务又具有无形、异质、不可储存等特点，因而服务业的新业态管理具有多样性和复杂性。首先在宏观层面，相关制度不完善，市场准入与退出制度不明确；行业分类标准和统计指标体系不健全，部分地区现代服务业至今尚未设立专职管理制度，现代服务业缺乏规范和管理。从微观层面看，国内现代服务业产业格局存在严重的粗放型问题，导致企业经济活动的交易费用上浮，极大地压缩了企业的利润空间；市场缺乏对新型服务业的有效指导与监管，由市场自我调节发挥主要作用，使得整个服务业新业态、新模式的发展处于波动状态，不利于初创型企业和新进入企业的发育和成长。四是数字共享和集群程度有待提高。国内现代服务企业普遍存在着规模小、分布散、竞争力弱的问题，城乡差距明显，整体经营模式陈旧，技术设备不先进，缺乏集约化的大型企业集团和控股公司，服务企业专业化程度较低，规模效益和品牌效益不明显。生产性服务业问题尤为突出，存在如融资渠道不畅通，技术研发力量薄弱，品牌意识不浓，仍以小规模生产为主，经营管理水平较低，未形成富有影响力的产业集群等问题，阻碍产生信息资源的外溢。国内现代服务业在信息化、数字化技术的利用上存在显著不平衡的问题，即个别突出，但总体水平不高，很大程度上是因为企业之间的数字信息交流和共享程度低，因此尤其需要重点提高创新性自主研发技术、核心竞争技术、自主品牌和自主知识产权等方面的水平，加强企业间的交流与合作。

（三）努力方向

一是完善数字化人才队伍建设。服务业新模式、新业态得以充分发展的重要基础就是数字化人才队伍的建设。在数字经济蓬勃发展的大背景下，对大数据、云计算、移动互联网、人工智能技术的需求越来越旺盛，企业对人才资源的要求已经不仅仅满足于对行业领域知识的掌握，还需要对大数据技术有一定的掌握，尤其在国内企业开拓国外市场、走向全球化进程中，缺乏具有国际视野、复合背景、专业技术背景人才会成为企业发展道路上的掣肘。目前，国内一流高校数量太少，自主培养人才能力不足，应当推动国内高校人才培养模式和教育理念改革创新，加快教育资源共享平台的建立，实现高校人才培养方向与地方经济建设和社会发展相结合，建立起高数字化水平的人才队伍。二是加速新科技研发体系建设。新模式、新业态多是建立在新的信息技术之上的，要加强对新技术的研发以及综合运用，以市场需求催生新业态、创造新模式。抓好新一代信息基础设施建设，引导龙头企业尽快建立网络化制造平台，在全球范围内聚集制造资源和需求，抓住新技术、新业态、新模式发展新趋势。全力推动金融科技创新发展，完善天使投资的市场体系，优化创业风险投资体系，完善互联网金融的监管体系等。推动产业聚集尤其是高技术产业聚集，加快高新技术产业孵化器、创新创业园的建设，加大投入力度。三是加速产业结构调整，推动服务业数字化。切实通过加快地区产业结构的调整升级来实现产业结构的优化提升。例如，广州的第三产业占比超过70%，在未来发展中将大力借助发达的第三产业优势继续发展优质服务业，以支撑区域内其他产业的发展；深圳是一座充满科技创新活力的现代化城市，除了科技发展的优势，金融业、服务业等第三产业的发展程度在全国城市中也名列前茅，加之具有毗邻香港的地理位置优势，可加快香港金融业与深圳科技产业的有机融合，更好促进彼此共同发展；佛山、东莞等地具有承接广州、深圳中低端制造业的重要作用，也给广深制造业的转型升级提供了良好前提和条件；而生产总值还处于较低水平的肇庆、江门等市，其第一产业占比较高，未来可考虑在第一产业的基础上发展现代农业，同时借助珠三角区域经济发展优势，与区域内其他城市合作，逐步完善建设其第二、第三产业，从而促进整个广东地区服务业发展。四是改善新型服务业市场环境，完善保障政策。政府要发挥好对产业发展方向的积极引导，加快服务业基础设施的建设，进一步完善创新驱动发展保障政策。参考美国、日本、欧盟等发达国家和地区的发展经验可知，经济的创新发展固然需要政府支持作为依靠，但是自主创新成果只依靠政府产业政策下的各种投资或招商引资项目是无法形成的，必须靠以供求关系为基础的市场调节。政府要明确职责，在产业园区的发展过程中进行科学合理的指引，制定企业活动的统一规则，为新型服务业发展提供良好、规范、完善的环境体系。因此，在新技术的研发运用上，政府应起到建立规则、完善指导的作用，再利用好市场这只“无形的手”，推动服务贸易新技术、新业态、新模式的发展。市场调节的有效手段是创业投资，这也是一种典型的创新型金融工具，它弥补了高新技术自身无法直接产生经济效益的缺陷。一般而言，创业投资越繁荣的国家和地区，其新技术、新业态、新模式发展就越成熟。因此，要想充分发挥“无形的手”的效果，就需要合理控制市场环境，包括促进产业聚集、产业区域划分等，催生服务业的新业态及新模式。五是充分利用区域产业数字资源的特色和优势。粤港澳大湾区内的广佛肇、深莞惠及珠中江三大经济圈目前已经形成了较为完整的产业体系，具备雄厚的经济发展基础，是产业集群城市圈的典范。从区域内的产业发展水平来看，这三大城市圈之间存在梯度差异，这意味着区内城市可以充分发挥自己的相对优势和特色，利用粤港澳大湾区的数字和信息技术资源实现互补发展。港澳地区的“工业空心化”问题可以通过粤港澳大湾区内企业生产制造园区和产业一体化来解决，而区内企业的进出口贸易也能以港澳地区为依托，区域内产业的特色化和专业化会进一步催生新的产业，从而带动新的服务业业态及模式，如最近兴起的养老健康及医疗产业带动了信息技术的结合发展，催生了智能化服务平台。在利用区域产业数字资源特色和

优势的同时，要注重扶持技术研发、信息技术服务、生产性服务业等优势、特色企业，先集聚领导力量，再带动整个市场发展，从而更好促进产业专业化，推动服务业的高质量、高技术化发展。六是加快国际科技合作。全球化发展趋势已经成为无法避免的时代之路，全球各个国家和地区都要通过相互交流合作来实现自身的发展，这对拥有卓越地理位置优势和雄厚经济基础的广东来说也是必要的，要加大对国外市场的开放程度，向国外企业学习先进的服务业发展经验。例如，可以鼓励广东牵头构建更加灵活高效的粤港澳科技合作机制，在共建重大创新平台和成果转化基地，共同开展基础研究和关键核心技术攻关，建设世界一流重大科技基础设施集群等方面先行先试。以全球化视角深化粤港澳大湾区的技术研发和产业变革，专注重点核心技术领域的突破，开展面向国际前沿的专项研发，携手打造国际科技创新中心，从而加快广东尤其是珠三角地区迈向创新驱动和高质量发展新阶段。七是构建金融服务支撑体系。数字经济下服务业的高速发展离不开强有力的金融支撑，要想构建多元化、可持续发展的金融服务支撑体系，既要加强金融基础设施建设，加大政府对金融服务支撑体系的支持力度，又要要求大型商业银行履行其应尽的提高闲置资金配置率的社会责任。支持大型银行与小微金融机构之间建立起协同共生的联系，从而构建起强有力的防范金融风险、保障资金供给的保障性网络体系，通过相互合作来实现信息共享和风险分担。由于信息不对称所造成的高风险和经营成本是导致中小微企业融资问题的主要原因，因此需要通过大力发展科技金融来准确把握融资者的信用风险，从而降低融资风险和融资成本，提高金融服务效率和质量。

九、企业数字化转型任重道远

企业数字化转型是整个经济社会数字化发展的关键和基础支撑，关系到产业供给能力的提档升级，关系到经济发展新动能的培育，关系到国家竞争新优势的培育。企业数字化转型需要加快构建数字化条件下企业组织管理运行新模式，以数字技术驱动企业经营管理模式全方面变革创新，壮大企业发展新能力，培育数字综合竞争力，打造数字竞争新优势。当前，企业数字化转型重点需要用新一代信息技术深度重构企业研发创新、资源配置、综合管控、市场营销、市场响应、资源整合、风险管控、趋势洞察等能力，来更好地适应信息技术发展态势、经济社会运行方式、产业发展组织模式和大众生活消费方式等新变革对企业发展的要求。

（一）发展现状

一是坚持从战略上做转型。积极将数字化融入组织发展战略规划中，形成数字化思维和认知，以数字化推进企业文化、战略、组织运营乃至于外部合作等方方面面，进而形成路径清晰、措施详尽的数字化转型规划。在企业中坚定“用数据说话，用数据决策”的新型组织发展目标导向，坚持从企业自身业务需求出发，从解决企业痛点出发，量身定制专属的数字化转型方案。二是坚持从组织上做转型。坚持在企业重视和激发人才建设过程中，注重将长久以来人脑中的经验化知识和数据与强大的技术有机结合起来，一方面简化工作提高效率，实现更多业务在线化、移动化；另一方面通过数字化提升跨部门、跨区域、跨层级、跨系统、跨业务的协同协作，实现运行效能及大数据智能化决策能力不断提升。三是坚持从业务上做转型。坚持让一切业务数据化，从研发设计、生产制造、经营管理、市场服务等环节与数字化深度融合，根据企业自身独特需求，建立起以业务为导向的数字化管理体系，培育柔性化业务生产模式，全链条同频共振，获得更多流量、更多客户、更多订单，让智能决策、智能识别赋能业务，从而对外部环境的变化作出实时响应。四是坚持从服务上做转型。坚持结合物联网、大数据及智能化技术，开展新型服务方式，创新服务体验，提升服务的标准化和智能化程度，建立适合企业自己的商业运营自动化系统，大力提升运营效率及客户满意度。

（二）存在问题

一是“不会用”的问题。对广大中小微企业来说，数字化需求是比较模糊的，源于其本身对数字化工具究竟能做什么知之甚少，即便使用数字管理系统，也缺少能有效使用的技术人员，反而增加了生产运营的负担。二是“不敢用”的问题。对很多企业来说，所有业务活动都要“上云、用数、赋智”，会面临全面的业务流程再造，可能对其业务管理和治理结构造成一定冲击，甚至涉及企业战略、组织文化等深层次的变革。很多企业担心转型后业务不能正常运转，因此对数字化转型不敢轻易尝试。三是“用不起”的问题。对很多中小微企业来说，引入一套价值高昂的技术系统会增加成本。而且数字化改造周期较长，每年持续的投入会增加企业的经营压力，即便企业对数字化转型的重要性和价值有深刻了解，但在资金有限的情况下，对先进的数字技术只能望而却步。除了认知的顾虑外，还有些中小微企业自身的数据收集记录情况不理想，数据不准确、质量低的问题时常存在，如果不能有效解决数据质量问题，即便使用数字化系统，也会面临“垃圾进垃圾出”的问题。另外，不少中小微企业担心推进数字化转型会给自身带来数据泄露的风险，一旦商业数据泄露，会给自身发展带来损害。

（三）努力方向

一是提高研发攻关创新能力。数字化研发设计是企业数字化转型的关键，是企业打通全业务流程数字化的原始起点，是数字时代企业最为基础的核心竞争力。加快企业数字化转型，推进数字化研发设计，有利于提高企业研发攻关创新能力。借助功能丰富的数字化设计仿真软件，积极在数字空间中开展产品虚拟设计和模拟仿真实验，以数字样品实验试错代替实体样机实验试错，降低研发环境保障要求和试错成本，提高数字化研发设计迭代效率和成效。充分依托网络协同研发平台，积极在网络空间中整合跨区域、跨机构研发智力资源，组织社会研发人员开展大规模网络协同研发，提高社会智力资源整合能力，降低大规模协同研发组织管理难

度和成本。大力发展云计算、物联网、大数据、人工智能、区块链等产业研发创新数字技术平台，为中小微企业技术产品服务创新提供资源支撑、技术验证、产品测试等服务，助力中小微企业产品服务数字化转型和新技术产业生态打造。二是提高资源优化配置能力。信息技术发展和应用极大地提高了各领域资源优化配置能力，降低了企业因信息不对称、资源错配造成的影响和损失。加快推进企业数字化转型，积极提高企业对信息流的驾驭能力，以信息流引领企业物资流、资金流、技术流、人才流，有利于促进资源优化配置，提高全要素生产效率。加快企业各业务环节数字化建设，加强业务系统云化升级、架构改造、整合对接，打通企业全业务环节信息流通渠道，促进信息无缝流动和实时流转，提高信息流通速度，降低信息流通成本，提高企业信息流驾驭能力。积极引导信息流，充分挖掘信息流在促进供求对接、重导价值流向、降低试错成本、提高全要素生产效率等方面的作用，促进管理、服务和商业业态创新，打造企业数字竞争新优势。树立数字时代企业正确的发展观和价值导向，完善企业信息流动规则和内控机制建设，确保信息控制和利用合法合规。三是提高企业综合管控能力。新一代信息技术发展和应用让企业综合管控如虎添翼，无论管控广度、深度还是管控能力都有可能得到全面提升。数字时代的到来，企业要积极适应社会运行方式变革，加快构建数字化条件下企业组织管控新模式，充分发挥网络、系统、平台和数据等在规则约束、信息对接、预警预测等方面的作用，持续优化管理结构，创新管理模式，提升扁平化管理、精细化管理、在线化管理、全周期管理等能力。积极发挥信息技术在管理创新中的作用，推动企业管理从金字塔式层级管理模式向扁平化管理模式转变，减少企业管理层级，下放企业管理权限，激发基层创新活力，畅通管理阻塞，提高管理效率，降低企业管理成本。要以信息技术应用提升企业对人员、物资、资金、安全等全方位精细化管控、在线管控、即时管控等能力，提升事前预测、事中预警处置和事后溯源能力。四是提高市场宣传营销能力。数字时代的到来，让消费者接收市场信息的渠道和模式都发

生了重大变革，企业市场宣传营销方式也需要与时俱进。企业数字化转型要积极适应社会运行模式和消费需求变革，创新市场宣传营销模式，增强数字化营销能力，提高营销广度和深度；要积极利用各类社会化网络大平台，深化电子商务应用和模式创新，开展在线化、网络化、移动化营销，拓展市场营销区域范围，畅通供求对接信息渠道，提高产品服务营销广度；要充分发挥客户大数据价值，深挖客户需求，开展精准化、差异化、个性化营销，提高营销转化效率，提高产品服务营销深度；要积极利用自媒体平台，开展自我营销和人人营销，打破传统媒体营销渠道垄断，降低企业营销门槛，拓展个体营销能力。五是提高市场快速应对能力。市场快速应对能力是企业适应市场发展的第一能力，数字时代到来需要进一步重构和强化此项能力。企业数字化转型要畅通企业内外信息流通渠道，增强内外信息交互能力，提高市场需求快速感知和响应能力；要充分发挥产业互联网平台信息桥梁和纽带作用，彻底打通消费、研发设计、生产制造、物流营销各环节数据，助力各环节数据无缝对接和快速流动，降低各环节信息处理成本和时间，提高业务信息处理能力，增强业务响应能力；要大力发展智能制造，推进生产换线、设备换芯、机器换人，推进软件定义生产，增强柔性化制造供给能力，更好地满足不同客户对产品的差异化和个性化需求；要利用销售、网络、机器等各类大数据，快速挖掘客户最新精准需求，指导研发生产，降低供需错配。六是提高资源整合发展能力。资源整合能力是企业实现借势跃升发展和生态化发展的关键，数字技术发展为企业增强资源整合能力提供了条件保障。企业数字化转型要依托各类网络中介平台，加强跨界资源整合和融合创新，促进线上线下资源协同；要充分利用电子商务平台网络市场作用，开展跨地区供求信息对接服务，提高在更大地域范围内产消协同能力；要积极利用网络协同研发平台，开展大规模协同研发，促进技术研发、应用研发、集成研发等协同，降低大规模协同研发组织管理难度和成本；要积极推进工业互联网平台建设，促进生产资料和生产能力共享，推动产业链上下游大规模协同运行，实现企业对行业资源最优化配置整合。七是提高风险预警管控能力。风险预警管控能力是企业安全平稳发展必要保障，物联网、大数据、人工智能等数字技术发展为企业提高风险预警管控能力提供了有效技术支撑。企业数字化转型要积极创新新一代信息技术应用，创新风险预警管控模式，建立健全企业风险管控模型，拓展风险管控的手段，提高对风险的预测、预警和管控能力，最大限度降低突发风险对企业发展带来的影响；要利用物联网、大数据等技术，加强企业生产现场数据的实时采集和分析，提高潜在安全隐患发现能力，及时做好安全隐患应对和处置；要利用大数据、人工智能等技术加强对企业资金、人员等安全风险深度挖掘分析，从资金流动、人员管理等中及时洞察出可能会影响企业正常运行的风险因素。八是提高趋势深度洞察能力。趋势深度洞察能力是企业超前部署前沿业务、实现抢先发展、打造面向未来竞争力的关键。企业数字化转型要充分发挥信息技术应用优势，提高从技术变革中洞察未来趋势、从数据汇聚中预测发展态势、从信息中挖掘未来价值的能力；要深刻认识和把握5G、云计算、物联网、大数据、人工智能、区块链、虚拟现实等新一代信息技术的出现和应用对企业发展和产业变革的作用，提前做好新技术应用和新业务发展布局，抢占技术应用先发优势；要善于从企业运行、市场动态、宏观经济等大数据中挖掘和把握潜在企业运行痛点、市场需求、行业发展态势。

积极应对国际数字经济竞争新态势

当今世界，科技革命和产业变革日新月异，数字经济蓬勃发展，深刻改变着人类生产生活方式，对各国经济社会发展、全球治理体系产生深远影响。数字经济及其所带来的国际分工变革正重塑原有的全球价值链，重新定义各国竞争优势，给世界各国经济发展带来新的机遇和挑战，我们要适应时代发展变化，积极应对国际数字经济竞争新态势。

一、数字经济正重塑国际经济竞争格局

以互联网为基础的数字经济不仅提供了更为便捷的服务，更革命性地改变了原有的生产方式，释放出了巨大经济动能。在过去十年，数字技术的迅速发展推动国际贸易以更低的成本和更便捷的方式在世界展开。首先，电子商务平台作为交易的媒介，能够将众多的生产者和消费者进行连接，不仅减少了交易的中间环节，极大地节省了交易成本，更使得一些位于边远地区的企业能够超越地理限制，参与全球市场竞争。其次，由于交易中间环节的减少，消费者和生产者可以进行更为直接和有效的沟通，推动以消费者需求为导向的商品生产和服务结合，从而推动多元化生产时代的到来。再次，数字科技为企业价值链的重塑带来了新契机。数字技术和物联网（Things of Internet）的出现，使得企业不必完全控制产品的全部生产步骤，可以将生产过程分解成若干任务，将部分生产外包给其他国家的企业，通过物联网来监控生产过程，并且通过跨境数字贸易来实现产品的最终生产。数字贸易成为推动企业重塑生产网络的重要工具。最后，数字贸易正在重新定义传统的货物贸易和服务贸易。3D打印技术等高科技的出现，拓宽了传统的国际贸易边界，并通过减少成本来进一步推动国际贸易增长。因此，数字技术正改变原有的生产和消费模式，推动全球化进入以数据流动传播信息、观念和创新为特色的新时代。大卫·李嘉图的“比较优势”国际贸易理论曾指出，国家之间不同的比较优势是国家之间进行贸易的重要基础。然而，在数字经济时代，各国的“比较优势”被重新定义。数字技术的出现和广泛应用使得沟通和交易的成本大幅度降低，企业在国际市场的竞争更为激烈，从而影响各国的竞争力重新分配。数字经济推动的全球化与高科技相结合，将会对21世纪国际经济竞争格局产生重要影响。一是重塑跨国公司和非跨国公司的竞争优势。20世纪80年代以来，

跨国公司利用自身资本和技术优势与发展中经济体的廉价劳动力和资源结合，推动了全球经济的快速发展。而随着数字经济时代的到来，电子商务平台作为媒介将企业和消费者更为直接和有效地连接在一起，企业通过互联网可以与世界各地的消费者进行交易。公司占领国际市场，不再以大量资本和规模生产为前提条件。许多非跨国公司，乃至中小企业，通过网络建立广泛的客户群，同样能够参与国际市场竞争。数字贸易为更多企业参与全球竞争开辟了新空间。非跨国公司的广泛参与使得国际市场竞争更为激烈。许多初创公司利用后发优势，将云计算服务等为自身发展所用，并通过互联网在世界范围内建立合作伙伴体系和消费者体系，从而打造其核心竞争力。此外，阿里巴巴等电商平台还通过提供小微金融贷款等金融服务以及物流服务为中小企业赋能，进一步强化中小企业竞争力。大量非跨国公司参与国际市场竞争，打破原有的竞争格局，使跨国公司面临由此带来的价格压力和数字全球化对其商业模式的挑战。因此，数字经济改变了企业微观层面的竞争秩序，加速国家竞争格局的调整。二是重塑发达经济体和发展中经济体的竞争优势。随着数字科技以及人工智能的发展，国际市场的生产要素定价也发生变化，这将会带动各国在国际贸易中比较优势的变化。在上一轮全球化中，发达经济体跨国公司的资本与发展中经济体的廉价劳动力相结合成为全球化的主要动力。而在数字全球化时代，由于自动化和人工智能的普及，发展中经济体的廉价劳动力优势在国际竞争中的重要性被削弱，发达经济体的投资不再以寻找廉价劳动力为主要目标，消费市场成为投资的重要考虑因素。全球价值链分工正在经历调整，价值链的分布更加集中在北美、欧洲和东亚这三个主要消费市场。因此，发展中经济体的廉价劳动力优势并不足以实现融入世界经济，还需与周边国家的大市场结合，使其竞争优势得以发挥。这要求发展中经济体之间加快经济合作的步伐，实现优势互补、互利共赢。更为重要的是，数字经济时代带给许多新兴经济体“弯道超车”的机会。以互联网为基础的信息科技高速发展，使得信息传播速度实现质的飞跃，传播成本也大幅削减。不同于

前几次工业革命，信息科技革命极大地缩短了发展中经济体与发达经济体在获得新科技和新信息方面的时间差距。发展中经济体，特别是新兴经济体不再满足于中低端生产制造，在推动高科技发展的同时，积极探索数字经济的创新和发展。以第三方移动支付为例，2022年，中国第三方移动支付交易规模达到319.2万亿元人民币，同比增长11.2%。不仅中国，包括肯尼亚和哥伦比亚在内的发展中经济体都在积极推动移动支付。这些发展中经济体跨越了发达经济体的信用卡支付阶段，直接进入移动支付时代。而移动支付不仅带来了更为便捷的支付方式，更为重要的是，它与其他数字服务相结合创造出了更多的商业机会和经济发展空间，为这些国家在新一轮经济全球化中打造自身竞争优势提供机遇。

二、发达经济体参与国际数字经济竞争的举措

随着数字经济时代的到来，世界各国加快了数字战略布局的步伐。西方发达经济体为了谋求在数字经济时代的竞争优势，通过双边和区域合作抢占数字共同市场，以技术垄断和封锁维护其在数字科技领域的优势地位，积极主导数字贸易规则的制定。一是抢占国际数字市场。与历史上资本主义争夺资源和劳动力市场相似，国际数字市场是西方发达经济体争夺的焦点。发达经济体的数字经济起步较早，相关产业发展相对成熟，已经进入寻求扩张海外市场来推动自身发展的阶段。为了满足国内互联网产业不断发展的需求，美国、欧盟和日本不断开拓海外市场，以扩大外部需求带动内部企业和数字经济产业发展。一方面，以美欧日为代表的发达经济体积极与贸易伙伴将数字贸易规则纳入双边贸易协定，寻求建立共同数字经济市场，实现数字经济的有效扩张。另一方面，发达经济体以参与数字基础设施建设的方式换取发展中经济体数字经济市场的准入机会，并积极参与这些国家数字技术的发展和数字产业的培育。在这一过程中，以美欧日为代表的发达经济体不仅输出数字技术标准，更重要的是帮助各自互联

网企业率先进入发展中经济体，占领这些国家的市场。美国将开辟国际数字市场作为数字海外战略的重要内容，其基本策略是以打造自由贸易来实现贸易伙伴数字市场开放。美国还积极与发展中经济体通过双边合作开辟新的数字市场。比如，美国推动与东盟加强数字经济联系，与东盟分享最佳实践和知识，讨论美国公司促进数字领域增长的机会，推动建立一个更加开放和创新的氛围，使得东盟国家本土公司和美国中小企业都能在一个不断进步的数字经济空间繁荣发展。欧盟通过双边自由贸易协定的数字贸易条款，推动与贸易伙伴建立数字共同市场，已与日本和加拿大约定相互开放数字贸易市场。与此同时，欧盟积极与发展中经济体进行政策合作，寻求建立数字共同市场。其中，拉美和加勒比地区是欧盟推动数字合作的重点区域之一。欧盟与这一地区的重要国家（如巴西和墨西哥）共同推进基础设施建设、云计算和AI等科技及政策方面的合作。另外，东盟也是欧盟数字经济合作的重要伙伴。欧盟和东盟已达成工作计划，共同推进东盟数字经济和社会发展，以实现互惠共赢。日本以双边贸易协定方式推进“以日本为中心，连接主要贸易伙伴国”的数字共同市场建立。除与美国和欧盟等发达经济体合作外，日本还着眼新兴经济体市场，推动印度等国的数字基础设施构建，加强与中国、韩国的数字经济合作，推动东亚数字市场的建立和发展。2019年12月，在中国成都举行的第八次中日韩领导人会议上，三国一致同意加强数字经济合作。日本政府既以双边经贸合作机制等顶层设计方式推动日本电子信息产业进入国际市场，同时通过基础设施建设来挖掘发展中经济体数字经济市场潜力，为日本企业深入参与全球数字经济竞争提供全面支持。二是极力维持数字科技优势地位。数字科技的发展能够拓宽数字经济边界，为数字经济发展提供更多动力。研究表明，数字科技对发达经济体和发展中经济体的经济增长都起到了重要推动作用。“数字科技已经崛起成为经济增长、国家安全和国际竞争力的关键决定性因素。”因此，围绕数字科技的争夺成为发达经济体谋求数字经济竞争优势的重要方面。面对中国等新兴经济体科技力量的蓬勃发展，美国

联合欧盟、日本等盟友，以国家安全为由对包括中国在内的新兴经济体进行数字高科技封锁，围堵和打压后者的数字技术发展，维护自身在高科技领域的竞争优势，其主要举措有两点：第一，设置数字技术出口限制。美国把对具体公司的出口限制提高到立法层面。2018年美国国会通过《出口管制改革法案（Export Control Reform Act）》，限制美国向外国公司出口、再出口和转移商品、软件或技术。从2018年起，美国政府对中国包括中兴和华为在内的主要数字科技公司进行打压和封锁。日本政府也正在考虑制定政策，限制包括人工智能和机器人在内的数字高科技出口。第二，限制外国公司在数字技术领域投资。2018年8月，特朗普政府签署了《外国投资风险审查现代化法案（FIRRMA）》。2019年9月，美国财政部推出FIRRMA的实施细则草案，经过征询各方意见，于2020年2月生效实施。FIRRMA及其实施细则赋予美国外国投资委员会（CFIUS）更广泛的权力，严格审查针对美国企业敏感和关键的“技术”“基础设施”“数据”的投资是否威胁到美国国家安全。2019年4月，欧盟《外国投资审查框架（Foreign Investment Screening Framework）》生效。该法律为成员国的投资审查机制设置了最低要求，鼓励欧盟成员国就投资审查进行合作，并就某一外国投资项目进行信息沟通；该法律允许欧盟和成员国采取并行的审查程序；当某一投资项目对欧盟多个国家的安全和公共秩序构成威胁时，欧盟有权从“欧盟的利益”角度发表意见。这一法律使外国公司在欧洲进行数字技术投资时面临从成员国内部到欧盟的多重限制和门槛。日本效仿美国和欧盟，提高对外国投资的审查标准。2019年11月，日本参议院通过了重新修改的《汇率及外国贸易法》。修改后的法律规定，任何外国企业投资日本的半导体等与国家安全相关的公司，当所持股份占到日本上市公司股份比例的1%（由原法的10%修改为1%）时将面临投资审查。这意味着受到投资审查的外国公司范围将大幅扩大。因此，投资日本数字技术公司的外国企业将面临严格审查。三是争夺数字贸易规则制定主导权。随着数字贸易成为引领国际贸易规则制定新方向的重要议题，争夺数字贸易规则制定的主导权成为西方国家数字战略的重中之重。从世界贸易组织（WTO）多边贸易体制改革到二十国集团（G20）政策协调平台，从达沃斯世界经济论坛到经济合作与发展组织，数字贸易规则都是焦点议题，西方国家积极协调立场，试图推行符合其诉求的数字贸易规则。美国试图通过主导数字贸易规则制定，使其国家利益最大化，从而维护美国在世界范围内的经济霸权。为了强化在数字贸易规则制定方面的主导权，美国联合欧盟和日本，希望在发达经济体中就数字贸易规则达成一致。欧盟和日本也希望与美国形成统一立场，在数字贸易规则制定上拥有更多的主动权，以维护自身在新一轮竞争中的优势地位。美国寻求世界范围内的数字贸易自由化、数据跨境自由传输以及数字贸易免于征税，发挥美国互联网公司在国际数字经济竞争中的优势，巩固这些公司在世界竞争中的有利地位，进而形成美国在数字经济时代的核心竞争力。在数字贸易规则上，美国与其西方盟友总体立场相近，但也存在微妙差别。在数字贸易自由化问题上，美国主张数字贸易全面自由化，欧盟主张贸易自由化应在政府干预和监管下进行。在数据跨境传输问题上，美国主张数据跨境自由传输，并坚决反对数字本地化；欧盟基本同意美国的立场，但强调数据跨境自由传输的条件，即政府要进行监管，并应对数据和消费者隐私进行保护。欧盟制定的《一般数据保护条例（General Data Protection Regulation）》已于2018年5月生效实施。它在协调欧盟各成员国数据保护规定的同时，对电子商务的数据保护和数字公司的数据管理及保护进行了更为严格的规定。日本提出“可信赖的数据跨境自由传输”，主张在数据跨境自由传输的基础上，加强各国法律法规协调以及监管机关合作，以此弥合美欧在数据跨境自由传输上的分歧。在数字贸易税收问题上，美国、日本和加拿大等国主张对数字贸易免于征税；欧盟原则上支持这一主张，但一些成员国为了扩大税源，要求对电子商务服务进行征税。目前，美国与欧盟继续就数字服务税问题进行谈判，而日本的立场与欧盟相近。

三、积极应对国际数字经济竞争

西方发达经济体为赢得数字经济竞争优势而采取的种种举措加剧了各国的竞争和摩擦，使中国数字经济发展面临的挑战增加。中国应在加强自身数字技术研发和数字经济建设的基础上，推进与其他发展中经济体的数字经济合作，妥善处理与西方国家在数字经济领域的分歧与竞争，共同推动国际数字经济在竞争中良性发展。一是坚持以数字“一带一路”建设加强与发展中经济体的数字技术合作。在数字经济时代，发展中经济体要抓住发展机遇，不仅要有公路、铁路、港口和桥梁这样的大型基础设施，还需要互联网等必要的数字基础设施。大多数发展中经济体的数字化程度较低，不论是数字基础设施硬件设备，还是互联网服务等软件设施都需要提升。联合国贸易和发展会议（UNCTAD）的研究表明，在众多发展中经济体中，中高收入发展中经济体的互联网渗透率在50%至60%之间，而低收入发展中经济体和欠发达经济体在40%以下，一些国家只有10%～20%。大多数发展中经济体要融入数字经济浪潮，通信技术和无线网络是其亟须的基础设施。经过20多年的发展，中国的数字技术已经在5G通信等领域形成了自身的竞争优势。面对发展中经济体巨大的数字技术需求，中国应以数字“一带一路”为抓手，为广大发展中经济体提供发展数字经济的公共产品。习近平总书记曾多次表示中国愿意在数字经济领域加强与各国的合作。在2017年“一带一路”国际合作高峰论坛开幕式上，习近平总书记指出，我们要坚持创新驱动发展，加强在数字经济、人工智能、纳米技术、量子计算机等前沿领域合作，推动大数据、云计算、智慧城市建设，连接成21世纪的数字丝绸之路。在2018年亚太经合组织第二十六次领导人非正式会议上，习近平总书记强调，数字经济是亚太乃至全球未来的发展方向。我们应该牢牢把握创新发展时代潮流，全面平衡落实《互联网和数字经济路线图》，释放数字经济增长潜能。同时，我们应该加强数字基础设施和能力建设，增强数字经济可及性，消弭数字鸿沟，让处于不同发展阶段的成员共享数字经济发展成果，让亚太地区人民搭上数字经济发展快车。在2019年第二届“一带一路”国际合作高峰论坛的开幕式上，习近平总书记再次指出，我们要顺应第四次工业革命发展趋势，共同把握数字化、网络化、智能化发展机遇，共同探索新技术、新业态、新模式，探寻新的增长动能和发展路径，建设数字丝绸之路、创新丝绸之路。为深化与发展中国家在数字经济领域的合作，中国可将数字基础设施建设与传统基础设施建设相结合，根据各国需求寻找双方合作的契合点。例如，中国可以将包括5G技术在内的先进技术与合作伙伴的传统基础设施项目进行打包，共同推进，让数字高科技以较低成本进入合作对象国，帮助其实现数字技术创新、数字化转型。中国还可就发展数字经济经验与其他发展中经济体分享交流，降低其他发展中经济体在数字经济发展中的试错成本，帮助这些国家有效打造符合本国需要的电商平台、移动支付、物流网络等数字经济平台，实现数字经济良性和有效发展。此外，中国可以在人才培养方面帮助发展中国家建立自己的专业技术和管理人才队伍。二是坚持与其他发展中经济体携手参与数字贸易规则的制定。由于经济发展水平和竞争实力不同，新兴经济体与发达经济体在数字贸易规则上的立场存在巨大差异。在数字贸易自由化问题上，中国和巴西等新兴经济体主张从建设“开放的贸易环境”入手。巴西提出“应消除变相限制数字贸易的壁垒”，中国强调成员国应提升海关程序，在可能的范围内建立和采取电子支付手段，并利用自由贸易区和海关仓库促进跨境电子商务。在数据跨境传输问题上，中国和俄罗斯等新兴经济体不同意发达经济体主张的数据跨境自由传输，强调数字市场的开放以及数据跨境自由传输会给社会和国家安全带来不确定性和威胁，主张数据跨境自由传输等问题应由各国自行规定，要求实行数据的本土化。中国、印度和越南均已通过国内立法，限制数据跨境自由传输，筑起数据保护的防线。在数字贸易税收问题上，以印度和南非为代表的新兴经济体明确支持对数字贸易征税，认为免于征税将影响发展中经济体的财政收入。印度和南非更是在G20大阪峰会等多个场合公开

反对发达经济体关起门来制定数字贸易规则。发展中经济体在国际数字贸易规则制定中有更多的共同利益，如果发达经济体主张的数字贸易自由和数据跨境自由传输等规则真正成为国际规则，大多数发展中经济体不但在数字贸易发展上会受到制约，在国际数字经济竞争中处于被动地位，相关规则还将给这些国家的经济、社会和安全带来潜在的负面影响以及高昂的规则适用成本。中国应加强与其他发展中经济体合作，凝聚共识，在数字贸易规则制定中发挥更大影响力。一方面，中国应与其他发展中经济体，特别是新兴经济体加强沟通与协调，在国际贸易规则磋商中形成统一立场；另一方面，中国应和其他发展中经济体密切合作，利用美欧发达经济体在数字贸易规则上的立场分歧和利益摩擦，在磋商中推动有利于发展中经济体的数字贸易规则。欧盟内部各国对数字市场开放的态度不尽相同，这使得欧盟在数字国际贸易规则磋商中难以过度妥协。中国与其他发展中经济体可利用美欧之间的分歧，在数字贸易规则谈判中推动形成“三足鼎立”的局面，从而摆脱发达经济体主导国际经贸规则制定的局面。三是坚持妥善处理与发达经济体在数字经济领域的分歧与竞争。中国与发达经济体在数字贸易规则制定等领域的分歧，属于数字经济治理或数字经济秩序之争，由于理念和利益不同，双方的分歧短期内难以弥合，但这不应成为双方开展合作的障碍。中国与发达经济体在解决全球“数字鸿沟”、帮助发展中国家提高数字基础设施接入和提升数字素养方面有共同的责任，在加强数字治理、网络安全保障、数字经济标准与规则制定等领域有共同需求，有必要加强沟通、协调和合作。除少数西方国家出于战略和政治目的对中国进行封锁和打压，中国与发达经济体在数字贸易市场、数字技术领域的竞争属于正常的现象，发达经济体内部也存在这样的竞争。2019年3月，欧盟以“滥用市场主导地位”为由对美国谷歌公司进行14.9亿欧元（约合17亿美元）的处罚。这是欧盟继2017年对谷歌开出27亿美元罚单后的又一次处罚。2019年12月，欧盟对脸书展开反垄断调查。而美国的另一家互联网巨头——亚马逊公司也被欧盟和日本的竞争法委员会分别提起反垄断调查，而这已经是日本对亚马逊公司提起的第二次反垄断调查。2019年12月，美国政府公布的调查报告称，法国的数字服务征税措施对美国数字公司构成歧视，违反美国《1974年贸易法案》的“301条款”，美国政府可能会对法国采取单边加征关税的措施。因此，应正确看待和处理与发达国家在数字贸易领域的某些摩擦，以商业和法律的手段予以解决。目前，中国是全球最重要的数字经济市场。中国有10.67亿网民，有全球最大的智能手机、移动支付、网络零售市场，连续多年成为工业机器人第一消费大国，人工智能市场规模年均增长率超过40%。截至2022年，中国数字经济规模达到45.5万亿元人民币，占GDP的比重为39.8%。随着科技创新投入不断加强，中国已经成为推动世界数字高科技发展的重要国家，将在世界数字科技发展进程中扮演越发重要的角色。中国不仅是西方高科技企业的重要市场，也是其重要合作伙伴。对中国高科技企业采取围堵和孤立的政策不仅会损害全球价值链的稳定性，还会给西方各国企业带来巨大的利益损失。正因为如此，美国为保护自身数字高科技优势限制和孤立中国的政策正遭到其盟友的反对。2020年1月，英国政府明确表示将允许华为5G技术在英国通信网络的非核心部分使用。英国对华为公司5G技术的明确支持，不仅是作为重要盟友对美国打压中国数字高科技政策上的公开反对，还是推动许多“摇摆国家”作出明确表态的重要催化剂。因此，在与发达经济体开展数字经济合作时，应因国施策，排除政治因素对经贸合作的干扰，争取团结大多数发达国家，做大共同利益蛋糕。

坚持时时处处对标先进 赶超先进

坚持对标先进、学习先进、赶超先进，无论是对个人、对组织、对社会，还是对企业，都是一种极为有效的自我提升方式。着眼让越来越多的企业在积极践行“大力发展数字经济”国家战略中走在前列，我们遴选了一些优秀数字经济企业，以供更多的个人、组织、社会及企业总结经验、分享成果、快速发展。

一、中国优秀人力资源数字化服务商

经过多年摸索和发展，中国人力资源服务业在激荡中前行，科技创新和经济发展正在推动整个行业持续进化。大批中国企业已经开启人力资源数字化管理，意味着有能力购买数字化服务或产品的企业越来越多，中国的市场已经处在爆发的前夜。公开数据显示，2021年中国HR数字化产品市场规模近20亿元，较2020年增长45.7%。随着企业数字化转型意识的增强，人力资源管理软件各细分领域赛道逐渐成熟，尤其是2018年和2019年HR数字化应用增长速度均超43%。预计到2023年，中国HR数字应用市场规模将达到70.7亿元。

（一）中国平安——倍罗

1.客户与业务背景简介

中国平安于1988年诞生于深圳蛇口，是中国第一家股份制保险企业，至今已经发展成为集保险、银行、投资等金融业务于一体的整合、紧密、多元的综合金融服务集团。作为致力于成为国际领先的科技型个人金融生活服务集团，其拥有超过30家专业公司，集团员工约180万人。进入智能化时代，为了实现产品能直接解决用户问题，自研并推出了人力资源产品HR-X。

2.客户的核心需求与痛点

一是需求：聚焦人力资源业务痛点，融合“大数据+AI技术+应用”，服务智能化平台HR-X，打造敏捷组件化服务架构，强化智能化应用如搜索、推荐、人岗匹配、知识图谱在内部系统中应用。二是痛点：第一，应用场景。职位发布时，操作烦琐，需针对差异渠道如网聘渠道、自建门户等需重复操作；简历入库时，简历数据（中英文及图片简历）标准化执行过程中准确性较差；简历搜索、收集时，内外部渠道主投、主搜、上传等场景下简历资源无法统一、准确归集，统一管理；集团招聘场景，简历数据无法进行有效的查重服务，存量简历复用推荐效率低；画像编辑时，手动编辑操作烦琐，智能化程度低。第二，底层能力。无法提供多语言、多格式、高准确率的解析服务；无法支持多系统、多场景下组件化复用；岗位、简历数据仅实现基础关键字管理，无法提供标签化、智能化数据分析服务；仅实现关键字检索，无法实现简历数据语义关联搜索，搜索效能低；简历操作停留在关键词筛选阶段，无法针对标准数据提供更高效的算法推荐服务；招聘场景标准化服务数据仅存储在电脑文件库中，无法将积累的数据创造价值。

3.服务商提供的产品或解决方案

一是合作内容：中英文图片简历解析，邮箱简历回收，知识图谱(百科+概念+技术中台)，技术咨询。二是构建标准化AI平台能力组件“简历解析、邮箱简历回收”应用，重点优化流程体验。构建本地化标准化业务组件——简历解析，提升简历中英文解析精准度。打造邮箱简历回收应用服务，打通内外部渠道差异化简历入库关键节点，提升数据流转效率。三是结合倍罗超大规模语料解析技术，本地化构建招聘场景下百科知识、行业领域知识、概念知识的知识图谱应用，结合平安集团内部图谱挖掘技术，大幅提升图谱构建效率。

4.为客户解决的核心问题

全局整体规划，产品层业务涉及面广，对整体规划中交付组件服务要求较高，底层交付组件自研开发周期性长，希望通过快速采购方式实现简历解析、简历回收、知识图谱等产品组件快速部署，进而通过产品业务重构提升现有系统流程服务。

5.为客户带来的效果或价值

快速部署，1小时完成；告别人工录入简历，招聘效率提升70%以上；实现多职位对应大量人才的人岗匹配；自动生成简历亮点、风险点分析，大大缩短简历浏览时间。

6.产品或方案核心亮点

一是简历解析：信息安全，支持API接口，更支持私有化部署，满足最严格的信息安全要求；百项全能，覆盖市面上各种复杂的简历布局，超过180项简历字段，支持格式包括doc/docx/xls/ppt/html等；高精准度，整体解析精准度超过96%，久经客户反复测试检验，产业口碑行业第一；能够对简历中的相关经验、教育背景、公司背景维度的亮点提炼呈现，能够对简历中的空档期或时间冲突、教育经历存疑、跳槽频繁以及转行等内容风险提示；增强解释，对简历中的公司信息、学校信息、技能词、证书、姓名拼音等文本信息进行分类、标注和解释，快速了解候选人背景。二是简历知识分析：以用户搜索“字节跳动”为例，传统关键词搜索是找到所有包含“字节跳动”四个字的简历，但呈现结果无语义排序。倍罗采用AI执行语义搜索，根据语义推测“字节跳动”是一个公司名称，用户想要搜索有这家公司背景的人才；找到所有语义描述为这家公司的人才；呈现所有人才，可默认按照语义相关度排序。三是画像图谱：将招聘需求内容进行深度机构化，可提取出包括标准化职位名、职位标准分类、院校要求、公司背景要求、行业、领域、不同程度要求的技能、相关职位、相关技能等数十个维度或标签，可转化为丰富的筛选条件。

（二）哈啰出行——北森

1.客户与业务背景简介

哈啰出行是国内领先的本地出行及生活服务平台，公司于2016年9月在上海成立，从大家最熟悉的共享单车业务起步，逐渐进化为包括两轮出行（哈啰单车、哈啰助力车、哈啰电动车、小哈换电）、四轮出行（哈啰顺风车、全网叫车、哈啰打车），以及酒旅、到店服务等的多元化出行及生活服务平台。截至2020年年底，哈啰出行旗下哈啰单车已经进驻全国超460城（含县级市），用户累计骑行184亿公里，累计减少碳排放量50万吨；哈啰助力车进入全国近400城（含县级市），用户累计骑行56亿公里，减少碳排放16.7万吨；哈啰顺风车已覆盖全国超300城，认证车主逾千万名。

2.客户的核心需求与痛点

哈啰出行执行总裁李开逐表示，共享单车已进入3.0时代，精细化运营成为行业趋势。然而，想要在50个甚至更多城市各找一个这样优秀的综合性人才，挑战就很大了。哈啰出行在早期就将岗位的整个能力拆解得比较细，比如一个城市该增加车还是减车？每天的KPI是多少？如果车被弃到郊外如何再运回来？哈啰出行的管理原则是“技术为上”，在业务中应用大数据、算法与人工智能，在人力资源管理领域也同样重视数字化建设。早在2018年底，随着业务大踏步发展，招聘成为人力资源业务的核心，约30人的招聘团队需要负责2019年全年5500人的招聘量。2019年下半年，业务的快速发展带来频繁的组织调整，人员的急速增长也给人力资源管理带来了越来越多的挑战，原来割裂的、滞后的人力资源系统已经无法满足业务发展对流程敏捷性的要求，人力资源管理需要进行数字化转型升级。

3.服务商提供的产品或解决方案

北森为哈啰出行搭建了招聘系统，凭借强大的流程管理、系统集成、数据分析能力，满足其多样化的招聘需求，提升人才选拔效率，实现实时精细化的数据分析。基于在招聘系统中愉快的合作，也对比考察了众多HR系统后，哈啰出行选择了北森一体化HR SaaS平台，在继招聘模块后，陆续上线了组织人事、假勤管理、薪酬及个税、目标管理及绩效管理、继任与发展模块，重新梳理了24条人事流程，设置300余条基于各业务场景的自动化规则，提升HR管理与流程效率，提高员工体验，应对快速发展的业务需求。

4.产品或方案核心亮点

一是敏捷组织变革，支撑业务高速发展：北森一体化HRSaaS中，实现了复杂派遣业务的线上化管理，从流程发起、校验、津贴核算、调薪到任职记录等形成闭环，提升HR效率，打造公平规范的环境，支撑业务高速发展。二是提高组织效能，提升员工体验：哈啰出行新的入职流程中，

北森帮助实现将Offer管理、第三方体检机构系统、第三方背调系统、入职管理等多个模块的数据对接，应用电子签替代原来的纸质劳动合同，入职流程更加高效、顺畅。此外，员工可以自主参与人事流程中，如招聘、入职、发起试用期考核、转正申请、员工个人信息维护、调动申请、绩效申诉、离职申请等，满足员工的自主性和参与感。三是打造可持续的人才梯队，支撑业务发展：实现OKR与价值观双轨制绩效评价，既强调工作的成果贡献，又关注日常行为与价值观的契合度；在线OKR目标层层对齐分解，即时评价更新，让团队更敏捷地落地战略，调整方向。四是智慧化的人力分析，助力科学决策：实时汇总分析各类人事数据，包含年龄、司龄、类别、职级分布、各部门在职员工情况与变化趋势、离职情况、可惜离职/汰换离职比率等数据，通过图表方式按数据权限呈现给不同层级的管理者，为科学决策提供数字依据。

（三）猿辅导——Moka

1.客户与业务背景简介

猿辅导在线教育，创立于2012年。公司旗下拥有猿辅导网课、猿题库、小猿搜题、小猿口算、斑马AI课等多款在线教育产品，致力于运用科技手段，让全国学生系统高效地完成学习闭环，更便捷地获取优质的教育资源。

2.客户的核心需求与痛点

疫情防控期间，猿辅导2020年春招面向全社会开放1万多个就业岗位，特殊时期，候选人求职意愿降低，部分候选人想等疫情过去经济稳定后再换工作，所以正在招聘的企业候选人资源与往年的金三银四相比减少大半。正常的线下面试难以推进，视频面试成为当下企业招聘的刚需。

3.服务商提供的产品或解决方案

一是统一管理招聘渠道，储备人才统一管理：各招聘渠道整体发布、整体刷新招聘职位，提高管理效率；招聘官网、内部推荐、猎头管理等多种方式组合招聘，全面覆盖候选人；企业人才库自动定位目标候选人，邮件、短信等多种方式激活，持续追踪；AI人岗匹配，智能推荐人才库合适候选人，人才资源高效复用。二是视频面试，简单方便、易推行：在PC端、手机端均可操作，登录便捷，环境稳定；无须安装软件，打开链接即可使用，操作简单；面试过程中可视频可音频，支持屏幕共享，能够直观展现候选人实操能力；面试后可查看面试记录、填写面试评价，关注候选人与用人经理体验。三是协同招聘，offer—入职线上化：HR、用人经理、猎头、管理者招聘流程协同，同步面试日历，消息多端提醒；HR、候选人、用人经理三方面试信息同步，减少重复沟通；招聘各节点保温期自动提醒，及时维护候选人，降低招聘风险；线上进行offer审批，入职信息采集通过系统或者邮件完成，候选人入职无忧。

4.为客户解决的核心问题

线下面试转线上面试。

5.为客户带来的效果或价值

Moka无接触解决方案从获取简历到候选人入职，招聘全流程无接触，助力企业安全招聘、高效招聘。Moka无接触招聘联合猿辅导“万人春招计划”，为其10000个招聘岗位提供全流程线上服务。另外，为834名武汉应届毕业生发放正式录用通知，还为猿辅导在武汉本地扩招的5000个就业岗位提供招聘便利。

6.产品或方案核心亮点

Moka无接触解决方案从获取简历到候选人入职，招聘全流程无接触，助力企业安全招聘、高效招聘。统一管理招聘渠道，全面储备人才。视频面试，简单方便、易推行。协同招聘，offer—入职线上化。

（四）中国建设银行浙江省分行——理才网

1.客户与业务背景简介

中国建设银行是中央管理的大型国有银行，国家副部级单位，在29个

国家和地区设有251家机构，内地设有14890家分行，员工规模超35万人。中国建设银行浙江省分行是建行旗下综合实力最强的一级分行之一，成立于1954年，下辖696个分支机构，其中10个二级分行、409个支行，多项经营管理指标在当地金融同业乃至全国建行系统中名列前茅。

2.客户的核心需求与痛点

近年来，随着集团业务飞速发展，建设银行对校招相关岗位需求激增，年度校园招聘数量均在万人左右。如此大的招聘需求，因为疫情的突然来袭，差点被打乱。因为建设银行此前的校招重度依赖线下，由于疫情防控，企业进校园变得困难，如何有效连接高校和优秀人才成了第一道难题。即便由线下转线上，如何高效规范地展开预热、宣讲、网申、笔试、面试、评估等多个环节，完成优质人才的层层筛选和把关，为集团输送可用之才，也殊为不易。另外，因此前招聘周期过长（完成单场校招全流程一般为60天）、校招成本较高，高层也对校招工作的提效降本提出一定要求。如何安全、规范、高效地展开校园招聘，成了彼时的当务之急。

3.服务商提供的产品或解决方案

在这样的背景下，通过层层调研和筛选，建设银行于2020年初开始引进理才网daydao，浙江省分行为首个试点单位。基于客户需求，daydao智能招聘提供的解决方案如下：实现校园招聘全流程线上化。借助daydao ATS，建行可将招聘计划制订、JD发布、线上宣讲、网申、简历筛选、笔试、面试、评估、签约、录用、Offer保温期管理等流程悉数搬到线上，通过不同的权限管理与职能角色进行相应操作。而且线上招聘打破了时空限制，在线预热、宣讲、内推等面向受众可以更广，跨区域和部门协同招聘也能很好地同步进行，减少招聘分歧。一是以线上代替线下，帮助HR无接触完成健康招聘的同时，也让广大准毕业生足不出户就能了解招聘详情、在线投递简历、进行视频面试、查询面试结果。二是人机协作，提升招聘效率。daydao智能招聘一个很大的特点在于：AI的融入，可为招聘方带来很大的便利。从简历筛选开始，通过岗位关键词、岗位胜任力、薪资要求、院校等配对，系统就能自动推荐高匹配的人选简历，方便HR高效完成初筛。三是到面试环节，daydao视频面试支持AI视频面试、在线视频面试两种形态。采用AI面试，招聘方能提前预置面试题库，对候选人进行初试。系统支持人为打分，也支持根据颜值、价值观、口语表达、知识技能匹配度等自动评分，高分者做智能推荐，提升人才筛选效率。AI面试还支持在线编程，中英文双语版本，对于岗位技能、语言等有特殊要求的岗位，能更快更好更准实现筛选评估。四是招聘后管理，一步到位。除了招聘全流程管理，daydao智能招聘还支持电子签约、背景调查、自助入职等服务，进一步提升了招聘效率，方便企业快人一步招到人才。

4.为客户解决的核心问题

招聘全流程管理的线上化，提供了安全、无接触的招聘解决方案。招聘流程的规范化、标准化管理，包括雇主品牌建设、招聘信息的分发、面试安排与实现、科学化的面试评估机制、签约录用等，真实还原了线下招聘场景，同时跨区域协作更便捷。全流程提效，从简历筛选到面试、评估，人机协作，招聘流程实现了自动化、智能化，招聘效率及质量得到显著提升。

5.为客户带来的效果或价值

通过使用daydao赋能招聘，建行浙江分行的面试到面率从57%提升至83%，原本长达60天的招聘周期最快缩短至1周，招聘成本减少近70%。无须奔波，手机上就能开始面试，候选人的满意度也得到显著提升。据不完全统计，2020年建行招聘计划共计1.6万余人，报名人数达到约29万人，比往年翻了不止7倍。在线下招聘大部分暂停的情况下，招聘覆盖面、转化率获得如此大的增长，与采用daydao这类招聘赋能工具有很大关联。2021年，建行校招依然采用daydao赋能招聘。而daydao线上线下一体化解决方案，也为其线下招聘，如面试安排、签到、分类、叫号、提醒等，提供了很好的工具支持。

6.产品或方案核心亮点

一是产品实力强。核心团队深耕人力资源领域超20年，钻研AI智能算法、招聘管理超6年，daydao智能招聘实现了ATS系统、视频面试、视频简历3大核心业务场景全覆盖，支持PC端、移动端联动使用，中英文双语版本，产品成熟度高，自主创新能力强，在业内属于领先水平。二是招聘全流程管理。产品基于企业核心招聘业务流程进行设计，包括候选人管理、职位管理、内推、猎头管理、校招管理、线上宣讲、AI评分、招聘统计等功能。足不出户，就能完成线上招聘—宣讲—面试—签约—背调—入职等操作，帮助企业快速优化招聘流程、极大提升招聘效能。三是业务交互。依托daydao PaaS平台，daydao ATS可以和HR、OA等日常信息化管理的数据实现良好的交互或打通，无须额外采购多套系统或来回切换，一个账号就能处理相关事务。四是开放与集成。该系统与招聘网站、电子合同、背景调查、供应商系统、主流企业应用等实现打通，还能以“插件”模式服务各行各业的企业用户。同时，定制化程度高，可满足客户深度需求。五是AI智能。产品融入TTS、STT、图像处理、人脸识别、机器学习、深度学习等AI底层技术，可实现机器人视频面试、全栈式简历解析技术、AI岗位画像、AI人才画像、机器人评分、简历智能推荐等，为企业智能化、高质量完成招聘带来了行之有效的解决方案。

（五）周大福——盖雅工场

1.业务背景简介

周大福珠宝集团有限公司（香港联交所股份代码：01929）于2011年12月在香港联合交易所主板上市，以成为全球最值得信赖的珠宝集团为愿景。集团标志性品牌“周大福”创立于1929年。集团拥有庞大的零售网络，遍及中国、日本、韩国、东南亚、美国等国家和地区，并经营发展迅速的电子商务业务，能有效地执行线上线下策略，在现今的全渠道零售环境下成功突围。

2.客户的核心需求与痛点

门店经理每月排班需要3～4小时，耗时耗力。随着人员的急剧扩张，周大福需要一套功能更全、运行速度更快的系统替换现有系统，以支撑业务的正常运行。原有考勤功能较单一，无法实现不同地域间考勤数据传递和共享，以及异地办公考勤等需求。每月考勤数据汇总的及时性、数据的准确性亟待解决。员工需要到店打卡，想要更灵活的打卡方式，方便员工考勤。需要实现灵活用工与工时买卖，各门店店员可以支援其他门店，灵活调度。

3.服务商提供的产品或解决方案

盖雅实时考勤解决方案、盖雅智能排班解决方案。

4.为客户解决的核心问题

为客户解决了在门店业务流量存在“峰谷”时，难以根据客流量较为精准地匹配人力的问题，不同门店考勤无法统一管理的问题，以及门店经理排班耗时耗力的问题。

5.为客户带来的效果或价值

从纸质、PC端处理考勤跨越到移动打卡，实现企业在同一个平台管理出勤，员工无须排队打卡，在所在范围内就可打卡，方便员工日常的办公与出勤，极大提升考勤效率的同时，确保数据实时性、准确性。重新对业务流程进行梳理和调整，考勤管理员只需跟进各门店实际情况，分析出模板，进行统一排班。通过对门店客流量监控与数据收集，预测下一周期客流量以及用工需求，帮助企业积极合理面对高峰期，做出相应的人员储备。实现员工在线调班申请，主管审批后，班次自动调换，随时随地，轻松管理，提高企业沟通效率与员工满意度。企业以门店员工为主，员工需要提前填写出差单、请假单，当发生特殊情况时，员工可以在线使用销单处理，撤销出差单或请假单，减少异常出勤。各类表单申请从纯手工模式转向线上自动化模式，实现全面的员工自助，内部沟通效率提升。

6.产品或方案核心亮点

一是盖雅实时考勤解决方案：实时全自动的考勤管理，复杂考勤规则一个系统平台管控，全方位管控加班，打卡比对班次并自动实时校验，实时生成异常并提醒，互联网架构的分布式计算引擎，支持单体25万人企业规模，工时计算实时准确，万人规模打卡10秒结果呈现。高效排班打卡，查看工时和薪资结果，构建和谐员工关系，满足集团型多业态企业需求，降本增效看得见。二是盖雅智能排班解决方案：该方案通过机器学习、运筹算法，结合历史销售数据、客流数据、员工可用性、劳动力标准等数据自动计算生成多套符合企业业务特征的排班计划，同时为企业提供排班趋势分析，帮助HR、营运、决策层各级人员及时洞察劳动力健康度，保持劳动力队伍的生机与活力，及时施策。目前，盖雅智能排班预测精准度超过80%。

二、中国优秀营销数字化服务商

国内的营销数字化正在加速，进入爆发前夜。赛迪顾问发布的《2019年中国数字营销解决方案市场白皮书》显示，2019年中国数字营销市场规模将达到652.5亿元，年增长率为25.4%，预计2020—2021年市场规模分别为818.2亿元、1008亿元，年增长率为23.2%、22.1%。巨大的市场背后，是一批营销数字化厂商。IT桔子数据显示，国内目前有近400家营销数字化相关企业，其中2014年至2018年新锐营销数字化企业集中快速成立、发展。而在未来的三年，中国将至少出现十家MarTech独角兽企业。

（一）华发股份——原圈科技

1.客户与业务背景简介

珠海华发实业股份有限公司（以下简称华发股份，股票代码：600325）是华发集团旗下房产开发上市公司，中国500强企业、中国房地产行业50强企业。2020年上半年，华发股份实现合同销售金额440.7亿元，行业排名第32位。截至2020年6月30日，公司总资产达2654亿元。其前身始创于1980年，1994年取得国家一级房地产开发资质，是中国改革开放大业的见证者和参与者。2012年开始，华发股份全面实施“立足珠海，布局全国，开拓海外”发展战略，加快异地拓展步伐，取得了丰硕成果。截至2019年底，业务已拓展至北京、上海、广州、深圳、天津、重庆、武汉、南京、杭州、南宁、沈阳、青岛、成都、长沙、郑州、西安等全国近40个主要城市，形成了珠海、华南、华东、华中、北方、山东6大区域以及北京公司的“6+1”区域布局。

2.客户的核心需求与痛点

一是需求：立足珠海、走向全国，实现规模化稳健增长战略目标，华发股份亟须通过数字化、智能化手段实现智慧案场管理。后疫情时代，华发股份公司领导在国家数字化转型的战略引导下，全面拥抱互联网，开启数字化营销体系建设，希望通过智能营销体系赋能业务一线，助力业绩增长。面对新趋势，华发努力求变，以“新交互”为依托，积极“上线”。二是痛点：客户管理系统为传统PC端录客系统，无手机端录客系统。由于系统操作的不便利带来的问题是，置业顾问在客户不成交时基本不录入系统，导致华发股份对于客户数据资产的流失。三是无门岗系统。渠道在带客户时，需要核对客户信息及点击客户确认到访，该操作需要现场管理人员在电脑上完成，操作十分不便捷，带来渠道客户确认到访环节滞后等问题。四是迫切需要搭建微信矩阵，做用户资产运营，做数字化营销的转型。公司微信公众号大多是以项目为单位的订阅号，少量服务号，未做数据打通，对于前期线上潜客无管理、无统计、无规划，未实现线上各获客平台的营销整合及数据打通（小程序、直播插件等）。

3.服务商提供的产品或解决方案

2019年10月开始，原圈科技为其提供智慧案场管理系统，逐步把案场管理、客户跟进与服务功能移动化和智能化，以此提高客户体验和案场管理效率。2020年3月开始，原圈科技为其打造线上营销体系，搭建营销

云管理平台，搭建置业通小程序；深入项目营销日常场景，实现客户线上化、营销业务经营数字化，为企业积累私域客户池，沉淀客户数字资产。

4.为客户解决的核心问题

一是华发股份地产销售现场智能化的愿景。从之前销售现场管理体系强烈依赖“人伺候系统，完全靠人管控”局面，逐步优化成“机器聪明地服务所有人”的局面，即智能化体系具备实时场景感知力，自动按照组织最佳实践，用最友好方式服务客户、销售、门店经理等多种角色；从而带来完全颠覆性的过程执行效果，数据洞察能力和千人千面的客户服务体验，显著提升一线员工效率、客户体验、管理敏捷度。二是华发股份AI线上售楼的目标。为购房客户提供项目介绍、楼盘资料、销售交易和售后服务等全流程功能；为渠道人员、全民营销提供官方的数字化资料，提供AI获客赋能，增强其潜在客户获取能力；为销售顾问提供基于多类型内容的AI获客功能，提升拓客效率，驱动精准营销；为管理人员提供多维度线上数据分析，提高数据应用能力，促进项目城市和区域的数字化营销服务能力建设。三是华发股份全平台数字营销的规划。投放内容升维，提升直投效果→各公域平台数据直连打通→AI获客，自动化初筛→专属智能手机，确保售前服务专员执行→高意向客户，直通案场CRM→全流程绩效分析和客户画像。数字营销支撑系统本质上是一座“数智化和人机融合的桥”，让公域到私域再到成交的过程透明、顺畅、智能化、可管控，同时帮华发股份有效积累数字化营销实践玩法的资产和意向客户画像的资产。

5.为客户带来的效果或价值

智慧营销：智慧门岗、线上售楼中心、智慧营销获客系统、增长运营服务为华发股份实现用户增长。例如，智慧案场—门岗数据统计，截至2020年11月26日，移动端数据总计到访175395人，其中渠道客户量44924人，自然到访客户量130471人，总自然到访客户同步进入营销系统人数509165人（包括一个客户被分配多个项目）。

6.产品或方案核心亮点

产品模块化、组件化能快速对接企业需求，实施落地。不仅提供工具技术，还辅以增长运营服务，确保企业的数字化智慧营销之路获得成功。原圈科技智慧营销云以未来新营销的预见为根基，以建设营销智能化基础设施为定位，以营销科技和AI场景应用为抓手，以用户视角为产品化原则提升公司“触达用户→发现用户→理解用户→管理用户→服务用户→调动用户”的战略能力，并和公司日常的营销策划、线上线下执行动作和组织内外的协调联动无缝融合，持续积累运营客户数字化资产。

(二) 裸心集团——JINGdigital径硕科技

1.客户与业务背景简介

创立于2007年的裸心集团，致力于为人们打造返璞归真、充满愉悦体验的度假村。裸心集团深耕度假村业务，2007年在浙江省莫干山打造了精品民宿裸心乡。凭借在度假村领域十多年的发展，裸心集团在打造高品质体验、系统性管理以及提升品牌价值等方面积累了丰富的经验，这也为其不断开拓新业务提供了可能。2015年，裸心集团进军联合办公业务，创立裸心社。短短两年时间，裸心社成为行业领军者，并在2018年4月与WeWork中国共同宣布合并计划。

2.客户的核心需求与痛点

一是客户核心需求：实现数据打通，完善用户画像；为用户提供入住前、入住中、入住后的数字化高端服务体验；提升用户复购转化率。二是客户痛点：用户数据分散于多渠道，品牌匹配用户难度大；用户全生命周期价值仍未挖掘，个性化服务与酒店品质不匹配；活跃用户的识别和跟进有难度，让用户复购的难度大。

3.服务商提供的产品或解决方案

JINGdigital径硕科技提供的产品：客户旅程、互动机器人、企业微信销售工具、Campaign运营、个性化菜单、用户标签＆画像＆群组、全渠

道数据打通、个性化群发、潜客打分＆销售线索分配。在服务裸心集团期间，JINGdigital径硕科技提供的具体解决方案为：在酒店预订系统接入JINGtrack功能，收集用户行为数据和订单信息；用户入住前，自动发送出行提醒、出行天气、周边景点、酒店精彩活动等前置信息；用户入住过程中，自动发送酒店餐饮相关信息、客房升级或续约服务；用户离店后，自动发送服务评价问卷，收集客服反馈并发送下次入住优惠券。

4.为客户解决的核心问题

应用JINGdigital径硕科技提供的领先的营销自动化产品，裸心集团不仅实现了用户数据的全链条打通，在官方微信真正沉淀了可追踪、可运营、可转化、可复购的私域流量池数据。同时，在自动化技术赋能下，贯穿用户全生命周期的获客、互动、孵化、转化，实现了整个营销的闭环。

5.为客户带来的效果或价值

通过数据统一收集整合，丰富了用户画像；通过客户全生命周期旅程的设置，提升了客户体验；精准用户行为抓取，在适当的时机触达合适的用户，提升了销售转化率。

6.产品或方案核心亮点

针对不同企业的业务需求，JINGdigital径硕科技拥有JINGLead和JINGsocial两条分别针对B2B企业和B2C企业的标准SaaS产品线，在服务裸心集团的过程中，JINGsocial在以下层面发挥了营销自动化工具的价值。一是客户增长：私域流量体系搭建；搭建裂变指数级增长通道；一站式活动运营。二是客户洞察：全渠道用户数据集成；实时行为数据追踪；深度扫描用户画像，立体生成用户报表；第三方系统对接。三是客户管理：轻量版CDP解决方案；高质量用户甄别；标签体系与群组管理；KOL体系搭建。四是精准互动：多渠道触达现有客户；精准线上内容推送；智能会话机器人；自动化营销。五是营销转化：提升电商购买转化率；提升微信会员绑定率；线上流量赋能线下门店；社交销售工具提升团队人效。

（三）施耐德电气——沃丰科技Udesk

1.客户与业务背景简介

世界500强、全球顶级电工企业施耐德电气，为100多个国家的能源及基础设施、工业、数据中心及网络、楼宇和住宅市场提供整体解决方案，在能源与基础设施、工业过程控制、楼宇自动化和数据中心与网络等市场处于世界领先地位，在住宅应用领域拥有强大的市场能力。施耐德电气的服务，涵盖了电气服务、能源和可持续性服务、现场和自动化服务、设施服务、培训等多个层面，致力于为客户提供全面的解决方案，从规划、安装、运行、优化、更新等多个维度出发，帮助客户优化资产、人员、设备和车间。

2.客户的核心需求与痛点

一是核心需求：建立有效的客户沟通渠道，提供智能化的客户服务。二是痛点：施耐德官方商城作为重要的营销渠道之一，业务体系庞大，由于售前、售后的在线咨询具有较高的专业度，并且咨询量大、问题复杂，存在人工处理十分困难等问题。

3.服务商提供的产品或解决方案

沃丰科技Udesk通过多渠道接入，将微信公众号、官网等各个渠道整合起来，将客户的咨询统一接入客服系统。客户的咨询问题，先由24小时在线的GaussMind智能机器人负责接待，无法解决的问题则由人工分派或智能分派给人工坐席。沃丰科技Udesk工单系统可以智能分配所有渠道信息，一键流转，使团队能够高效协作、高效地完成任务。GaussMind知识库能够辅助客服人员完成更加准确、专业、深度的咨询回复。沃丰科技GaussMind智能机器人还可以根据问题中的词语和语义，在问答中进行自主学习，进行更全面、更专业的回答。

4.为客户解决的核心问题

AI将施耐德电气客服人员从繁杂、重复的工作中解放出来，集中资源

解决客户的重点问题，大量的共性问题由机器人解决，既大大缩短了人工服务时间，又提升了服务质量。

5.为客户带来的效果或价值

实现了在线客服多渠道整合，既提升了客服效率，同时对服务质量也能进行有效的监管和数据统计。通过话术梳理和对历史聊天记录的聚合，采用知识图谱的方式，极大减少了知识库的冗余，增加运维效率、降低运维成本。智能机器人可以24小时快速响应客户需求，简单重复的咨询快速解决，保证了对用户问题的及时反馈，降低客服的工作量，提升用户的满意度，对内对外实现了双向促进。

6.产品或方案核心亮点

在线客服多渠道整合，知识图谱，智能机器人24小时快速响应客户需求等。

（四）宝马中国——加推

1.客户与业务背景简介

宝马汽车公司以生产豪华轿车、摩托车和高性能发动机而闻名于世，与奔驰车并列为著名的品牌。宝马汽车公司创建于1916年，总部设在德国慕尼黑，职工五万余人。在艰难的发展中坚持走自我发展的道路，从60年代初陆续推出新车型。此后30多年宝马公司就没有亏损过，还相继收购了英国的路虎和劳斯莱斯，成为一个后起的跨国大公司。但近两年宝马增长乏力，并于2000年3月将旗下的路虎分拆出售。

2.客户的核心需求与痛点

一是线索成本高：传统的漏斗式营销、纸质化营销成本居高不下，营销物料无法形成裂变效应，获客成本成倍增长。二是意向获取难：对客户行为未能准确跟踪，导致客户浏览时长、购买意向等无法形成准确画像，精准化营销迫不及待。三是过程难监控：主机厂物料投放得不到全程监控和及时反馈，统一制作、统一投放、价值化传递大打折扣。

3.服务商提供的产品或解决方案

加推为宝马定制开发了BMW远程数字化营销助手。

4.为客户解决的核心问题

一是线上数字展厅，突破传统汽车营销模式。线上数字展厅为宝马及经销商解决所有与汽车相关的产品与服务问题。它为每个销售人员建立了强大的品牌背书，标准化输出个人信息、汽车产品、商城、动态官网等信息，满足了汽车销售方与购买方的双向需求。其用真实且有温度的服务与消费者搭建信任桥梁，汽车资讯、各类车型，以及宝马相关产品和服务都能线上查看，支持在线咨询、填写表单预约试驾、拼团等功能，突破了传统的汽车营销模式。二是数字化内容营销助手，好内容带来好销量。宝马建设了一个覆盖用户全生命周期的在线数字化内容平台，在线整合和链接各种媒体资源和热点资讯，并导入车企的各种营销素材，为经销商提供适配的多样化营销内容素材库（文章、图片海报、H5、短视频等），提供多样且便捷的定制化制作模板。经销商可以“编辑”和“创作”内容，大幅提升经销商的内容生产力和内容输出质量。宝马创作的每个素材都可以快速自定义添加商品、表单等内容，支持经销商的个性化营销的内容制作。三是经销商看板，用数据驱动业务发展。宝马为经销商搭建了多维度的数据标签和客户画像，数据传递给后台管理系统，让一线销售人员和管理者更加清楚地洞察客户的属性、行为偏好、需求、渠道来源及购买意愿。AI雷达提供多维度营销数据，包括营销素材的查看人数、查看次数、浏览兴趣度；分享内容的浏览用户、浏览次数与时长、转发次数、获客人数等用户阅读轨迹数据，提升对客户的判断力和把控力，提升有效沟通，以提升转化率和工作效率。BOSS雷达提供营销过程数据、营销效果数据、客户线索数据、活动数据等让管理者全面掌握所有数据，合理制定业务发展策略。四是总部管理平台，建立统一完善的数据资产中心。宝马总部打造的“厂端+经销商+销售+客户”四端一体的智能营销管理平台，可以查看经销商的线索报表、营销报表、客户报表、产品使用分析、营销运营分析及

运营管理等数据，而且实时更新，真正实现业务运营动态化、信息共享实时化。五是推力系统，实现全员标准化推广，助力全员营销。推力系统是一套可量化推广的管理工具，利用任务、排行、勋章、兑换体系，轻松实现全员标准化推广，助力全员营销。通过任务把所有劲往一处使，让员工、部门的行为始终与公司的战略目标保持高度一致。当你完成指定的任务，就能获取相对应的推广币。赚取推广币数量的多少体现着个人的工作价值，并通过多元化多维度的榜单体系激励部门和员工。员工赚取的推广币可以兑换相应的礼品，激发全员的推广动力。

5.为客户带来的效果或价值

加推为宝马定制开发了BMW远程数字化营销助手，并在不到2个月的时间里，BMW远程数字化营销助手仅首页访问量就超过34万次。目前，该应用已被宝马推广到全国超过400家经销商，帮助宝马获得商机100万余条，传播访问量1060万余次，微信生态曝光量突破1亿次。

6.产品或方案核心亮点

BMW远程数字化营销系统是为经销商、一线员工和管理层量身打造的线上营销工具，将线索带到线上，牢牢锁定在经销商，避免因为人员流动而造成的线索流失。利用用户行为地采集、分析，帮助线索获取的投放更加精准，用户诉求、意向度了解更加清晰。赋能经销商的同时，使总部对经销商的管理能力更加轻量化、数据化、智能化。通过营销工具探索新的业务发力点，如客户的二次激活、再转化等。

（五）江苏电力——云问科技

1.客户与业务背景简介

江苏电力是国家电网公司系统售电规模第一、客户数最多的网省公司。江苏电力为了给客户提供更好的服务，2017年初步建成了知识管理平台，内嵌电价电费、故障报修、营业业务等近4000条知识，意在为客服人员、营业厅人员、一线工作人员处理客户诉求提供知识服务和技术支持，在此基础上中心同步建立了智能应答机器人系统“电博士”，日均对话3000人次，解决了在线服务端90%客户沟通量，取得了良好的效果。

2.客户的核心需求与痛点

随着智能知识管理平台和智能应答机器人系统的推广应用，客户和客服人员等用户对现有知识库和互动服务平台提出了更高、更新的要求，主要存在四个方面的核心问题亟待解决：一是在知识采集方面，知识参与门槛高，方式较为传统。知识传递还是通过邮件传递、人工整理的方式，与其他系统无法实现共享。二是在知识维护方面，费时费力，对知识管理员能力要求很高。目前无法实现全员参与，日常维护人员仅限于省中心的3名知识维护人员，知识关联度低，无法多点统一运维。三是在知识使用方面，与用户的场景契合度不够高。具体体现在知识展现渠道单一，目前仅可以在PC端、微信电博士展示，知识搜索不智能，全文检索功能性能很差；知识的展现方式目前仅有文字内容，没有视频和音频等富媒体展现方式，交互方式单一，不能实现个性化主动推荐。四是在知识培训方面，维护效率低，针对性不强。目前知识库只能通过人工设置考题，题库无法自动新增考题，缺乏个性化、有针对性的学习推荐，知识地图、考试管理流程不方便，工作流程不够智能，效率低，经常接到知识维护人员反馈操作烦琐，希望能够从根本上有所变化。智能知识库作为挖掘知识资本、提升人员素质和技能水平、创造持续竞争力的重要工具，知识管理系统的重要性已经毋庸置疑。而近年来，知识管理体现出了移动化、主动化、智能化和场景化四个显著特征，各行各业也在不断打造新一代的统一知识管理平台，变革现有知识管理体系，提供智能的知识服务。鉴于上述现状需求与痛点，利用人工智能技术，结合业务实际情况，建设一套智能化的知识管理系统来满足内部员工和外部客户对知识的诉求，进而打造智能化客户服务体系是十分有必要的。

3.服务商提供的产品或解决方案

云问智能知识管理系统的服务群体包含内部员工和外部客户。对内

部员工而言，将提供虚拟的智能助手作为强大的知识支撑辅助日常办公；对外部客户来说，提供的是全方位的信息咨询、业务自助办理和预约的渠道。总体上来说，系统建设的目标是：以人为中心建立江苏电力营销的智慧大脑，满足移动互联网的碎片化应用场景，支撑快速到来的智能知识服务时代。具体而言，云问智能知识管理系统通过建立电力营销智能知识管理系统，打造面向江苏电力客户的“电力百度”、面向江苏电力员工的“电力知乎”、面向电力营销专业的“电滴学院”、面向知识众创的“电力达人”、面向现场作业指导的“知识灯塔”等板块，将原来线下、点对点的知识维护的机制转变为线上协同众创的工作模式，有效打破信息壁垒。此外，智能知识系统还能与营销业务应用系统、智能机器人、移动作业终端、实体机器人等对接，一方面为业务工作的各个环节提供知识支撑，提高业务处理的规范性和时效性；另一方面使之为在线客户提供24小时的智能应答及业务自助办理与预约成为可能。

4.为客户解决的核心问题

基于客服数据构建面向电力客服领域的知识图谱，帮助电力企业完成对客服相关知识的场景化消费，同时基于知识图谱的推理能力，提高在线客服机器人的准确率。

5.为客户带来的效果或价值

云问智能知识中心平台为全省电力营销员工提供知识、文件智能查询服务，电滴学院为智能学习、智能考试、智能培训三维一体的智能互动式培训平台。通过云问智能知识中心平台，能显著提高电力客服人员的工作效率。云问智能知识中心是对外服务的基准参考，通过及时更新知识库内容，使电力员工快速准确解决用户问题，提高工作效率和客户满意度，维护企业品牌形象。电力营销知识体系庞大，内容业务组织灵活多变，需具备定期的内容更新和维护机制，才能保证内容质量，及时满足业务工作需要。将企业知识有效管理，建立良好的运营机制，会为企业长远发展提供潜在的经济效益。

6.产品或方案核心亮点

一是关系抽取：实体关系抽取是信息抽取的一个重要分支，是指通过信息抽取技术从自然文本抽取出实体及其之间的关系。多示例多标签卷积神经网络（Multi-Instance Multi-Label Convolutional Neural Networks，MIML CNN)是解决关系抽取问题的一种技术。二是句法分析：句法分析（Syntactic Parsing）的主要任务是对输入的文本句子进行分析以得到句子句法结构（Syntactic Structure）。分析的结果往往以树结构的形式表现，叫作句法分析树。

三、中国优秀零售数字化供应商

新零售风口之下，线下零售行业的数字化改造已是当务之急。据国家统计局数据显示，2011—2019年，我国社会消费品零售总额持续增长，已迈上40万亿台阶，但增速呈现逐年下滑态势：从最高点17%降至2019年的8%。要想挖掘发展的新动力，传统零售行业的数字化转型迫在眉睫。再加上2020年新冠疫情的催化，更多的零售企业开始数字化转型。面对这个市场，诞生了一批零售数字化服务商，他们以SaaS工具为牵引，帮助企业实现基础的商品、订单、门店、交易、客服等功能，沉淀交易数据、用户画像提供综合的营销、运营服务，形成引流、转化、成交、留存、复购和裂变的用户全生命周期闭环。目前大部分零售企业的数字化正处于起步、感知、融合这三个发展阶段的努力与转型中，逐渐形成全渠道的用户运营模式，而未来越来越多的零售企业将相继进入洞察、智能、敏捷的数智化阶段，实现对用户价值更加深度的挖掘和运营。每一次阶段的跃迁，都代表着企业数字生态的进一步成熟和完善。无论如何，零售行业数字化变革势在必行，或将在AI加持下重塑，数字化服务商也必须抓住这波机遇，实现突围。

（一）华为——图普科技

1.客户与业务背景简介

2020年6月，华为上海旗舰店开业，营业面积近5000平方米，可供体验的产品高达500多种，面向全球的华为消费者与合作伙伴，是华为迄今为止全球最大的旗舰店。旗舰店作为华为的“城市会客厅”，是硬核科技与生活艺术的结合，全场景沉浸式互动，全方位展现全场景智慧生活。作为科技赋能的智慧门店标杆，除了店面的设计建造，华为在门店的数字化、智能化运营方面，也进行了深入的思考。

2.客户的核心需求与痛点

一是构建数字化经营链条，打破线下空间运营“黑箱”。传统运营模式下只能获取分销数据和消费者的结算数据，在店内空间中的引流、导购、选品、陈列等环节中，关于人、货、场的多维数据缺失、分散、不准确、不全面，无法进行精细化管理决策，门店考核困难，不利于业绩提升。二是消费者隐私保护，数据需要脱敏处理。随着技术的不断发展，社会对于高科技产品的数据和隐私保护日益重视，方案必须基于消费者个人信息的数据安全和隐私保护问题，进行充分合规设计。

3.服务商提供的产品或解决方案

图普科技作为国内超大规模图像识别服务商，凭借多年来在智慧零售领域的耕耘与自研算法设计，结合边缘侧能力，为华为构建了端、边、云结合的线下商业空间数字化方案，为旗舰店打通数字化运营链条，并逐步将成功落地方案推广到连锁门店、商超、商业地产等国内外线下商业空间的数字化实践之中。图普科技构建的端、边、云一体的线下商业空间解决方案，通过覆盖全店范围的多种AI技术，实现线下商业空间数字化，洞察客流的转化效率，知晓过店、到店、在店客流情况。同时，助力线下商业空间洞察坪效，知晓客流在店的热力轨迹，直观掌握进店顾客在店内重点停留区域和高关注度货架，以及门店客流在不同时段内变化趋势。

4.为客户解决的核心问题

一是对“人、货、场”多维要素交互进行数字化呈现分析。基于AI技术，对“人、货、场”间的交互进行呈现分析，实现华为与消费者的连接和沟通场景在线化，门店全域数字化，洞悉客流趋势、规律，更好服务业务运营数字化。帮助各门店优化动线设计及货架陈列布局，优化人员配置，并为门店开展促销调研提供决策支持，极大提升销售能力与整店坪效。二是建立数据隐私安全合规处理机制。方案融合边缘计算单元，支持多模型本地化处理，特征数据端上结构化处理输出，同步完成数据本地不可逆脱敏及介质安全擦除，上传云端数据符合安全等级标准，最大限度确保数据隐私安全。

5.为客户带来的效果或价值

一是打破线下商业空间运营黑盒，实现线下空间可视化。让消费者、商品、商业空间之间的交互实现数字化、可视化呈现，帮助华为打通数字化运营链条，更好地读懂消费者、读懂生产资料，数字化、科学化地去做运营决策，提升经营效率。二是帮助企业建立起多维业务价值计算模型。基于该解决方案，华为可通过数据后台的各项统计结果，分析出门店存在的隐性问题或分析出优化关键点，并进行调整，提升消费者的购物体验，降本增效，从而实现销售转化率的提升。

6.产品或方案核心亮点

一是多要素分析构建线下全域数字闭环。通过对人、货、场全链条进行数字化、可视化呈现，建立多维度数据关联与分析，在客群管理、陈列管理、商品管理、区域管理等方面，赋能华为线下空间管理运营。二是领先的AI技术，优秀的数据精度保障。要真正实现技术赋能，优秀的精度保障是服务的根本。图普科技自研算法达到国际领先水平，可实现数据统计精准性≥90%，确保数据服务的高可用性。三是功能模块化，灵活定制。方案实现模块化，支持标准化应用呈现和个性化配置，最大限度匹配业务应用，实现深入场景的应用落地。四是高性价轻量升级。可复用原有门店

摄像头，通过边缘计算单元快速实现门店数字化升级，在保障业务数据化同时最大限度保障门店投入成本可控。五是“端、边、云”协同软硬一体方案保障数据安全。基于边缘计算硬件方案实现数据脱敏，在线下商业空间和零售数字化领域中具备领先的数据安全性、隐私性。

（二）三草两木——有信科技

1.客户与业务背景简介

三草两木是一个年销售额数十亿的护肤品牌，该品牌持续探索新零售转型升级之路，拥有零售、经销商、分销、公域流量等多元销售渠道，认为全渠道数字化是构筑壁垒、持续领先的关键。

2.客户的核心需求与痛点

多元渠道发展，未能打通各渠道之间的数据，无法掌握消费者全貌；不能形成“品牌—渠道—消费者”三个环节数据的闭环；依靠传统业务操作方式，商品、订单、仓储、运输等工作效率低。

3.服务商提供的产品或解决方案

打造全渠道数据闭环，实现全渠道消费者数据的统一管理和运营；实现总部、代埋商、客户三方数据闭环；实现基于客户、商品、支付、订单、门店的一体化数字化管理。

4.为客户解决的核心问题

全渠道一体化运营，实现DTB直连门店；全渠道消费者统一管理，实现DTC直连消费者；全渠道订单数字化，实现订单实时更新，订单处理效率提升。

5.为客户带来的效果或价值

已实现总部、代理商、客户三方数据闭环；客户、商品、支付、订单、门店的一体数字化管理，打破数据壁垒，实现全商业场景的一体化管理；开门红营销活动，5分钟内GMV达数千万，销售量增加65%，系统全程无压。

6.产品或方案核心亮点

帮企业构建横跨分销、经销、社交、公域和私域的多种渠道，将复杂的业务问题通过数字化进行提效。相比客户之前的老系统，有了革命性的突破和提升，而且是真的赋能和支撑到了企业的业务拓展。

（三）钱大妈——锥智科技

1.客户与业务背景简介

钱大妈是中国社区生鲜连锁领军品牌，率先在行业内大规模推广“社区加盟制”商业模式，是目前珠三角区域最大的社区生鲜肉菜专卖集群，目前已开设门店2000余家。锥智科技为钱大妈提供了新零售中台一体化解决方案，为其全国门店全渠道运营保驾护航。

2.客户的核心需求与痛点

线上线下库存不联动，导致超卖非标品现象严重，客户投诉极高；生鲜商品单个SKU差异大，销售分等级售卖，库存和成本核算难；商品损耗算不清，影响利润的同时，坪效降低；变价快，耗费大量的人力，价格策略无沉淀；会员数据无运营，复购率低；需要系统拥有高并发支撑能力，保证订单在并发起伏比较大的情况下均能高效运转；需要系统能够应对断网无法收银或硬件损坏导致数据丢失等异常情况；门店运营绝不能出现任何宕机的风险，否则会导致极其严重的客诉；云服务器成本问题。

3.服务商提供的产品或解决方案

一是业务中台管理。第一，商品模块：支持千店千面的商品售卖管理，包括库存、价格、出样商品品相，系统自动分档，根据价格策略每日计算商品售价；全渠道商品管理，自研平台、门店、三方渠道的售卖范围与价格管理。第二，订单模块：全渠道业务订单管理，完整管理订单生命周期，集合全渠道的订单管理，退款、拣货、配送等操作维护；订单轨迹记录，完整生命周期的订单追溯，完整管理全订单流程中操作人（如收银员、拣货员、配送员）在周期中的操作日志，员工工作流程数字化。

第三，会员模块：全渠道统一会员管理，全渠道会员权益共享，快消品零售特有的会员运营工具，商户可自建会员标签体系，系统支持自动打标能力，针对生鲜、水果等高频低客单价的用户画像系统自动给予推荐建议。第四，支付模块：包括用户订单记录、支付记录、三方支付平台，拥有自动化对账能力，保证账面无差异。第五，促销模块：全渠道促销管理，任意促销，都可以根据销售渠道来限制，针对线上线下差异化进行营销，将有限的营销费用更高效地利用；针对营销提供自动发券功能，根据标签或用户行为自动发券，减少运营工作量，用户第一时间获得会员关怀。第六，内容模块：千店千面的首页内容配置，基于用户实时定位、配送地址和用户历史行为，为用户推送最满足用户预期的服务门店或内容，第一时间可以满足消费诉求。第七，门店模块：基于门店属性与定位的周边用户属性，店长可以自定义门店的营业方式，可以根据门店能力自定义门店服务能力。二是SAP系统管理仓库与财务结算合规。

4.为客户解决的核心问题

一是库存不联动、成本难核算——商品、库存完美打通，零超卖率。二是等级商品销售管理难——商品建立关联关系，主、子商品库存共享。三是损耗高，损耗都记录为未知损耗——精确管控到SKU级别，实时了解损耗数据，明显提升门店利润。四是变价快，耗费大量的人力，价格策略无沉淀——门店分等级、分品类的自动价格策略，大幅度提升配置效率。五是用户进店无沟通，会员沉淀难，低复购——线上线下整合会员运营，会员数提高200%，门店服务半径扩大1.5公里～3公里。六是系统高并发。系统有高并发支撑能力，在保证订单并发起伏比较大的情况下均能高效运转；支撑钱大妈2000余家门店同时在线实时收银，线上营销，且每单试算和落库时间均小于1秒；支持1/3000秒商品码识别、1/2600秒订单试算、1/1000秒会员识别，每小时实时订单峰值可达200万；支持日百万级别、月千万级别的订单处理。七是业务高可用性。能够应对断网无法收银，或者硬件损坏导致数据丢失等异常情况；若门店网络正常时，切换为在线模式，实时计算实时上传订单；若门店断网或网络较弱时，切换为离线模式，离线收银利用中台已下发的商品和促销数据进行订单本地计算并按约定加密，待网络连通后上传至中台；若中台服务器计算资源不够，无法支撑所有门店计算时，门店可切换为半离线模式，会员识别后订单在本地计算，最后提交至中台核对计算并生成订单；若门店切换为离线模式时，且由于某种原因导致收银机数据损坏，其他收银机可将此前备份的数据代其上传，多机互备保证数据绝不能丢失。八是风险监控门店运营绝不能出现任何宕机的风险。锥智科技自主研发的秒级监控平台，可实时监控系统异常和服务波动，并能够第一时间通过企业微信和邮件通知研发和运维人员，并快速处理解决。九是锥智科技自主研发中间件，具有动态扩容能力，可以帮助企业有效节省云服务器成本投入50%以上，开设门店数越多，节省费用相对越多。

5.为客户带来的效果或价值

搭建了全渠道会员营销体系，无论用户在店里还是家里，都可以享受商户提供的最优质服务及会员权益；全渠道库存打通，即使最难处理的非标准商品也可以做到库存精确，全渠道销售不会超卖，客户体验佳；生鲜商品损耗可管控到SKU级别，业内遥遥领先；门店管理支持移动化办公，采购订购，数据分析，随手可操作，大幅度提升门店管理效率；会员快速沉淀，多种手段线下引流，线上裂变，会员数字化程度提升300%。

6.产品或方案核心亮点

基于生鲜的特殊情况，特有的全渠道库存解决方案；生鲜非标品特有的A进B出的店内加工解决方案与成本核算方式加盟店管理模式，货款授信、结算方式等特有的加盟管理模式解决方案；基于互联网玩法的线下POS体验，促使到店客流变客户；全渠道会员营销工具的支持；生鲜仓库特有的高效WMS作业工具，将作业效率提升10倍以上。

（四）K11集团——Aibee

1.客户与业务背景简介

K11集团由著名企业家郑志刚博士于2008年创立。其独特的品牌理念将艺术和商业融入办公室及住宅房地产项目中，并在大中华区以至世界拥有多个品牌。K11集团扎根于香港，业务遍布大中华区，在欧美等地也有投资。

2.客户的核心需求与痛点

商业地产整体的数字化与智能化升级。

3.服务商提供的产品或解决方案

K11自2018年起就采用了Aibee的线下空间数字化整体解决方案（Aibee AI Mall OS），目前该方案已成为K11已建、在建购物中心的AI“标配”，如广州K11、上海K11、武汉K11 Select、沈阳K11、天津K11 Select等，都在启用Aibee提供的数字化与智能化方案及产品服务。

4.为客户解决的核心问题

以广州K11购物艺术中心为例，基于Aibee AI Mall OS，实现了从停车场到购物艺术中心，再到办公楼等线下空间的全面数字化与智能化。从后台数字化基础技术与设施搭建，到中台的“人、货、场、车”线下数字化数据平台的构建，再到前台的线下交互屏、手机VR、AR导航及营销等线下触点应用，覆盖广州K11顾客到场、在场及离场的全流程，更赋能K11招商、引流、营销、运营、会员等核心业务环节。

5.为客户带来的效果或价值

数据显示，使用Aibee方案的促销活动，礼品券交易转化率提升了73%，活动总交易额（GMV）更是增长了103%。

6.产品或方案核心亮点

过去15至20年，线上电商的迅猛发展在零售史上开辟了一种全新的模式——基于数字化的精细运营。这一创新突破，不仅让精准零售成为线上电商高速增长的撒手锏，同时也为线下实体商业运营带来了重要的借鉴意义。当前的线下实体商业（无论是购物中心还是品牌连锁店），其运营管理在一定程度上仍然缺乏足够科学的数据分析决策支撑。在购物中心过往的数字化探索中，由于多为单点技术尝试，缺乏顶层设计，在应用场景建设过程中出现基础数据与平台的重复建设，数据融通整合能力不足等问题。Aibee AI Mall OS是目前市场上第一个也是唯一一个可实现线下空间全场景、全流程、全量数字化的解决方案，为客户提供了一整套数字化解决方案，进而帮助客户实现智能化的运营、管理与触达。

（五）蜜雪冰城——观远数据

1.客户与业务背景简介

蜜雪冰城是以新鲜冰淇淋茶饮为主的全国知名饮品连锁品牌。自1997年创立以来，始终坚持高质平价原则，品牌飞速发展，拥有自己独立的中央工厂、研发中心、仓储物流中心。蜜雪冰城品牌追求年轻活力时尚，在年轻人的心中有着坚实地位。蜜雪冰城新鲜冰淇淋具有非常高的顾客认知度，多年以来，单品的销售总量已远远超越国内同类产品。截至2020年年底，蜜雪冰城已经覆盖全国31个省份，进驻全国278个城市（含县级市），累计门店超1万家，年均营业额为65亿。

2.客户的核心需求与痛点

蜜雪冰城一直以来的传统管理手段在当前的规模递增效应下开始出现弊端，内部信息传递不及时，各业务部门日常的经营管理依赖手工统计逐层反馈，效率低下，区域及门店的异常表现也成为管理“黑洞”，难以快速洞察。同时，随着蜜雪冰城门店的不断增加、业务的不断壮大，传统业务系统下的轻量级数据仓库（以下简称“数仓”）已经无法满足未来发展的数据需求，跨库多表取数运行慢，缺乏分层建模，运维麻烦，排查问题复杂，可复用性低、可扩展性低、难交接、难梳理等问题逐渐暴露，此时快速响应的可视化的BI数据分析平台和统一规范的企业级数仓的搭建迫在眉睫。

3.服务商提供的产品或解决方案

观远数据为蜜雪冰城公司搭建了一套完整的数仓+BI平台，在公司范围内建立了企业级的数仓和可视化BI。在数仓的建设过程中同时建设了配套的数据管理体系，以提升数据质量，实现各类数据整合、集中存储；引入成熟的分层建模方法，规范科学地实现数据的精准管理；同样在BI中建立了决策分析模型和智能分析体系，以提升专业数据分析能力，为公司各层级的决策提供数据支持。观远数据为蜜雪冰城搭建的数仓+BI平台，开发上线了营运贸易、采购仓储、财务管理、渠道监控、招商分析、商品分析等7个核心模块，梳理调研了7个业务流程，设置了基于各业务分析场景的自动化看板和报表，输出结果能够完整、快速反映公司整体状况，为采取数据手段支撑经营决策与风控提供可能。

4.为客户解决的核心问题

第一，数仓方案：搭建完整、开放、集成的企业级数据仓库，夯实了数据基础建设；通过观远数据开发平台，实现多个业务系统的数据接入，打破数据孤岛，减少沟通成本和系统集成接口，实现数据贯通，提升整体运营效能。第二，BI方案：以高管视角解读核心指标，随时掌握重点业务经营情况。帮助营运部门建立起从总部级到门店级的数据运营体系，支持时间维度和区域维度的切换，一键实现区域订货排名、门店销售排名、时段销售、商品畅滞销、新品上市等二十多种营运特色业务场景的分析。

5.为客户带来的效果或价值

数仓方案可以有效提高数据使用效率，科学规范的数据分层减少开发成本，实现高复用、精分层，大幅提高开发效率。统一的调度集成机制可以合理安排资源分配、有效监督管理运行流程。BI平台作为信息化价值体现的“最后一公里”，通过丰富的场景化分析为终端用户挖掘数据价值，培养数据分析意识，从而让用户认识到基础业务系统价值，养成良好的数据积累习惯。

6.产品或方案核心亮点

数仓+BI，实现“1+1>2”的效果。提升数据质量，统一指标口径，通过对多个业务部门的走访调研，反复修改确认，最终实现所有数据按照标准进行整合。所有部门数据口径统一，满足对上支撑战略实现，对下监控绩效指标执行，形成一版全流程链的指标体系。推进数据规范化、标准化、系统化建设，建立数据管控机制，提升数据质量和治理。满足业务场景，快速响应决策，实现前后端资源隔离，响应速度大幅提升，满足企业多用户、高并发的实际业务需求。提升现有工作模式，解放生产力能力转型，以数据构建和运营为核心，为业务团队补充能量。

（六）每日优鲜——智齿科技

1.客户与业务背景简介

作为生鲜电商领域独角兽，每日优鲜发展至今，已经成长为一家技术驱动的创新型社区零售企业，致力于让每个家庭买得省心，吃得放心。在一二线城市，每日优鲜首创“前置仓”模式，为16个城市的数千万家庭提供了“超4000款商品，最快30分钟达”服务。每日优鲜非常关注用户体验和服务体系，积极引入智能化能力提升服务响应效率，提高问题解决率。每日优鲜认为：服务至关重要，越是在这样的时代，越要学会用口碑的力量。

2.客户的核心需求与痛点

一是服务响应快速。用户需要快速的响应回复，快速解决现存问题。二是按区域分配。因各大区域的商品及销售政策均有不同，因此各区域的客户服务也有所不同。三是高效服务辅助。重复的问题回复，消耗着人工客服的时间与精力，服务效率低。四是系统对接，单点登录。系统分散，客服需在ERP、在线呼叫等系统中来回切换，工作效率低。五是智能外呼通知。公司存在大量的外呼需求，包括送货延迟提醒、节日促销活动营销等。原始的人工外呼覆盖面小、时间滞后。六是分区域实时监控。之前数据统计字段少，无法满足日常需求，且数据报表分散，需手动汇总。七是

多维数据统计。不提供分区域实时监控，各区域服务情况无法实时了解和管控。

3.服务商提供的产品或解决方案

通过智齿在线客服机器人、人工在线客服和云呼叫中心等产品介入买家接入和客服接待，智能外呼和智能工单等产品介入外呼营销，以便更好实现快速代送、智能服务、系统连接、分区直连和多维度数据等功能。

4.为客户解决的核心问题

每日优鲜是一家非常有代表性的生鲜电商服务平台，也是生活服务类企业的典型代表，这一类公司的客服工作是很烦琐的，因为面临的用户群体多样，沟通渠道和流程很繁杂。在客服方面的核心痛点及解决方案主要体现在：用户咨询量巨大（日千级），需要引入智能化服务分流咨询，并助提人效；据业务、用户等级的不同提供分场景、分层级服务；对接ERP、CRM等系统一键单点登录，实现跨系统信息增删改查；服务前置，主动及时告知用户风险；渠道不同，分配接待不同（如北京用户—北京客服，上海用户—上海客服）；平台功能操作简单化，避免复杂培训与操作；用户全方位画像洞察，提供更有针对性的服务；智能的营销能力辅助，提升成单转化；不同区域、层级、业务的客服拥有不同操作和管理权限；针对分散的不同区域，分区实时监控管理。

5.产品或方案核心亮点

一是外呼机器人。引入外呼机器人，落地了原人工外呼不能落地的业务——实现服务的前置性和主动性；对可能出现的物流送货延迟，自动触发机器人进行外呼提醒，降低用户投诉；促销活动大范围通知，激活沉默的老用户，不断促进新用户转化。二是在线机器人。在用户咨询量巨大的情况下，机器人帮助人工独立接待了近60%用户，只有1/3用户在机器人服务的基础上转接人工。会话场景配置不多，但都是典型场景（如开发票、查物流等），聚焦解决了80%以上用户的重点问题。三是人工在线。用户进入咨询页面后，由机器人优先接待；当机器人服务时间超长（判定为机器人可能无法独立解决问题）、触发指定关键词、到达特定流程节点时（判定为必需人工的特定情况），机器人自动快速转接人工；用户也可以主动转人工，解决更复杂的问题。四是呼叫中心。呼入与呼出场景，占比为5：3，有部分人工呼出场景，应用于私域流量池沟通组建。

四、中国优秀工业数字化供应商

工业是国民经济的主导产业，泛工业的数字化转型是实现我国由工业大国变工业强国的必由之路。以工业互联网为方向看，当前我国正在从工业经济迈向数字经济，进入以大数据、人工智能为特点的“数智化”时代。工业互联网首先是数智化要求，而数智化要求首先就是工业应用软件的要求，这对于全球的软件行业来说是一次全新的革命性要求。工业互联网的蓝海中，很多初创企业不断涌现。短短三四年之内就出现了数以百计的初创企业，光是平台级的、具有较强行业和区域影响力的工业互联网企业就有100多家，而且这100多家企业已经连接了7000万台设备。据工信部统计，我国当前工业App已经突破了59万个，像雨后春笋一样涌现。但从另一个角度来讲，这些工业App往往是局部化的优化，针对某一个工艺点、某一个工序、某一个小场景来做应用。其实对企业来说，更重要的是全局的优化。但正因为在一个大海里，所以大家要特别注意，不能迷失方向，每个初创企业都要根据自己的特色找准定位。

（一）华润三九——黑湖科技

1.客户与业务背景简介

华润三九医药股份有限公司（简称“华润三九”）是大型国有控股医药上市公司，主要从事医药产品的研发、生产、销售及相关健康服务。2000年3月9日在深圳证券交易所挂牌上市(股票代码为000999)，2008年正式进入华润集团。上市以来，公司多次获评中国主板上市公司“价值百强”“金牛百强”企业。华润三九主营核心业务定位于CHC健康消费品和

RX处方药领域。CHC健康消费品业务覆盖了感冒、皮肤、胃肠、止咳、骨科、儿科等近10个品类，其核心产品在感冒、胃肠、皮肤、儿科、维矿、止咳和骨科用药占据了较高的市场份额；RX处方药业务则聚焦消化、骨科、心脑重症、肿瘤核心领域，位居国内市场前列。

2.客户的核心需求与痛点

一是客户需求：提升车间的智能生产程度、提高数字化生产管理水平、优化生产流程、构建跨区域的智能重要配方颗粒智能生产体系、建设重要配方颗粒智能制造示范基地。二是客户痛点：从工厂层来看，主要为排产反复、耗时久，人工记录易出错，纸张浪费严重，信息响应慢、传达慢，数据统计滞后，物料管理低效；从集团层看，主要为集团计划和采购计划无法联动，集团内工厂无法实时监督，产品供应周期长。

3.服务商提供的产品或解决方案

黑湖科技提出的整体业务解决方案是，通过黑湖智造工业协同平台，完成原有部分功能的协同，涉及基础配置、计划管理、生产执行、物料管理、质量管理、称量管理等环节，同时运用机器视觉进行人脸识别和车间监测，以解决原有生产过程中遇到的问题。在此基础上，通过跨时空、跨地域的连接提高集团内工厂间的协同效率：一是工厂层：智能排产；数字化防错，实现实时记录，后期可校对；记录电子化，减少纸张浪费；直接弹出提醒的消息机制；数据实时分析；智能仓库。二是集团层：动态调整采购计划，实时优化产能分配；集团实时查看各厂绩效，监督生产，优化业务；提升供应链效率，缩短产品供应周期。

4.为客户解决的核心问题

华润三九从中药材的种植，到有效成分提取、烘干制粉、包装，再到成品药销售，通过黑湖智造基于云端的跨时空、跨地域的协同，华润三九实现了产业链上游种植基地的供应商，集团内的多个工厂，以及下游的分销商、经销商等之间的紧密协作，从而保证药品的质量、产能的充分利用和市场需求的快速响应。

5.为客户带来的效果或价值

一是信息化建设：基础架构搭建，为后期集团化推广加速50%；二是生产管理：实现生产过程透明化，生产沟通时间缩短15%，跟单工作量减少50%；三是物料管理：收发料作业效率提升30%，有效期提醒减少呆滞料数量；四是协同沟通：实现移动端无纸化作业，销售采购和生产数据共享，产供销协同效率翻倍；五是成本管理：无纸化覆盖率80%，减少账务员、仓管员2个；六是决策管理：生产报表、物料报表、追溯报表可根据需要实时生成。

6.产品或方案核心亮点

黑湖智造基于公有云、物联网和大数据技术，通过高效的数据聚合、精准的数据分发、实时的数据协同，打破生产管理和供应链协作中的“信息孤岛”，优化生产、质量、物料、设备全流程，提高生产柔性、缩短交付周期、提升物流效率，帮助工厂迅速响应消费者个性化需求，由“设计定义制造”向“需求定义制造”转型。黑湖智造的核心亮点在于：一是轻量，彻底抛弃传统的定制开发模式，采用了微服务架构，基于工厂个性化流程完成服务配置，让软件部署像搭建乐高积木一样简单，在1周内完成系统培训，4至6周内完成系统上线，而年费仅为传统软件的十分之一，大大降低了工厂数字化的门槛。二是简单：聚集最优秀的互联网以及工业人才，极致地追求友好的界面体验、傻瓜式应用，易上手、低门槛、用户愿意用，工人的学习成本低，一两天就能上手，避免企业上了系统却不会用、用不起来的情况。三是协同，利用互联网将各种生产要素真正连接起来，让数据产生的同时立刻被消费并产生价值。基于云端部署，实现跨时空、跨地域的实时协同，打通从单工厂、集团内多工厂到供应链上下游之间的互联互通，极大提升工厂的协同效率和竞争力。四是共创，基于SaaS的商业模式，根本性地改变了软件厂商和用户的对立关系，从甲乙双方的一次性交易关系，转变为数字化转型的合伙人，确保用户需求持续不断地被实现，并能够持续不断地感受到产品的优化和科技带来的进步。

（二）米思米——BITO

1.客户与业务背景简介

日本工业用品电商平台——米思米工业用品一站式闪购平台（简称“米思米平台”），米思米平台提供大约900万种商品，业务范围涵盖了FA工厂自动化、冲压/塑料模具、电子电气、工具/MRO工厂消耗品等各种高质量的零件。全球工业客户可以在米思米平台上下单，米思米在全球的30座工厂定制化在3—7天内交付到客户手上。米思米平台主打低成本、短交期，对于产线的柔性生产、快速反馈要求高。在米思米的东京工厂的生产车间，占地面积4000平方米，机床有50台左右，人员3班倒（24小时不间断），希望可以实现柔性生产，根据订单需求动态调整生产计划和生产节拍，替代传统看板管理法安排生产计划和派单。

2.客户的核心需求与痛点

小批量、多品种、定制化，生产周期短，订单波动较大，生产过程中发生异常（如插单、停机等），响应速度慢；设备工装数量多，组合繁杂；资源负荷不透明；对生产控制和设备管理几乎全依赖操作者技术水平和管理经验。

3.服务商提供的产品或解决方案

使用BITO的BAPS智能排程系统，首先将生产工艺、设备机台、标准工时等信息数字化，然后利用BAPS系统进行智能排产优化，保证订单交期的及时性，在保证交期前提下提升整厂设备稼动率。

4.为客户解决的核心问题

BAPS智能排程系统在项目实施过程中，以优化需求迫切、资源瓶颈明显的离散行业为目标行业，选定行业头部客户进行切入，并以此为基础形成具备先进性的不同垂直行业的智能决策解决方案。通过强大的数据汇聚整合能力提供数据服务，动态计算各制造企业在优化排产结果基础上的资源需求和产能盈缺，利用云应用技术对接供需双方，打通供应链上下游，实现在线资源交易和云工厂制造。

5.为客户带来的效果或价值

降低成本：减少5个排产人员，节省了人力成本；提升产能：产能提升了10%；提升设备使用率：稼动率提升10%（从60%提升至70%）；提升交期达成率：交期达成率100%。

6.产品或方案核心亮点

可以建模和处理更加复杂的生产流程，能够将客户的复杂工艺和生产流程进行建模后，根据模型进行生产优化；运算速度更快，可以达到秒级的实时排产计算，处理各类动态异常的速度大幅度提升；产能优化率更高，利用深度搜索AI技术，可以优化提升更多的产能，高于传统的供应商技术。

（三）泉州水务集团——埃睿迪

1.客户与业务背景简介

水务建设是城市建设中的重要环节与组成部分，在“智慧水务”理念的引导下，我国水务行业的运营管理正在进入一个新的发展阶段。智慧水务是以先进信息技术为手段，提升水务行业的决策水平和服务能力，为城市建设发展提供支撑。泉州水务集团认真贯彻落实泉州市关于“智慧泉州”“智造泉州”建设的规划部署，紧跟信息技术发展潮流，在集团成立之初便将“智慧水务”建设纳入集团中长期发展规划当中。近几年来，水务集团投入了大量的资源，开展了相关信息化系统的建设。集团按照“战略导向、综合集成、快速反应”的总体思路，绘制集团信息化规划蓝图，全力推动集团“智慧水务”系统建设，提升信息化对业务发展和创新、集团管理决策和效能提升的支撑能力。

2.客户的核心需求与痛点

一是水资源短缺，水污染较为严重。根据国家统计局数据，截至2018年底，我国人均水资源量为1971.8立方米/人，仅为世界平均水平的1/4，是联合国13个贫水国之一。全国河流、湖泊、水库劣V类(极重污染)的占

比分别为8.3%、19.5%和2.3%，水资源污染问题较为严重。二是水务设备管理粗放，能耗水平较高。管网输配水的电耗占到制水成本的50%，我国污水处理厂的能耗主要是电耗，电费约占污水处理成本的50%～70%，有学者表示，通过提效改造可使能耗降低超过30%。通过现有设施的优化运营，提高出水水质，降低能耗。三是管网漏损、爆管等问题层出不穷。由于原来采用恒压的方式，管网漏损率过高，"十二五"期间管网漏损整体处于15%以上；从单位管长漏损量来看，我国的单位管长漏损量为1.86立方米/千米·时，远高于发达国家的水平。《"十四五"节水型社会建设规划》明确提出，全国公共供水管网漏损率要控制在9%以内，仍有较大空间。四是设备数据未被充分利用，未挖掘数据价值。设备数据信息孤岛严重，无法做到数据互通联动，未形成完整的数据线路闭环，同时行业数据采集方式老旧，数据准确性无法保证。

3.服务商提供的产品或解决方案

埃睿迪水务大脑在实现数字化服务基础上，构建覆盖一体化生产、经营、管控的统一平台，并逐步实现生产数字化、管理系统化、决策科学化以及服务规范化，涵盖经营服务、生产运营、设计施工、管理管控等业务应用范围。水务大脑建设内容如下：一是建设集团统一的信息中心，成为支撑水务行业智能化发展的新型关键基础设施。通过信息中心的水务大脑，实现连接水务全领域、全系统、全产业链、全价值链，支撑水务智能化发展。二是建设五个统一的信息化能力平台，打造水务行业数字化、智能化的管理能力。建设水务大脑的基础能力平台，避免重复投资、重复建设，由水务大脑提供统一的平台能力、统一的大数据服务能力、统一的地理信息服务能力、统一的人工智能服务能力、统一的物联网技术服务能力、统一的数字孪生服务能力。三是打造五个智慧应用群，构建智能化、高附加值的场景应用。基于新技术平台，构建水务大脑，开发智能化应用，解决水务行业业务痛点，支撑生态业务创新发展。通过应用大数据、人工智能、工业互联网以及数字孪生等技术，建立能并发运行且高度灵活的个性化、数字化、智能化的智慧水务管理平台，支撑各业务板块的智慧化应用，覆盖水务全产业链，打造新时代环境下全面科技创新，包括智慧调度应用群、安全管理智慧应用群、运营管控智慧应用群、资产管理智慧应用群、惠民服务智慧应用群。四是打造水务大脑生态产业链，提升技术和服务输出能力。基于水务大脑打造水务生态产业链的服务能力，提升水务大脑的技术和服务输出能力，打造高附加值、高科技含量的智慧水务体系。通过平台实现对外赋能和运营服务，满足和承担城市、外部水务、环保等相关的企业信息系统、平台的建设、运行和管理。通过不断的迭代完善水务大脑，探索新业务领域创新，利用新技术提升水务服务能力。水务大脑以智慧管理、高效服务为主旨，充分利用人工智能技术，同时结合大数据、云计算、物联网、数字孪生、知识图谱等新型信息化技术，按照“业务主导、数据驱动、顶层设计、统一标准”的原则实现水务信息化和数据资源整合利用与深度挖掘，打造新时代环境下全面科技创新，覆盖原水、制水、供水、排水、污水、节水六大领域的水务大脑总体架构。

4.为客户解决的核心问题

水务大脑以新一代信息技术构建具有智能分析、智能决策的智能感知控制体系、核心技术平台和核心应用平台，赋能原水、制水、供水、排水、污水、节水等水务业务应用，提升行业数字化程度，提高水务生产、用水服务的智能化水平，提升管理管控效率和可预见性。水务大脑重点解决了以下问题：一是提升信息传递效率。实现跨层级信息透明、全局全面管控体系多维度先进性，识别管理重点，提供决策支持，降低运营人工成本，尤其是在工程巡检、指挥调度等方面，减少了因信息传递不畅带来的经济损失。二是提升智能应用效果。支撑生产监控、管网运行监控、管网巡检、管网维修、水力模型、水质管理、远程抄表、工程管理各个板块业务的智能化发展，并可对外进行能力输出，实现平台价值增值。三是降低生产成本。AI模型在水务行业实际应用，实现原水输送、制水生产、污水处理过程中的资源节约，实现降本增效。四是实现安全管理。从源头、制

水、供应各个环节保障水质安全，此外基于用水需求预测的供水策略，将整合各方面的信息资源，实现实时监控、分析供水运行中可能出现的各种突发事件及其隐患，并提出预警，动态评估影响程度及提出解决方案，确保人民用水安全。

5.为客户带来的效果或价值

埃睿迪水务大脑项目建设本着“求发展、重服务”的理念，从战略发展方向及水务业务实际需求出发，不断提高水务集团信息化、智能化水平，善于运用新技术、敢于拓展新领域，能够有效提升技术服务、运营管理等各项工作水平，取得良好的经济效益、管理效益和社会效益。一是经济效益：降低水务集团业务开展和行政管理成本；数据资源共享，减少重复投入；信息化能力共享，降低信息化建设成本；减少各类资源消耗，降本增效。二是管理效益：提升集团及各板块信息化管理水平；增强工作宏观统筹和协调应急能力；全面保障供水安全，提升民生服务能力；提高安全管理能力，规避风险。三是社会效益：水务大脑促进水务行业螺旋式上升；促进新型业务开展机制和模式的建立；水务大脑助推智慧城市建设；构建领先科技示范，引领新基建发展；提升工作效率，提升便民服务水平；保障城市供水安全，提升人民生活质量水平。

6.产品或方案核心亮点

埃睿迪水务大脑指的是具有智能分析、智能决策的智能感知控制体系、核心技术平台、数据资源平台和核心应用平台。其中核心技术平台包括大数据平台、数据智能平台、视觉智能平台、物联网平台等，这些平台是智能化应用的基础。核心应用平台主要是与水务业务深度融合的特色应用，如：二供智能管理平台、工程项目管理平台、统一调度平台、安全管理平台等。这些应用基于核心技术平台开发实现，体现了泉州水务特色，也是未来复制推广的主要内容。标准的商业软件没有纳入水务大脑的范围，如财务管理系统、供应链管理系统，但基于财务对各类数据进行智能化分析和决策应用则纳入了水务大脑的范围。同时，水务大脑指的是泉州水务集团的整个信息化建设体系。泉州水务集团信息化蓝图设计以智能化为核心，这正是当前以大脑模式为特征的新一代信息技术的核心体现，因此以水务大脑来统领信息化建设全局最为合适。以水务大脑作为泉州水务集团信息化的核心名片，也对集团信息化建设的方向提出了明确要求，各类技术平台和应用系统的建设都要体现出大脑的智能化特征，体现出大脑的神经中枢、信息处理和存储中枢、反应控制中枢的特征。

（四）丘钛科技——镃云科技

1.客户与业务背景简介

丘钛科技创立于2007年，是中国领先的摄像头模组及指纹识别模组制造商。自成立以来一直关注企业核心竞争力的建设，不断提升生产工艺、品质管理、研发技术、供应链管理等各项软实力，并获得国内外一线客户的广泛认同与支持。公司目前年产值达数百亿，拥有13000台机台、1100名技术工人、6500名操作工人。丘钛科技是中国本土能大规模制造分辨率为800万像素及以上摄像头模组的四大制造商之一。

2.客户的核心需求与痛点

一是需求。为了与华为及其他头部客户达成进一步的合作，“数字化交付”成为重中之重，完成如华为“三化一稳”的高质量严要求，逐步提高产品质量、提升成本比较优势、扩大产能，获得更大的市场，得到更多的收益，真正实现通过高质量品牌助力业务增长。二是痛点。第一，设备数量和种类繁多：13000多台设备牵扯到46个品牌、130多种型号，每种设备的通信协议与数据格式都完全不同，如何能够使用统一的IoT PaaS平台做多种类型设备连接管理？第二，IT系统繁多：企业内部有20多个IT系统，数据孤岛严重，如何使用统一的数据平台进行数据资产运营？第三，IT与OT无法融合：13000多台设备的数据与20多个IT系统的数据如何能够汇聚到一个统一的数据平台？如何能够结合生产制造的应用场景深度融合？第四，关键材料的失效性分析：传统方法都依赖于搭建实验环境做大量的样品测试，才能找到初步的失效分析的关键因子，如何能够通过云计

算和大数据的分析方式替代传统实验方式，降低实验成本？第五，产能瓶颈：传统产能分析依赖于人员手动方式将产量输入到MES系统，数据精度无法保证，导致生产人员无法知道产能瓶颈具体发生在生产线的哪个生产环节。第六，良品率：由于影响良品率的因素有400多个，分别来自几万台设备，几十个IT系统，靠人员的传统分析方法，根本无法准确分析，也无法找到提升良品率的改进措施。第七，外部市场压力：越来越多的头部客户，如华为要求工厂将交付过程数字化，他们需要企业交付产品的同时也要提交产品整个生产过程的数据，以此作为判断产品质量好坏的依据，如何能够基于统一的数据平台，提供全链条数据交付，成为一个核心点。

3.服务商提供的产品或解决方案

针对丘钛科技的痛点，镏云科技制定了符合其实际需求的完整项目计划，从机床设备联网、整合软件系统数据切入，从数据收集与整合逐步延伸至产能检测、产效提升、经营优化环节，帮助企业解决了数字化交付、良品率提升等难题：增加基于多维度数据的质量知识图谱；分子动力学仿真，改善胶水时效性分析；RFID+定位+设备管理软件，DTU+5G数采，设备状态切片、停机原因分析；使用智慧电能，做用电分析；优化物料供应商，提高物料品质；改善设定参数上下限值、标准值、偏差值，对工艺参数过程进行管控；设定环境参数预警上下限，预判不良及时预警；减少首件测试项，取消首件测试部分环节，制定测试标准。

4.为客户解决的核心问题

结合企业的核心痛点因地制宜给出符合头部客户实际需求的完整项目计划，助力企业达成华为关于“三化一稳”的严格要求，成功实现数字化交付。

5.为客户带来的效果或价值

助力企业完成数字化交付，实现业务能力赶超华为摄像头模组供应商队伍中的“榜眼”与“状元”，成功拿到超过10%的订单，迅速获得数字化转型带来的丰厚红利。

6.产品或方案核心亮点

一是产能和良品率显著提升：产能提升15%，调整机换线时间降低12%、生产线次品率降低10%，单一条生产线可增加1500万的产值。二是数据集成：打通IT与OT数据，一万三千多台设备的数据与20多个IT系统的数据汇聚到锱云PaaS统一的数据平台，结合生产制造的应用场景深度融合。三是数据分析：运用分子动力学仿真，改善胶水时效性分析；设备状态、机台能力分析、OEE、UPH、不良原因分析、数据建模，进而工艺参数调优，OEE提升10%，产能同比增加10%；导入探针优化治具，降低机台故障待机时间。五是辅助决策：智能抄表，优化后不仅节约了人力成本，能耗成本节约同样得到了显著提升，如抄表人工减少10%。

（五）三山岛金矿——数智源

1.客户与业务背景简介

山东黄金矿业（莱州）有限公司三山岛金矿地理位置优越，位于“黄三角”渤海经济圈的黄金地带——莱州市三山岛特别工业区，是国家黄金工业“七五”期间重点建设项目，是中国100家最大有色金属矿采选业企业之一，也是目前国内唯一的海底开采黄金矿山的企业。企业将绿色矿山规划和资源开发利用相结合，在资源开发和利用过程中，坚决贯彻绿色矿山建设规划“四效并举、统筹兼顾”“循环经济发展理念”“以人为本”“科技进步”四大原则，把绿色矿山建设作为矿山建设发展的主要目标和重要任务。

2.客户的核心需求与痛点

打造“国际一流示范矿山”，是山东黄金矿业(莱州)有限公司深入贯彻落实中央和省委、省政府关于新旧动能转换重大工程战略决策的重要举措。安全生产是三山岛金矿的重要基石，由于矿区业务场所的安保级别较高，针对视频监控管理也提出了更高的要求。现阶段视频监控系统视频查看、通信指挥，往往不够直观，指挥人员不能实时掌握现场情况，应急指

挥调度效率低下，缺乏基于视频实景地图指挥的创新性方案，在重点区域安保和日常监管等应用场景，融合使用视频实景地图，能够更好地服务于三山岛金矿监管工作。

3.服务商提供的产品或解决方案

数智源作为三山岛金矿的数字化解决方案服务商，通过建设视频智联平台，融合汇聚三山岛已建信息化资源，基于高端可视计算领域，采用大规模数据可视化、模式识别、大数据处理等核心技术，打造实景化、扁平化、立体化的AR实景监控指挥体系，有力提升三山岛视频监管工作的智能化水平。数智源推出了集监测、指挥、维护、管理于一体的三山岛金矿视频智联平台。该平台采用视频采集与传输技术、智能视频分析技术、统一通信技术、AR视频增强技术等核心技术，建设三山岛金矿视频监控、分析、指挥系统，提升视频综合管理能力，实现视频监控集中化、网络化、数字化和智能化管理。

4.为客户解决的核心问题

通过三山岛金矿视频智联平台达到以下目标。一是提升金矿智能识别水平：系统引入区域入侵、绊线检测等智能识别算法，强化智能视频分析在视频监控中的支撑作用，针对仓库、卡口、周界等进行布防布控，触发报警进行事件截图和视频录证，改变传统被动监控向主动监控模式的切换。同时，引入智能视频分析训练模型工具集，基于工具集开展AI智能识别训练和技术积累，可大幅提升三山岛金矿智能视频应用水平，为预防各类安全事件提供技术支撑。二是提升金矿监管可视化水平：系统打破传统视频监控不直观的弊端，利用高点摄像机采集的高清视频，针对三山岛矿区进行全景监控，以大场景、大视野监控画面为载体，利用增强现实标签技术，整体形成重点区域的视频实景地图，增强指挥人员实时、准确处理突发事件的现场感，能够实时动态获取监管现场多维度信息，提升三山岛金矿监管可视化水平，为精准处理各类事件提供强有力的支撑。三是提升监管视频巡逻效率：通过视频智联平台建设对三山岛金矿视频进行数字化管理，实现总揽全局的效果。接入后端系统软件后，通过AR增强现实技术，实现与低点防控资源的联动呼应，通过标签联动画中画调用低点视频、卡口等资源，高点与低点的自由切换，低点与低点间的联动查看，达到贯穿性的调动查看，做到监控画面的整体与局部同时覆盖，拓宽了视频采集的深度与广度，立体化、自动化的巡逻应用，提升了视频巡逻的效率和速度。四是提高应急事件处置能力：系统以视频实景地图为核心，实现多种业务的整合与应用，支持多种报警信息的接入，一旦发生应急事件，指挥人员可以直观地掌握在何地、何时、发生何事、人员在如何处置、事件态势如何发展等情况。通过在实战中的应用，充分发挥系统的协同联动效应，实现人员实时动态调度，事件实时动态处理，大大提高三山岛金矿对重点区域中应急事件的管控及反应能力，提高应急事件的响应水平。

5.为客户带来的效果或价值

山东黄金矿业(莱州)有限公司依托新一代科技信息技术，实现在监控视频画面上叠加各类监管信息数据，将整个管辖区域中的人、物、监管资源信息直观展示在视频画面中，推进安全防控业务应用功能的深度融合，完善三山岛金矿实景指挥监管体系建设，发挥指挥中心管理中枢作用，为三山岛金矿安全稳定提供有力的科技支撑和机制保障。

6.产品或方案核心亮点

智慧矿山可视化决策平台，紧密围绕矿山智慧转型需求，基于5G网络搭建智慧矿山安全监管平台和业务数据辅助决策平台，集成矿山的各类传输网络、感知系统、自动化系统、管理系统，从视频和数据两个方面提升安全监管水平，融合大数据、人工智能、AR视频增强等关键技术，构建融合、统一、智能、高效的“智慧大脑”，建设具有主动感知、自助分析、深度学习、智能决策的矿山安全监管可视化决策平台。一是标准化管理。视频应用标准化：依托智联平台实现全网视频统一管理，创新“AR+AI”视频监管应用模式，实现数字化、精细化管理。数据应用标准化：依托深

维数据平台，构建“1+N”监管模式，即“一套标准化应用工具，多个业务应用场景”。二是安全生产高效经营。建立监控主题，提升安全防控水平，实现矿山集中监控、统一展示、可视化决策、高效调度的运转体系，保障矿山安全生产。基于业务数据和结构化数据的大数据资源池，提供普通标签、业务标签和识别标签查询应用，方便业务监管与服务工作。三是视频全景融合应用。依托高点视频、3DGIS和3D建模等技术，搭建视频实景地图，将视频数据与业务数据无障碍打通，以人脸识别、车牌识别等智能识别技术，形成链式监管模式。四是赋能业务创新。提高业务一线人员数据自助分析应用能力，让数据成为业务人员工作基础保障，激发全员创新的主观能动性，形成应用合力，赋能业务。

五、中国优秀企业云供应商

自“云计算”在2015年被首次写入政府工作报告以来，经过多年的发展，国内云计算市场规模已经从2015年的378.1亿元增长至2021年的3229亿元。另有数据显示，截至2025年，国内云计算市场规模将会突破万亿元。从近几年的发展态势来看，国内的云服务产业正处于快速发展时期，而厂商们为此更是在人才、资金投入等方面不遗余力。目前，国内云服务厂商可以根据不同判断标准划分为多个类型，若依据公司属性，国内云服务厂商可分为运营商、互联网公司、创企、IDC服务商等。若按照公司大小或团队背景进行划分，此时国内云服务厂商仅分为两类，分别是“大鱼”和“小鱼”，前者比如阿里云、腾讯云、华为云、百度云、天翼云等，后者有优刻得、青云、七牛云等。不过，在最终落地形态与服务模式上，大企业与小创企的打法不同。毕竟像阿里云、腾讯云、华为云等巨头在资金和人才上的投入金额巨大，小创企的云服务并没有像大企业那般做到近乎覆盖所有行业，而是在具体服务上更为细分化和多样化，它们多是垂直于某一个具体的产业或方向，解决方案更具针对性和灵活性。

（一）众邦银行——金山云

1.客户与业务背景简介

众邦银行由卓尔控股、当代集团等六家企业联合发起成立，是银保监会批准成立的全国第11家民营银行，也是湖北省首家民营银行，于2017年5月18日正式开业，初始注册资本20亿元，于2020年1月16日完成增资扩股，注册资本达到40亿元。众邦银行是国内首家互联网交易银行，于2019年获得国家高新技术企业认定，成立以来众邦银行始终秉承“专注产业生态，帮扶小微企业、助力大众创业”的使命，以交易场景为依托，以线上业务为引领，以供应链金融为主体，以大数据风控为支撑，着力打造三个银行，即“打通交易与场景的互联网交易银行，致力于产融深度融合的供应链金融银行，数字化驱动科技赋能的开放型数字银行”。

2.客户的核心需求与痛点

近年来，随着金融科技的发展，特别是移动应用的普及，金融场景的数字化强度和金融业务的数字化广度都在急速扩张，以至金融大数据、金融云需求飞速增长。众邦银行深刻意识到，未来的商业银行需从数据中提取价值，以高质量的数据和强大的数据分析能力，支撑金融业务场景的加速创新，以获得持续的产业竞争力。

3.服务商提供的产品或解决方案

金山云基于KCDW数据仓库为众邦银行建立了可高速查询的大数据中心，可支持存储分析核心业务系统数据，充分应用大数据和云计算技术优势，构建统一的风险量化数据云存储平台，对信用、操作、市场、全国风险等风控应用进行改造和升级，并纳入云管理，全面提高风险量化数据管理和应用能力。

4.为客户解决的核心问题

众邦银行数据中台基于金山云大数据平台，建立全行统一、共享的数据仓库，采用统一模型策略，实现对基础数据的存储、整合和加工处理，

为经营分析和管理决策提供数据支持，为数字银行建设提供创新引擎。

5.为客户带来的效果或价值

众邦银行通过金山云大数据云平台，建立起完善的大数据服务体系，全面整合数据资产，深度挖掘数据价值，并通过技术平台持续推动业务模式创新，为智慧银行不断创造新动能。

（二）中国石油——百望云

1.客户与业务背景简介

中国石油天然气集团有限公司（股票代码：601857，简称“中国石油”）是国有重要骨干企业和中国主要的油气生产商和供应商之一，是集油气勘探开发、炼油化工、销售贸易、管道储运、工程技术、工程建设、装备制造、金融服务于一体的综合性国际能源公司。中国石油在国内油气勘探开发中居主导地位，在全球35个国家和地区开展油气业务。2020年，公司在世界50家大型石油公司综合排名中位居第三，在《财富》杂志全球500家大公司排名中位居第四。

2.客户的核心需求与痛点

国有大型企业既是国民经济的重要支撑，也是推动市场经济蓬勃发展的主体，同时还是社会责任的重要承担者。也是因此，近年来，财政部、国资委、国税总局等陆续出台文件，引导大型企业构建、完善税务风险内部控制体系，防范税务风险；特别是在数字中国建设的大背景下，企业更需要构建全面的数字化信息系统。中国石油一直以来坚持推进财务信息化建设，希望建立起一套先进有效的财务集中运营模式，改变过去税务信息录入工作主要依赖人工、效率低下等问题。例如，打通数据孤岛，实现财务端信息的联通联动；减少信息壁垒，提升管理效率；加强内部控制体系建设，降低税务成本，防范税务风险，提高自身的纳税遵从度，满足企业个性化业务需求，更好地应对数字化冲击，帮助集团财务共享服务体系建设迈上新台阶。

3.服务商提供的产品或解决方案

中国石油长期以来持续推进财务信息化建设。按照集团公司的安排部署，以建设世界一流的智能型财务共享服务体系为目标，中国石油与百望云深度合作，实现进项模块与报账系统的集成，助力企业财务全流程信息化升级，推动企业数字化转型。通过共享服务平台系统集成实现对外对内高效管理。一是对外提供税务端系统的进项通道，为中国石油各单位上千个授权税号提供增值税专用发票信息获取、增值税专用发票勾选确认等服务；对内获取报账系统发票池的增值税普通发票信息和全票种信息。二是通过进项管理模块解决进项发展管理烦琐、管理风险大、进项抵扣琐碎等问题：支持与税务局电子底账库对接，对接收进项发票实时、及时地进行真伪查验、查重、自动勾选认证增值税专票；自动对已认证、未认证、认证超期等发票进行分类管理；支持集团对各分子公司进项发票进行自动汇总和集中管理。三是通过纳税申报系统实现税务数据同步：利用系统应税判定、数据关系定义、数据筛选等在线工具自动实现高效、准确计算应纳税款和核对申报数据；在线生成税务机关要求的纳税申报表，与金税三期税务系统无缝对接，完成自动申报；满足税务局对大企业增值税纳税申报的合规性要求，优化中国石油纳税申报管理流程。

4.产品或方案核心亮点

一是落实制度，防范风险：以信息化手段推进企业税务管理制度的落实，明确岗位职责，规范审核审批，加强税务风险防范。二是数据共享，提升效率：通过与企业各业务系统数据的无缝集成，建立高效的数据交换渠道，实现数据共享，消除数据孤岛，提升自动化水平，减少手工操作及人为差错，提高工作效率，降低纳税成本。三是统一口径，集中管控：设计统一、规范的涉税工作管理办法，税务会计稽核标准及税基计算规则库，保证各分支机构在涉税工作核算口径、工作流程上保持一致，提升税务信息质量和合规性，提升涉税工作整体水平。四是信息管税，智能调控：数据的集中、透明，为数据的分析、应用提供了可能。通过智能分

析，为管理者完成税务筹划、税务战略的制定、部署和实施工作提供决策支持。

（三）国家电网——时速云

1.客户与业务背景简介

国家电网成立于2002年，以投资建设运营电网为核心业务，是关系国家能源安全和国民经济命脉的特大型国有重点骨干企业。公司经营区域覆盖我国26个省，供电人口超过11亿。2020年，公司在《财富》世界500强中排名第3位。近年来，国网公司积极推进信息化和智能电网建设，密切跟踪“大、云、物、移”等新技术发展趋势，提出构建“一平台、一系统、多场景、微应用”的大信息化平台。国家电网信息化“十三五”规划明确提出建设国网云。国网云包括企业管理云、公共服务云和生产控制云三部分，由一体化“国网云”平台及其支撑的各类业务应用组成。

2.客户的核心需求与痛点

国网云原有平台共包含5类设备和27个组件，其中已完成组件2个，待完善组件15个，新增组件10个，大部分组件前期已有建设成果。这些组件都是按照独立产品由不同的团队设计开发和实现的，要将这些独立的组件融合成一体化平台还存在以下问题：一是系统中各组件都配有独立的运维团队自行部署与运维，未实现自动化；二是各组件自有集成申请流程、接入测试流程，系统集成沟通成本较高；三是各组件数据独立监控，统一管理及时预警难度大；四是业务应用上线部署人工操作为主，上线周期较长。

3.服务商提供的产品或解决方案

时速云为国家电网提供的解决方案主要是基于国家电网利旧率，多云部署，应用系统逐步转向分布式、容器化的核心目标，通过Kubernetes和Docker等开源技术，帮助国家电网实现大规模应用的统一标准化交付，以及数据库服务、大数据服务、中间件服务、分布式服务总线以及统一分析平台等各类企业级应用的增强和自主研发。该方案提供产品主要包括：容器云、微服务、DevOps及API网关等。其核心能力包括：一是云控制台，统一提供云平台服务目录，提供应用部署管理的操作入口；二是展现操作中心，基于对云平台各组件的管理，通过统一服务目录将各组件提供的服务呈现给用户，实现用户与服务的连接；三是组合协调中心，将云平台内的不同服务组合起来，形成更高阶的服务能力，如一键部署、弹性伸缩等，收集各组件的运行指标进行综合分析，出现异常时及时触发弹性伸缩和故障自愈等操作，保证服务质量；四是部署配置，将云基础设施和云平台组件的服务进行编排组装，为业务应用和平台组件提供部署能力，支持基于虚拟机和基于容器两种部署方式。

4.为客户解决的核心问题

该项目建设过程中充分发挥容器技术的灵活部署、敏捷交付等特性，将其与自主产品整合，完成容器与虚拟机并用，将云平台内的不同服务组合起来，形成更高阶的服务能力。从而帮助客户实现服务的统一管理、编排与对外提供，以应用为中心，为应用提供部署、配置、监控及调度等服务，助力国家电网SG-CSC云服务中心及云控制台与国家电网系统信息化业务深度融合，并实现为多领域技术创新提供全方位底层技术支撑。一是物联网应用，涉及线损、用采、电器、充电桩、电动汽车等覆盖全国的传感器网络的海量数据接入；二是大数据应用，未来将实现对国家电网8000亿条接入数据进行分析；三是互联网+应用，支撑车联网、国网商城等业务将出现的爆发增长；四是实现精确营销，云平台将支撑车联网应用通过对每个充电桩上3秒一次的海量采集数据进行精准分析。

5.为客户带来的效果或价值

云服务中心业务访问平均响应时长在3秒以内，高峰期小于5秒；系统应用10秒内快速扩容；故障监测预警至完成服务切换只需不到10秒时间；原业务应用上线周期2—3周提升至数小时内即可完成；为超过27个省级分公司提供容器化服务，统一管理集群规模达到1200余个节点；稳定支撑数

千个微服务的高效运行。

6.产品或方案核心亮点

本方案中采用Kubernetes容器编排引擎的云原生PaaS自动化应用开发、部署与运维平台，包含了应用编排、交付介质、DevOps、云原生中间件、集群管理、统一运维、容器安全、访问控制和消息中心等在内的多个模块，能够帮助用户实现对PaaS平台的统一管控。其亮点包括：一是通过一键式平台部署、向导式图形化操作界面，以及多场景内置模板，极大简化了用户对平台、应用、流水线等的管理工作。二是支持管理外部K8S集群，无缝接入原生Kubernetes业务应用，使用户轻松切换到统一的多集群容器管理平台；同时，在支持常规Windows和Linux x86操作系统的基础上，也对国产服务器架构、操作系统进行了完整的适配。三是对集群、网络、租户等提供了完善的隔离机制，同时提供数据加密、容器安全、中间件加固功能，并支持Docker、K8S CIS安全扫描，为PaaS平台提供了完善的安全机制。四是所有组件均采用高可用部署，平台为业务高可用提供健康检查、告警、故障自愈功能，同时整个平台有成熟的容灾备份和恢复机制。五是具有全业态的监控、日志服务，支持全局和项目的大屏展示，有独创的态势感知能力，可以感知所有Pod在集群中的调度状态，帮助用户快速定位环境问题，极大提高了自动化运维的智能和效率。

（四）老爆三——考试星

1.客户与业务背景简介

北京京门老爆三餐饮管理有限公司（简称“老爆三”）创立于2009年，公司从初创期就以精准的产品定位与传统怀旧的老北京风格打破行业格局，短短几年在老北京铜锅涮肉行业树立起了自己的符号和品牌影响力。经营品种有老北京铜锅涮肉、老北京爆肚、炙子烤肉、清真八大碗、老北京小吃等经典品种，坚持百年味道、始终如一的传统饮食理念，让有本土老京味饮食文化在这里得以保留、传承和弘扬。

2.客户的核心需求与痛点

一是需求：随着老爆三连锁门店不断扩张，员工业务技能的标准化培训，成为企业发展的核心需求。二是痛点：门店分布区域广泛，传统线下培训人力、物力成本颇高，集中培训难以实现；一线员工文化水平参差不齐，未借助现代化培训工具，培训不成体系，人员流失率高；培训效果不理想，大众点评等平台的各种投诉及差评影响顾客上门率，直接影响营收。

3.服务商提供的产品或解决方案

针对以上问题，考试星为老爆三制定了“产品+内容+服务”完整解决方案，完成门店员工业务技能的系统培训。一是全员使用每日学练功能进行日常案例、营销活动、安全生产等学习，依靠微信自动推送，每日2分钟音视频在线学习，后置3道练习题，碎片化、轻学习的学练方式让学员养成了日常学习的良好习惯。二是结合直播、课程、线下培训等培训形式，定期组织考试检验培训效果，员工反复学练巩固，让培训更有体系，进而提升员工技能水平。三是推送管理员报告，随时掌握全员学习情况，自动生成学员能力模型，汇总分析培训结果，辅助后期针对性和个性化培训；学员端接收个人日报，了解自身排名情况，通过红包、积分商城进一步促进员工学习积极性。四是根据不同部门，如前厅及后厨不同员工角色，提供不同的学习主题和练习内容，员工专业对口针对性培训，做到“术业有专攻”。五是培训内容提炼，内部生产培训短视频。

4.为客户解决的核心问题

考试星为老爆三搭建了专业智能的线上培训考核体系，实现了企业内部招聘考试、新人培训、日常培训、岗位晋升的全流程培训，降低了培训成本，大幅提升了培训效果。

5.为客户带来的效果或价值

培训时，员工积极参与，日活率高达90%以上；学员业务技能稳步提升，阶段性测评成绩提升30%左右；大众点评差评率降低70%左右，提升

了品牌口碑，顾客上门率及回头率稳步提高。

6.产品或方案核心亮点

一是轻学习模式，连锁餐饮行业一线员工平日工作繁忙，难以组织系统培训，每日学练帮助员工随时随地参与学习答题，高频互动，参与度和培训效果大幅提升；二是全流程培训，每日学练、课程、直播、线下培训、考试、问卷调查、报名、支付红包、证书九大功能模块任意组合，搭建学习地图，适配企业内培训场景；三是考核数据管理，在线考试设置一系列精准的防作弊功能及监考中心，保障考核结果真实有效，对培训效果和员工能力有准确判断，为人员招聘及优化提供数据支撑。

六、中国企业采购数字化供应商

伴随互联网、云计算、物联网、区块链等信息技术和手段组成的企业信息化通路设施不断完善，企业的数字化采购正加速进阶。根据《中国企业数字化采购发展报告2019》，2019年，我国企业数字化采购市场规模为5900亿元，同比增速高达64%，成为企业级电子商务发展新动力。其中，企业对消费通用型产品的数字化采购交易额达到2200亿元，增长率达到47%。麦肯锡2016年调研数据显示，如果采用端到端的数字化采购计划，企业每年可节省20%～30%的成本，交易性采购可减少约30%的时间，而且价值漏损将减少50%。随着政策驱动、市场爆发、大中型企业模范带头、各类数字采购服务商竞相入局，推动了中国企业采购的兴起。企查查向第一新声提供的独家数据显示，我国共有关键词为“采购平台”的在业存续企业（下称“智慧采购企业”）5651家，2020年共注册智慧采购企业2488家。不过，企业采购数字化并非只是采购系统的数字化，而是为达到企业数字化转型迈出的重要一步，其核心在于实现采购系统与相关系统（财务、人事、风险评估等）进行集成并实现数字一体化，连同数字化技术形成“数字化采购网络”。传统的企业采购行业进行数字化转型已是大势所趋。

（一）小米中国——支出宝

1.客户与业务背景简介

小米科技有限责任公司（简称“小米”）成立于2010年3月3日，是一家专注于智能硬件和电子产品研发的全球化移动互联网企业，同时也是一家专注于高端智能手机、互联网电视及智能家居生态链建设的创新型科技企业。2018年7月9日，小米以“小米集团”名义在香港交易所主板挂牌上市。小米系投资公司近400家，覆盖智能硬件、生活消费用品、游戏、社交网络、文化娱乐、医疗健康、汽车交通、金融等领域。通过旗下生态链品牌MIJIA（米家）与旗下子品牌Redmin（红米）、POCO，小米已建成全球最大消费类物联网平台。2021年3月30日，小米宣布智能电动汽车业务正式立项。2021年，“BrandZ全球最具价值品牌百强”中小米排名第70位。

2.客户的核心需求与痛点

小米在高速发展的同时，建店、市场、服务、工程、行政等支出供应链变得更加复杂，传统的手工式采购成本管控流程难以满足规范集团采购管控政策。从公司集团化管控的角度来看，如何确保业务灵活性的同时，提高成本管控集约效应，确保过程透明合规，是每个快速增长的高科技行业所面临的共同问题。数字化、智能化采购转型势在必行。

3.服务商提供的产品或解决方案

2020年12月，小米启动“易购”数字化采购支出管理项目，支出宝凭借其在数字化采购管理系统领域多年的丰富经验，从众多竞争对手中脱颖而出，为小米梳理和建立了完美符合小米间接采购需求的数字化采购管理体系。一是支出宝基于其团队多年的实战采购经验，为小米间接采购管理提供快速诊断以及优化提升建议。二是基于诊断及调研，支出宝为小米打造了一站式的间接采购管理系统——“易购”。通过智能化的采购管理SaaS服务，实现小米间接采购从需求到寻源到订单到结算的全流程线上管理。大幅提高了工作效率以及业务合规性，降低了运营和

管理成本。三是基于支出宝采购管理SaaS系统架构方面的优秀拓展性及开放性，无缝对接小米内部ERP、OA、财务等企业管理系统，全面助力企业管理数字化转型。

4.为客户解决的核心问题

一是实现企业集中采购、授权采购与分散采购的统一管理：支出宝为小米建立虚拟的“采购共享中心”，利用强大的需求分发引擎，对集中采购需求、分散采购需求进行智能的处理及分发，提高采购处理效率，实现集中采购、授权采购、分散采购的一站式管理。二是实现供应商的全生命周期管理：支出宝数字化采购管理SaaS系统对小米的供应商管理战略提供强大支持，对供应商筛选、入选、品类划分、归档、评价标准进行全面优化，提升供应商管理效率；释放小米的管理资源，提升企业管控效率。确保供应商准入规则清晰，供应商管理规范；高效建立小米私域供应商流量池。三是提高采购需求到订单到结算的管理效率：针对非标准的市场、工程等采购行为，通过智能分单、智能转单、供应商协同等，大幅提高了采购执行效率；针对部分标准品采购，支出宝提供整合实时预算管控引擎的目录采购商城，实现采购行为的自主化与自动化。四是降低用户的数字化转型成本：支出宝引入场景化引导式采购，帮助实现发布会等市场类采购的标准化采购流程，降低用户使用成本的同时，实现了公司采购支出条目的结构化管理。

5.为客户带来的效果或价值

通过实现需求、受理、寻源、采购申请、订单、收货、付款等流程整合，实现采购一站式管理，提升建店、市场、服务、工程、行政、低值易耗品等全品类采购流程透明度及业务流程整体效率。一是大幅提升寻源效率及流程合规性；二是引导式采购，降低普通用户使用成本，提高结构化支出管理能力；三是需求智能分单、智能转单，订单自动生成，提高采购执行效率，降低采购成本；四是预算实时自动管控，提高预算管控效率；五是订单执行自动化，执行过程实时可视；六是建立分品类的供应商准入，严格进入门槛，全面提升供应商全生命周期管理水平；七是实时的供应商寻源协同、订单协同、对账协同；八是支出数据实时可视，为采购持续优化奠定数据基础。

6.产品或方案核心亮点

支出宝聚焦于采购支出管理，提供三大核心产品体系，分别是战略寻源系统Source to Contract（从寻源到合同）、支出管理系统Procure to Pay（从采购到付款）、供应商全生命周期管理系统Supplier Relationship/Risk Management。一是前瞻成熟方案。支出宝团队大多具备多年的实战采购与供应链领导经验，对于企业所面临的采购管理挑战可以提出针对性的建设意见，帮助企业降低数字化采购转型中的风险。同时，其SaaS系统历经考验，成熟稳定。二是数据安全。小米对信息安全管理高度重视，支出宝为小米提供一站式的私有云SaaS服务，包括docker环境设立、运维监控平台等全套私有化落地解决方案。既确保私有数据的安全，又确保利用成熟的SaaS系统架构，还能享受未来的持续升级服务。三是支出可视可控。无论小米拓展到多少家门店，扩展到多少采购品类，支出宝采购管理SaaS系统提供实时的预算管控以及支出分析，支出实时可视可控。四是敏捷协同。支出宝通过对接小米内部ERP、OA等管理系统，实现业务流程的高效内部协同。通过供应商端，实现小米与供应商在询报价、订单确认发货结算等高效外部协同。五是风控合规。询比价招投标环节全程线上化，随时可追溯，最大限度地保证小米阳光采购的顺利进行。采购政策内嵌，加强采购过程中的合规性。严格供应商准入标准，杜绝不合格的供应商入围或交易。

（二）比亚迪——汇联易

1.客户与业务背景简介

比亚迪是一家致力于“用技术创新，满足人们对美好生活的向往”的高新技术企业。比亚迪成立于1995年2月，经过20多年的高速发展，已在全球设立30多个工业园，实现全球六大洲的战略布局。比亚迪业务布局涵

盖电子、汽车、新能源和轨道交通等领域，并在这些领域发挥着举足轻重的作用，从能源的获取、存储，再到应用，全方位构建零排放的新能源整体解决方案。

2.客户的核心需求与痛点

比亚迪财务信息化团队一直在思考如何推进财务数字化并落实到具体工作中，为此走访了大量已经实施财务共享中心的集团型企业、财务共享中心咨询公司以及相关厂商。进行了无数样本的调研和评估后，比亚迪决定了财务数字化转型的第一步，就是要保证显性财务信息的全集团标准的统一，将数据的可比性、可用性大幅度提高，帮助财务管理部门在人效、财务服务方面实现提升。

3.服务商提供的产品或解决方案

2019年10月，比亚迪启动了汇联易费用管理系统建设，汇联易凭借在企业差旅及费控管理领域的经验，为比亚迪梳理和建立了完善的费控体系，打造一站式的商旅及费用管理解决方案，将费用管理做到精细化。通过智能化、移动化的报销服务，改善比亚迪费用报销流程，通过报销全生命周期的有效管理，与当前公司财务系统、TMC商旅平台相结合，提高费用报销及资金支付效率，从而降低了运营和管理成本。随着汇联易的接入，为比亚迪员工在报销环节中提供最大限度的方便与快捷，员工的报销只需要在系统中提交费用报销单，关联商旅订单或将发票拍照上传（可自动验真查重，形成结构化信息），提交单据后自动生成报销单，员工打印报销单并将附件资料放入发票袋交至财务，领导线上审批，财务使用发票扫描仪进行抽检审核，通过后，报账系统自动对接核算系统生成会计凭证，并将支付指令同步至资金系统，通过银企互联无缝对接银行完成支付。汇联易的灵活性与开放性让比亚迪接入了更多的系统，包括EHR、OA、SAP、商旅平台和资金管理平台等，全面实现财务数字化转型。

4.为客户解决的核心问题

汇联易作为一站式商旅及费用管理平台，从效率与成本、合规性几大方面解决比亚迪报销和费控过程中的核心需求，直击比亚迪员工、财务、管理者对于费用管控及费用报销的痛点，整合商旅资源和金融服务以及企业消费场景，打通“申请—消费（员工垫资或企业支付）—发票—报销—支付—入账”闭环流程。

5.为客户带来的效果或价值

目前，比亚迪集团近28万名员工在国内的商旅预订和报销，都通过汇联易完成。比亚迪财务团队表示，“汇联易的灵活性与开放性让我们接入了更多的系统，包括EHR、OA、SAP、商旅平台和资金管理平台等。使用汇联易之后，比亚迪财务处理效率增益显著。从员工报销角度来看，从原先1—2个月到现在3—7天就可以拿到报销款，报销周期大幅缩短，处理效率提升60%以上。从整个财务组织来看，使用汇联易以前，比亚迪财务人员既要从事统计管理、税收筹划、资金管理等管理类财务工作，也要从事发票认证、财务核算、报表出具等基础性财务工作。专业化分工才能使财务组织结构得以优化，比亚迪在使用汇联易之后，将整体财务效率和人的潜能挖掘出来，让优秀人才将工作重心从低价值区往高价值区转移。将原先60余名费用会计调整至20名，即可处理28万名员工的报销，每年降低人力成本可达600万。”

6.产品和方案的核心亮点

一是数据安全。比亚迪对信息安全管理高度敏感，前期对于将员工的信息放在云端，与汇联易做了大量的沟通工作，在选择云化部署和本地化部署中做了艰难抉择。后来，比亚迪财务团队了解到汇联易是报销费控赛道唯一通过SOC1及SOC2双认证的系统，目前也已获得国家级高新企业证书、国家信息安全三级等保、ISO 27001、ISO 27017等专业资质，具有完善的信息管理制度，已部署了多款具有国际标准的安全产品来实现数据的传输和存储安全，对汇联易的信息管理有了一定的认可。同时，汇联易专业的交付实施人员在与比亚迪团队进行紧密沟通后，提供了很多专业有效的建议，比亚迪团队了解到本地化部署确实是比较保守的做法，但云的

灵活性、便捷性确实更符合云时代的发展，所以最终还是选择了云服务，并与汇联易共同制定了兼顾安全性与可用性的方案，为未来产品功能的迭代与优化体验提供更多可能性。二是流程规范。比亚迪组织架构复杂，业务创新十分灵活，会出现一个法人对多个事业部或一个事业部横跨多个法人，以及审批流复杂等情况。所以，汇联易项目组与比亚迪分析问题后，通过梳理企业业务流程，在员工的入职、离职、调岗等不同状态发生改变时，第一时间拦截流程，有效降低了财务风险；对经常性费用、专项费用的报销流程优化改造，减少手工录入烦恼，简化用户端操作复杂度，提升填单及审批效率，实现移动客户端的报销流程创建及审批。汇联易在没有改变比亚迪前端业务流程的情况下，提出了更加灵活的解决方案，并通过产品迭代升级解决落地，提升了财务审核效率，并减轻了核对发票的工作量。三是费用真实。比亚迪员工众多，员工批量出差垫资，员工消费数据无法进入系统，不能智能检查员工出差的合规性，依托人工检查，员工的体验不佳。汇联易以优化员工差旅及报销体验为目的，为比亚迪对接了机票、火车票、酒店、花呗支付、饿了么餐饮支付等平台，实现了员工差旅场景全覆盖，减少员工垫资及报销场景的产生。通过统一的差旅报销平台，完成比亚迪和各商旅平台对接。集成各商旅订票功能，统一对账入口，能在同一单据集成所有差旅管控，提升比亚迪员工报销体验。现在员工的机票、酒店、打车等费用，在汇联易里都能看到费用发生时间、金额等数据，有效保障了费用的真实性。四是预算标准。员工无法每时每刻都精准地记忆每一项差旅政策及报销规定，报销驳回率高。差标管理需人工处理，报销金额需人工核算，无法有效执行预算管理标准。汇联易与比亚迪研讨制定了详细的费用标准，根据不同的费用场景、业务场景，对住宿、出行、话费、团建、招待等场景设定不同的费用标准，同时公司可根据时间、城市、职级、淡旺季等维度，设置整单或单笔费用控制范围，实现多维费控。汇联易协助比亚迪搭建的企业预算管控模型，能实时超标预警，在事前、事中及事后精准控制每项费用支出的合理性及合规性。五是结构数据。比亚迪员工原先采用报销纸单审批+OA审批，流程时间长且单据管理麻烦，发票真伪无法辨别，合规性校验等依赖财务人工审核，工作量大，财务审核效率低。于是在报销阶段的发票管理流程上，汇联易在业务端就将发票的真伪、查重进行了识别处理，通过扫码、拍照、卡包拉取发票等多种模式，获取票据结构化信息，避免员工手工填写，减少错误率。同时，还为比亚迪提供了发票袋管理方案，员工报销时无须贴票，将票据放入发票袋中，到了费用中心后采用抽检模式结合发票扫描仪，像验钞机一样将发票扫描上传，即可知晓总金额是否正确。比亚迪团队反馈："汇联易可以保证到财务端的发票都是真票，且金额能对得上，而且发票袋可以大幅解放员工贴票时间，现在审计也能够接受我们这种归档方式。"六是可视报表。比亚迪费用类型复杂，成本中心居多，汇联易可以实现不同的费用类型对应到精确的成本中心。费用发生后自动完成账务处理，利用系统完成费用图形化报表，庞杂数据多元化呈现，帮助管理层直观高效掌握费用发生情况，进行多维度费用数据交叉分析，为企业提供可视化全局视角。七是便捷管理。员工原来的报销入口只有PC端，且事项申请与费用报销独立在不同系统，缺乏数据互通，员工操作不便利。汇联易满足PC端和App端的多种方式操作，可进行随时随地移动化报销审核，打通企业内部审批流，一站式完成申请—消费—报销—审核—放款—入账等流程。八是信用报销。报销时采用信用积分制度，如果信用等级较高，员工提交报销单后无须等待领导及财务的审批及审核，报销款直接打入员工的账户中，这个功能相当受员工欢迎。员工在这种制度下都会养成良好且诚信的报销习惯，企业的报销流程也变得更顺畅与顺利。

（三）复星集团——在途商旅

1.客户与业务背景简介

复星集团创建于1992年，于2007年在香港联交所主板上市，是一家科创驱动的家庭消费产业集团，2020年入选"中国品牌500强"企业。集团深耕健康、快乐、富足、制造四大业务，致力于为全球家庭客户提供高品

质的产品和服务，让全球每个家庭生活更幸福。

2.客户的核心需求与痛点

复星集团各分、子公司差旅预订业务处于分散管理阶段，虽已通过多种方式规范了差旅申请审批和报销结算，但实际执行过程中仍有不到位的地方。考虑到集团规模不断扩大、业务发展需求以及降本增效的管理目标，复星集团希望构建一个一体化、全面的商旅管理平台。一方面基于内部管理需要，实现全集团260家企业同步的差旅预订和管理；另一方面通过引入多供应商比价模式，以获得更优惠差旅产品价格达到降低成本目的。

3.服务商提供的产品或解决方案

一是基于复星集团现有“报e报费控系统”，接入多供应商构建机票比价平台。该平台打通内部报销系统，实现差旅申请、出行服务、资金结算、分析优化的全流程管控。二是后台与组织架构、人员信息、成本中心、法人抬头等数据互通，通过单点登录方式接入已有门户网站。三是采用整合服务商+航司直销模式进行资源整合，实现查询、预订、行程规划等在线操作；连接多供应商进行数据合并比价，实现合规、透明、价优等业务目标。四是多供应商和多分、子公司通过在线集中对账中心完成事前分账、对账，解决N（成本中心）对N（供应商）的复杂问题。

4.为客户解决的核心问题

一是差旅申请：集成汇联易，将差旅计划与预算申请合一。二是出行服务：整合多服务商分销资源、供应商直联资源，保障资源完整性与最优选。三是分析优化：数据落地，实时提供统计与监控结果；服务跟随，定期提供数据洞察思考与建议。四是资金结算：对复星集团是集中对账，数据上链简化对账过程；对服务商是传递清晰的发票拆分与配送需求。

5.为客户带来的效果或价值

建立了高效透明的国内机票预订系统及国际机票多供应商自助报价比价模式；新建的商旅预订平台，符合复兴集团差旅管控规则；对接复星集团已有财务系统，打造了高效便捷和更优化的差旅预订服务和费控管理系统；打造了高效的对账、结算、发票管理平台。

让我们一起走近元宇宙

2021年是元宇宙元年，但冰冻三尺非一日之寒，元宇宙概念的提出和内涵的升华，也是一个漫长的过程，是人类在不断追求极致体验的过程中对技术不断提出更高要求的必然产物。元宇宙概念源自美国著名科幻作家Neal Stevenson于1992年发表的科幻小说《雪崩》，这本书最先提到了元宇宙Metaverse。《雪崩》中这样描述元宇宙："戴上耳机和目镜，找到连接终端，就能够以虚拟分身的方式进入由计算机模拟、与真实世界平行的虚拟空间。"而Metaverse由Meta和Verse两个词根组成，Meta表示"超越""元"，Verse表示"宇宙Universe"。《雪崩》向大家启蒙了元宇宙的概念，小说描绘了一个庞大的虚拟现实世界，所有现实世界的人在元宇宙里都有一个网络分身，人们用数字分身来进行活动，并相互竞争以提高自己的地位。元宇宙象征着一个平行于现实世界的、人造的虚拟维度，参与者能做的事和经历只会受到想象力的限制。到目前看来，《雪崩》里描述的元宇宙还是相对超前的未来世界。经过区块链的孕育，Decentraland、Cryptovoxels、Opensea、Sandbox等平台逐渐成长起来，形成元宇宙的一极；随着Roblox的出现，真正意义上的元宇宙平台开始进入人们视野；Omniverse、微软Mesh平台、Meta、TwinMaker等平台紧随其后、相继兴起，使得元宇宙基础平台日渐厚重。另外，经过幻影UE5、Unity的长期耕耘，元宇宙的内容建设得到了有力的保障。STARL、Shahid、Crayta、Core、Weta、Parsec、SyncSKetch、Mirror、MLAPI、QFrameWork等一系列插件的日益成熟，使得内容制作阵营如虎添翼，品质快速飞升，元宇宙的第二个基础得以确立。同时，Lightship、Lingo3D、Godot、TouchDesigner、Blender、Zbrush等软件的成长，进一步为UE与Unity助力。实时动捕等技术的日益成熟与平民化也使得元宇宙具有了良好的生态基础。HtcVivePro、Ocluse Quest2、微软Holense 3、苹果AR等设备的日渐成熟，构成了元宇宙的第三个基础。国内市场，MetaApp、iCloser、ThingJS、爻览AR、元主角、中科虚拟人、轨道镜、聚力维度、Vswork也紧随其后，构建了良好的项目生态。至此，元宇宙羽翼丰满、呼之欲出，Facebook应时而动，整个互联网生态随声附和，全球产业界振臂呼应，元宇宙概念得以彻底爆发。

按照真实世界的标准，元宇宙的价值有多大呢？我们不妨先看看那些掌握或控制着部分元宇宙的公司的总市值。截至2021年1月，为多家元宇宙的运营公司提供后台网络服务的亚马逊，市值为1.652万亿美元，位列世界第三。谷歌旗下拥有主流视频博客、YouTube视频网站，市值超过1.283万亿美元，是世界第四大最具价值的公司。生命日志领域的龙头老大脸书，市值已超过7810亿美元，位列世界第六。最后来看看腾讯，其市值为8620亿美元，其销售额占比最大的部分（约35%）来自游戏业务，也就是元宇宙中虚拟世界的一部分。由此我们得知，全球八大市值最高的公司中，半数与元宇宙密切相关。即使是像耐克这样乍一看与元宇宙、数字地球毫无关联的公司，自2006年起也已经紧锣密鼓地进入元宇宙寻求自己的位置。

一、元宇宙的主要特征

我刚玩了一个3D游戏，或者我看了一个《阿凡达》这样的3D电影，这个叫不叫元宇宙？如果说叫元宇宙，为什么？如果说这不是元宇宙，又是为什么呢？我觉得未来的元宇宙应该具有四大核心特征，满足了这四大特征的，就是一个完善的、完整的、完备的元宇宙，满足部分特征的就是一个初级的元宇宙。

（一）特征之一：沉浸式体验

沉浸式体验是元宇宙的第一个追求目标。现在的很多3D游戏，只能算是元宇宙的雏形。Roblox就是一个元宇宙公司，元宇宙的游戏也主要追求沉浸式的体验。可能现在大家都讲得比较多的沉浸式还是集中在视觉和听觉的沉浸式体验。在视觉上看到的和在精神上体验到的这个效果是一模一样的，是最好的视觉体验。听觉的沉浸式体验也是大家追求的目标，目前大家也比较关注，研究也比较多，效果也已经不错。未来，也许会很快实现触觉的沉浸式体验。我看到对面来了一个美女模特，我用手一摸，就能够感受那种特有的触感。在元宇宙里面看到一个美女，甚至可以体会到牵着她手的那种感觉，这是一种更好的体验。再下一步，我们的人类的视觉、听觉、触觉、嗅觉、味觉在元宇宙里都有可能实现。在未来，第六感也有可能在元宇宙实现。

（二）特征之二：虚拟身份

虚拟身份就是要实现观音菩萨给孙悟空的三根救命毫毛的功能。孙悟空拔出一根毫毛就能够变作他的化身，化身还是跟唐僧在一起，但是他的本身已经钻到铁扇公主的肚子里去了，这就实现了肉身和化身的分离。这个化身的实现技术就是我们所说的数字身份。我们每一个人在未来的元宇宙里都有一个或者若干个数字身份。我的身份在元宇宙里可能是一个大教授、一个大博士，但也有可能是一个小市民、一个农民，或者是一个大元帅、一个国王，当然也不排除是阿猫阿狗这样的一个动物，或者是脚下的那座桥，这都有可能。

（三）特征之三：虚拟经济

元宇宙第三个特征就是虚拟经济，或者叫元宇宙经济。我们现在的经济是基于现实世界的经济，你给我一斤粮食，我就给你三块钱，一手交钱一手交货。未来在元宇宙里边也会有大量的交易，这就是我们所说的虚拟经济。目前，人们大体在三种意义上使用虚拟经济概念：一是指资本以脱离实体经济的价值形态、以票据方式持有的权益、按照特定的规律独立运动以获取价值增值所形成的经济活动；二是指以信息技术为工具所进行的经济活动，亦即数字经济或信息经济；三是计算机模拟的可视化经济。

（四）特征之四：虚拟社会治理

大家可能看过《头号玩家》《失控玩家》，电影里每一个人都有身份，戴上眼镜就有特定身份。有一些人比较强壮，一到了这个元宇宙里边，他可以任意地烧杀掠夺。那么在我们期望的元宇宙里面，是不是也会变成这个鬼样子呢？我们觉得有可能也不是这么恶劣，我们也不希望这么恶劣。因此，要防止人的恶，发扬人的善，在元宇宙里也要有社会的治理。至于怎么防止烧杀抢掠、强奸、猥亵等各种各样的事情的发生，这就需要社会治理。在元宇宙里，可能没有一个中央化的政府，因而需要社区化的社会治理。

二、元宇宙的主要形态

网络游戏不仅是元宇宙的鼻祖，也是虚拟世界的典型代表。热爱游戏的人类——我们“游戏人”，使用计算机、互联网、智能手机等我们最喜欢的工具，在网络游戏中乐此不疲，于是网络游戏文化也扩展到包括虚

拟世界在内的元宇宙中。在创建虚拟世界与其他元宇宙形式的过程中，人类也得到了演化。在“游戏人”创造的元宇宙中，人类变成了“神人”。“神人”这个概念出自耶路撒冷希伯来大学的历史系教授尤瓦尔·诺亚·赫拉利在2015年出版的一本书。“Deus”意为“神”，因此“Homo Deus”可以理解为“想成为神的人”。21世纪是历史上一段独一无二的时期。在真实的地球上，我不敢说人类能否达到这一目标，或者说什么时候能达到，但这些梦想已经一点点地在元宇宙中实现了。元宇宙基于我们给自己设定的世界观、物种、资源与环境条件而运转，由人类创造的人工智能角色与人类在这里共存，其主要形态有四个：

（一）形态之一：真实世界+奇幻+便捷=增强现实

增强现实（AR）的概念首次出现是在20世纪90年代末，是指将虚拟物体投射到现实空间中的技术。例如，用户通过智能手机或电脑可以在实景画面中看到叠加其上的虚拟事物，并与之互动。又如，在真实空间中放置一些机械装置，用它们来制造通常不会出现在这个空间里的景象，一个典型的例子就是由可口可乐公司策划实施的为新加坡下一场雪的活动。再如，在真实世界中运用全新的思路、故事或互动规则，让参与者在重新定义的场景里交流与玩乐，如澳大利亚的艺术系列酒店发起的“偷走班克斯”活动以及搬到户外的密室逃脱体验。总的来说，增强现实主要为我们带来了两方面的价值。其一便是奇幻色彩。增强现实为我们平淡无奇的生活注入了天马行空的想象。例如，我们走在大街上，可以偶遇和捕捉游戏里的卡通人物，我们的生日贺卡上会出现活灵活现的三维动画形象，我们打开传送门就能主宰熟悉的院落小巷，甚至能在现实生活中过把艺术大盗的瘾。据说人类在玩耍的过程中，体验到的情绪大多与这20种情境相关：吸引、挑战、竞争、圆满、掌控、发现、同情、兴奋、狂喜、探索、奇幻、陪伴、艰难、培养、放松、残暴、炫耀、感知、模拟和颠覆。在元宇宙中，我们同样能体验到这20种情境。只不过在增强现实领域，由于我们看到的是虚拟与现实的交叠，在现实世界中套用了虚拟的世界观与逻辑，我想多数人主要感受到的就是奇幻色彩。如果你对元宇宙的设计、构造与运营感兴趣，记住这20种情境准不会错，因为在设计元宇宙的时候，你不仅需要考虑哪种情境是你希望进入其中的人们能感受到的，还要观察人们实际感受到的是哪种情境。其二便是轻松便捷。比如，能将导航信息、电影字幕，以及电视或网页的弹窗信息投影到车前窗玻璃，这些手段都能帮助我们轻松处理新信息。举个例子，在现实生活中不经意间碰到吓人的场景时，我们其实是不会听到雷声或是看到眼前跳出个骷髅头的。但是在一些卡通片或节目中，这些声光效果常常会用在真实背景中，以增强我们的感观体验。

（二）形态之二：真实的我-不愿为外人道的我+理想中的我=生命日志

生命日志指的是人们把与生活相关的种种体验和信息加以记录、保存，有时还会进行分享的一种行为。我们常用的社交媒体都属于这种元宇宙，比如脸书、Instagram、推特、KakaoStory等。人们在这里的活动大致有两种。一种是随手记录自己在学习、工作以及日常生活中方方面面各种细碎的时刻，通过文字、图片、视频的形式存放在网上。人们有时候凭自己的记忆，有时候通过手机摄像头或其他穿戴式设备收集素材，把生活记录成册。另一种活动是去浏览别人的生活日志，为他们留言，说说自己的看法，发发表情，表达一下自己的感受，或者把对方的日志链接到自己的账号中，便于日后翻阅或转载。生命日志这种方式其实由来已久，甚至在21世纪之前就已经存在了，只不过当时我们对它的叫法与记载媒介不同而已。在现实世界中，类似我们学生时代所写的那种日记，就是最基本的一种生命日志形式。这种形式可以追溯到几个世纪以前，最有名的例子当数17世纪英国的塞缪尔·佩皮斯笔耕不辍流传后世的日记集。离我们再近一点儿的，是美国的一位名叫罗伯特·希尔兹的英语老师，他的日记总计约3700万字，相当于400本书的体量，这应该算是人们所创造的最长的一本生命日志了。还有通过另一种方式进行记录的例子。1996年，詹妮弗·林

利创建了一个网站，名叫“詹妮镜头”。她在自己的大学宿舍里装了一个网络摄像头，每15秒会自动拍照并上传到自己的网站。这件事一直持续到2003年。到21世纪，人们会记录生活的哪些方面呢？社交媒体上常见到的分享内容不外乎个人想法、参与的活动、好物推荐、趣闻分享、日志转载、个人感悟和计划安排等。以我的经验来看，我个人的社交媒体账号上关注的人所发的内容基本不出其二。像前文提到的罗伯特·希尔兹与詹妮弗·林利这样对平淡无奇的每时每刻都连续进行记录的方式非常少见。多数人记录、保存与分享出来的，都是愿意让人们看到的事情。这个过程有点儿像电视剪辑。人们远远做不到把真实的自己与生活毫不修饰地坦诚示人，而是习惯于删掉不希望被别人看到的片段，就算是保留的那部分也要做一点儿调整，并没有原封不动地上传。社交媒体上的生命日志30%以上是以图片形式记录的，这就是为什么电视广告中的智能手机都在强调自己的拍照与美化图片功能有多强大、操作有多简单。为了便于人们拍照上传分享，如今的智能手机都配置了多个高清摄像头。可以说，正是由于人们可以隐藏不愿示人的部分，还能把自己希望呈现的样子加以美化，生命日志才得以在人群中广受欢迎。

（三）形态之三：真实世界+效率提升+边界扩展=镜像世界

从本质上来讲，镜像世界就是把真实世界中的模样、内容与结构进行复制的一类元宇宙。这类元宇宙在设计之初就是为了提升真实世界的效率，扩大现实世界的边界。以韩国的一款外卖软件“外卖的民族”为例。在这款外卖软件中出现的所有餐馆都真实存在于现实世界的某个角落，有一些餐馆还保留着传统的店面，顾客可以进店用餐，而有一些餐馆仅提供外卖业务。其实我们可以直接给这些餐馆打电话订餐并要求配送，为什么我们却更喜欢使用外卖软件呢？首先，如果我们直接给餐馆打电话，电话有可能占线，或者接听电话的人不了解菜单，而且我们必须通过电话提供我们的地址、确认下单的菜品，这个过程非常麻烦。而外卖软件提供了更高效的方式，我们只需要在手机上点一点就可以完成整个订餐流程。

其次，外卖软件上的所有餐馆都有评级与顾客点评，而且对餐馆的地址与特点均有详细的介绍。因此，用户能从软件中获得更多的补充信息，这就是信息的拓展性。这一点也是这款软件的一大优势。谷歌地图与Naver地图也是镜像世界的一种。在线地图不仅能显示道路的示意图与地址，还能提供我们平视方向上的街景图像与俯瞰图片。真实世界中的地图进行数字化处理后，成了镜像世界得以运转的重要基石之一。地图服务提供商通过定期更新地图信息，确保真实世界中的变化能如实地反映到在线地图中。镜像世界展现给我们的似乎都是真实世界原本的样子，但是一个镜像世界不足以囊括整个真实世界。想象一下，假如你家附近的一条巷子里有一家餐馆、一家干洗店。在真实世界中，你可能会去这家餐馆吃饭，如果不巧把酱汁溅到衣服上，你可以直接去隔壁干洗店进行处理。但是在送餐软件中，并没有这样直接的横向关联。即便在真实世界中餐馆的旁边确实有一家干洗店，外卖软件这个元宇宙中也不会出现那家干洗店，因为这个元宇宙是专门用于改善食品外送的效率与服务延展性的。显然，即便镜像世界就像一面反映真实世界的镜子，它们与真实世界还是有很多区别的。然而，正因为能有效地提升效率、扩充服务内涵，镜像世界已经被广泛应用于各种领域，包括商业、教育、运输、分销以及文化内容等。

（四）形态之四：新世界+交流+玩乐=虚拟世界

虚拟世界元宇宙是一个与真实世界完全不同的地方。生活在这里的人看到的是不一样的空间、时间、文化背景、人物类别与社会体系。这容易让人联想到尤瓦尔·赫拉利所著的《未来简史》中第一章的内容。人类追求永生不老和无尽的快乐，希望成为具有“神性”的人。在我们为自己创造的这些新世界中，人类与人类创造的人工智能角色共同存在。可是，现实世界已经足够纷繁复杂，总有做不完的事情等着我们，又是什么吸引人们不辞辛劳地聚集到这些虚拟的世界中来呢？在虚拟世界中，人们并未以真实样貌示人，而是通过虚拟形象存在的。这样做有以下几方面的原因：首先，人类热爱探索。当我们徜徉在虚拟世界中，看待其中的世界观、人

生观、运作规则、故事情节、地形构造以及物品设置时，总会有一种科学家或探险者的心态，希望获得新奇的体验。其次，人类喜欢交流。在虚拟世界中我们可能会遇到真实世界中的老友，也可能与素昧平生的路人攀谈一二。在交流的过程中，我们对故交有了更深的了解，也与真实世界中的陌生人成了朋友。最后，人类喜欢成就感。当我们按照自己制订的计划完成一件事或获得一些成绩时，我们能体会到一种成就感与自豪感。在虚拟世界中，人们可以收集物品、积累数字资产，也可以追求获得更高级别与权限。当成功劝说其他朋友加入我们的行列，按照我们的意愿共同达成一个目标时，我们会感受到巨大的喜悦。广义来看，虚拟世界可以分为两种，一种是游戏类的，另一种是非游戏类的。广大游戏玩家耳熟能详的《魔兽世界》《堡垒之夜》《天堂》等游戏都属于游戏类的虚拟世界。在具有比赛性质的虚拟世界中，人们按照一定的规则相互竞争或相互合作，目的在于决出胜者或达成共同的目标。还有一种社区类的虚拟世界，比如《罗布乐思》与《第二人生》，这种类型的游戏目的在于为不同的人提供可以一起活动、一起交往的场所。虚拟世界中的人群普遍比真实世界中的人群年轻。年青一代对虚拟世界表现出的喜爱常常令一些长辈或家长感到困惑甚至担忧，特别是如果他们的孩子非常享受这个元宇宙时更是如此。他们会说："你在现实世界中也可以体会到探索的快乐、沟通的乐趣，获得成就的喜悦，为什么一定要去虚拟世界？"当然，虚拟世界中并不是只有孩子。我在给学生家长做讲座时，有时会被问到一些控诉另一半的问题："我家那口子，下班一进家门就钻到游戏中去了，一个成年人为什么会干这样的事？"不管是孩子还是大人，进入虚拟世界的原因是相似的。因为在现实世界中，人们的猎奇心、沟通欲与成就感，无论在数量上还是质量上，都没有得到满足。学校的孩子们什么时候能体会到探索的乐趣呢？尽管他们每天都在学习新的东西，但我们忙着给他们脑中塞满信息，却没有给他们时间彻底钻研每一点知识。工作之后，有多少成年人还常有探索的机会呢？他们忙着优化自己的工作，忙着提高客户数量、销量、工作效率，忙着改善各种绩效指标。他们太忙了。我们每年可能都会抽一个星期出去旅行，但由于身心疲倦，很难有精力在所到之处再去发现什么新奇之物。对一路埋头向前的人或是一路按部就班的人来说，其实并没有多少探索新事物的机会。交流互动同样也是一个挑战。在工作中，我们每天要参加很多会议，接打许多电话，还要回应各种通信软件上多到令人发指的信息。但这是否意味着我们真正进行过充分的交谈？孩子们虽然每天大部分时间都在学校与朋友们在一起，也做一些课外活动，但他们看到的都是教学材料，听到的都是老师的声音。下次从工作单位或学校回到家时，问问自己："我对自己今天与人交流的情况满意吗？"满分10分，给自己打一个分，然后再问问自己："今天我最享受的社交活动是什么？"如果出现在你脑中的只不过是与同事在茶水间的几句闲聊，或是在校车上与伙伴的短暂交谈，或许我们还需要一些其他形式的沟通。你觉得你为学校或工作单位成就过些什么？在孩子们眼里，什么才是学校评判他们成功的最高标准呢？考试成绩、在校排名、获得的荣誉，这些已经成为评价体系的一些基本标准，可即使是这样，也只有在这些方面表现抢眼的人才会得到认可。在工作单位，我们付出的哪些心血对组织与公司是有意义的，很多时候并没有清晰的界定，更别提我们付出的努力很少得到应有的认可。人生中最重要的许多年月，我们都是在学校与工作单位中度过的，然而想在其中找到成就感却是那么难。我们在现实世界中缺失的探索机会、交流深度与精神满足并不见得一定会在虚拟世界中得到弥补，但是有一些探索、一些交流、一些成绩的取得只能通过虚拟世界来完成，而且很多事情在虚拟世界中发生的效率要比在现实世界中高。与此同时，在现实世界中，探索、交流与成就感的体验在很多方面都有待提高。

三、元宇宙的发展阶段

面对人类认知革命带来的信息大爆炸，人类个体记忆容量和处理能力的局限性越发凸显，人类需要体外的可不断扩展的存储容量及算力，

来存储海量的知识并提供相应的处理能力。基于新一代ICT技术群构建元宇宙，这个问题得到了有效解决。元宇宙产生自互联网。从混沌初开的ARPA网，演化到全球覆盖的Web互联网，进而演化出3D时空互联网。自此互联网逐渐走出蒙昧状态，步入元宇宙的发展进程。元宇宙从概念热到应用落地，需要一个渐进发展完善的过程。元宇宙概念内涵丰富、外延广泛，随着实际落地及产业规模化，其发展重点将会有明显变化，应用形态将展示显著不同的特点。元宇宙未来的技术发展阶段，一般认为会分为三个阶段：数字孪生阶段、数字原生阶段和虚实共生阶段。

（一）第一阶段：数字孪生

数字孪生就是把我们的现实世界映射到虚拟世界。现在大家做的很多事情都是数字孪生，也就是把现实世界想办法映射到虚拟世界里。面对全球一体化诸多挑战，中国提出了人类命运共同体的理念和方案。要解决全球化治理难题，先进科学的治理工具成为必需。从网络媒体日益盛行开始，传播媒体正从零散信息的记载和报道，向信息的系统整合、模拟仿真方向发展。新一代ICT技术群的快速发展，使得构建孪生地球成为可能。从区域范围看，包括孪生社区、孪生园区、孪生城市、孪生中国及其他国家等；从行业应用看，包括孪生文旅、孪生工厂、孪生建筑、孪生电力、孪生城市循环系统等；基于孪生地球，可实现各领域、各行业应用的有效统合，实现虚实共生、实时互动的全局沉浸体验环境，实现更加智能的平行世界。

（二）第二阶段：数字原生

创作者本身已经在数字世界里，就在数字世界里去生产某一个产品。这个产品本身就是从虚拟世界里面生产出来的，这叫作数字原生。举个例子，在现实世界中有一个北京城，在网络里面有一个虚拟北京城。现实世界里，北京五道口没有一家叫“龚博士湘菜馆”的餐馆。在虚拟北京城里原来也没有“龚博士湘菜馆”，我在虚拟北京城的五道口开一个龚博士湘菜馆，这个湘菜馆就是在数字世界里面生产出来的一个数字产品，这就称为数字原生。

（三）第三阶段：虚实共生

在虚实共生的阶段，人类是区分不了哪里是现实世界，哪里是虚拟世界了。这就实现了最终的我们看到的《黑客帝国》电影里面描述的那个场景，你以为是生活在一个现实世界里面的，但是大家不知道其实只是大脑的脑电波而已。我们的手、我们的四肢、我们的身体其实都是为一台叫作Matrix（矩阵）的人工智能机器所控制。这就是元宇宙的虚实共生阶段。

四、元宇宙的理论支撑

元宇宙其本质是人类创造的一个虚拟世界。过往研究虚拟世界的相关理论非常丰富。在此，我选取一些代表性的理论进行介绍，以期为元宇宙发展提供丰富的参照和理论支撑。

（一）三个世界理论

卡尔·波普尔（Karl Popper）在1972年出版的《客观知识》一书中，系统地提出了他的“三个世界”划分理论，将物理世界、心理世界、人工世界作为并列存在的主体。三个世界是统一、连贯的。物理世界，是物质的、客观的外在世界；心理世界，则是指人类的内心和思想的状态和过程，是主观的；人工世界，则是人工创造的知识和思想成果，它是主观的产物，但却是客观存在。只有把客观知识的世界和个人的主观世界区别出来，才会有知识自身的积累和发展，知识才能成为全人类的精神财富，而不至于仅存在发明家的头脑里。人工世界不仅具有客观实在性，而且具有自己的生命，“而一旦理论存在着，它们就开始有一个它们自己的生命：它们产生以前不能预见到的推论，它们产生新的问题”。波普尔把心理世界、物理世界并列，重现了哲学史上身心二元论的观点，与唯物主义一元

论发生了冲突。但是波普尔是以他的实现进化论来说明世界的产生和存在的，所以又不同于传统上的身心二元论，而是构建起了三元论体系。他相信世界的发展是处于三个亚世界的相互作用之中的。波普尔把心理世界放在中介的地位上。元宇宙概念的内涵及外延，属于人工世界的范畴。元宇宙是人类心理世界的反映，同时又是一个不同于物理世界的新的客观存在。元宇宙与物理世界之间不仅有虚实共生、IoT数据集成的关系，还需要通过人类心理世界作为桥梁才能互相作用。

（二）人是游戏者理论

《人：游戏者》为著名荷兰文化史学者约翰·胡伊青加的代表作，是文化史研究的经典。其从游戏的角度探讨了游戏与人类文化演进的紧密关系，详尽探讨了希腊、印度、中国、北欧等文明中游戏概念的演化历程，全面展示了游戏对人类文化的重大影响，阐述了游戏对于现代文明的重要价值。约翰·胡伊青加把游戏作为“生活的一个最根本的范畴”来论述，采取文化—史学的研究进路和方法，且对游戏用语进行了细致的考察，最终得出了“人是游戏者”“文明是在游戏中并作为游戏而产生和发展起来的”这两个惊人结论，一反西方在人和人性理解上的理性主义传统，张扬和强调人的游戏本质和游戏因素对于文明的极端重要性。

（三）游戏改变世界理论

简·麦戈尼格尔，世界顶级未来趋势智库“未来学会”游戏研发总监，美国著名交互式娱乐服务公司42 Entertainment首席设计师。世界所有玩家花在《魔兽世界》上的总时间超过593万年，相当于从人类祖先第一次站起身来演进至今的时长；美国青年在21岁以前，玩游戏的平均时长超过10000小时，10000小时足以让他们成为专家；通过游戏，我们帮助他人改善生活，甚至解决能源危机等世界性问题。游戏是改变世界的一种有效方法。游戏，前所未有地占据和改变了我们的生活。它是如何击中了人类幸福的核心，提供现实世界中匮乏的奖励、挑战和宏大胜利的？《游戏改变世界》为我们揭开真相，游戏可以弥补现实世界的不足和缺陷，游戏化可以让现实变得更美好，并用大量实践告诉我们该如何驾驭游戏的力量，解决现实问题，并提升幸福感。简·麦戈尼格尔在《游戏改变世界》一书中指出：游戏化是互联时代的重要趋势。游戏化将要实现四大目标：更满意的工作、更有把握的成功、更强的社会联系及更宏大的意义。如果人们继续忽视游戏，就会错失良机，失去未来。而如果我们可以借助游戏的力量，便可以让生活变得像游戏一样精彩。

（四）开放的复杂巨系统理论

钱学森、戴汝为等老一代中国科学家经过长期实践探索，在系统学、控制论等理论基础之上，提出了“开放的复杂巨系统”理论及其相应的“从定性到定量的综合分析方法论”。这对元宇宙的构建、发展、治理都将提供很有价值的理论指导和参考。如果子系统种类很多，并有多种层次结构，它们之间关联关系又很复杂，这就是复杂巨系统。如果这个系统又是开放的，那它就成了开放的复杂巨系统。对于开放的复杂巨系统，耗散结构，系统学无法有效解决；现代科学还原论认为微观决定宏观，或者直接上升到哲学高度谈“宇宙全息统一论”，都不是有效之法。实践证明，唯一能有效解决开放复杂巨系统问题的方法，就是定性定量相结合的综合集成方法。《游戏改变世界》作者简·麦戈尼格尔认为，往往定性的认识可用经验性数据和资料以及几十、几百、几千个参数的模型对其确实性进行检测；而这些模型也必须建立在经验和对系统的实际理解上，经过定量计算，通过反复对比，最后形成结论，而这样的结论就是我们在现阶段认识客观事物所能达到的最佳结论，是从定性上升到定量的认识。定性定量相结合的综合集成方法，就其实质而言，是将专家群体(各种有关的专家)、数据和各种信息与计算机技术有机结合起来，把各种学科的科学理论和人的经验知识结合起来。这三者本身也构成了一个系统。这个方法的成功应用，就在于发挥这个系统的整体优势和综合优势。

（五）大成智慧学

钱学森在完成“两弹一星”的科学体系建设后，将其研究领域扩展到更为广阔的范围，对于社会各种复杂性问题的哲学思考和关于马克思主义哲学的发展，逐步形成了“大成智慧”体系。一是内涵。中国古代哲人讲“集大成，得智慧”。人的智慧分两大部分：量智和性智。缺一不成智慧！大成智慧学告诉我们：在处理复杂的问题时，既不能只顾“量智”，搞还原论、“死心眼儿”，也不能只顾“性智”，空谈整体论、浮于幻想。什么是“量智”和“性智”呢？现代科学技术体系中的数学科学、自然科学、系统科学、军事科学、社会科学、思维科学、人体科学、地理科学、行为科学、建筑科学等11大科学技术部门的知识是性智、量智的结合，主要表现为“量智”；而文艺创作、文艺理论、美学以及各种文艺实践活动，也是性智与量智的结合，但主要表现为“性智”。“量智”主要是科学技术，是说科学技术总是从局部到整体，从研究量变到质变，“量”非常重要。当然科学技术也重视由量变所引起的质变，所以科学技术也有“性智”，也很重要。大科学家就尤其要有“性智”。“性智”是从整体感受入手去理解事物，中国古代学者就如此，所以是从整体，从“质”入手去认识世界的。中医理论就如此，从“望、闻、问、切”到“辨证施治”，但最后也有“量”，用药都定量。二是科学与艺术的结合。从思维科学角度看，科学工作总是从一个猜想开始的，然后才是科学论证；换言之，科学工作是源于形象思维，终于逻辑思维。形象思维是源于艺术，所以科学工作是先艺术，后才是科学。相反，艺术工作必须对事物有个科学的认识，然后才是艺术创作。在过去，人们总是只看到后一半，所以把科学和艺术分了家，而其实是分不了家的，科学需要艺术，艺术也需要科学。三是逻辑思维与形象思维的结合。从思维方式来看，逻辑思维方式大多用于科学研究与实验，所以也叫作科学思维方式。形象思维方式大多用于艺术创造与艺术活动，所以也叫作艺术思维方式。逻辑思维的结果一般都是比较确定的、唯一的、可以表达的。因而对于加工处理便于形式化的信息时，可以用电子计算机（电脑）帮助解决。但是，计算机的功能是有限的，单纯用逻辑思维，单纯靠计算机处理，没有人的形象思维，是不可能获得大成智慧和创新科学技术的。灵感思维属于形象思维的一种，是人们在生活中形成的，但有一点必须明确：灵感思维也是以人头脑中沉积的知识为基础的，如果没有人类的实践认识（自己的、他人告知的、书本上学得的），灵感思维也不能从天而降。四是思维的整体观与系统观。运用整体观和系统观，在处理各种复杂事物和人的问题时，既要弄清其微观的、细节的、量的准确变化，掌握好“度”，又要注意从宏观上、整体上，系统地把握其各层次、各因素、各方面质的变化与飞跃。不能只搞还原论、“死心眼儿”，也不能空谈整体论、浮于幻想。而是要把微观与宏观、还原论与整体论、理论与实践、部分与总体有机地结合起来，从整体上观察和解决问题。大成智慧学教会我们总揽全局、洞察关系，促使我们突破障碍，从而做到大跨度地触类旁通，完成创新。五是大成智慧与灵境技术。1996年春天，钱老更为明确指出：“信息革命与前几次产业革命的不同之处在于其直接提高人的智能。”他敏锐地预见到当时还只是初现端倪的“虚拟现实技术”的无限威力，特别强调它能够使人们的创造思维能力大大提高。钱老把“Virtual Reality Engineering”翻译成更有中国文化味儿的名词“灵境技术”，他兴奋地预言：“灵境技术是继计算机革命之后的又一项技术革命。它将引发一系列震撼全世界的变革，一定是人类历史中的大事。”六是历史发展六段论。钱学森基于对“世界政治一体化”趋势的判断，洞察人类社会发展的必然走向，提出了“世界社会”新思想，认为这是人类走向世界大同共产主义社会的必经阶段。这与习近平总书记提出的“人类命运共同体”理念异曲同工，都是对马克思主义理论的实践总结和有益发展。元宇宙，无疑也属于开放的复杂巨系统，要有效分析其中规律，解决其中的复杂问题，大成智慧学提供了相对完整的科学知识体系；而要让“元宇宙”切实造福于人类社会，“从世界社会到共产主义”的发展理念也将具有借鉴意义。钱学森创建的“开放的复杂

巨系统理论”“大成智慧学”“世界社会”发展理念，对“元宇宙”的概念厘清、理论创新、应用实践、未来发展都将是有益的参照。

（六）平行智能社会理

中国科学院自动化研究所复杂系统管理与控制国家重点实验室主任王飞跃博士，在2015年发表的一次名为“平行时代的平行智能体系”的演讲中，系统阐述了其“平行智能社会理论”。生命与智能是人类最美好、最重要的两类追求。本来，智能的研究应在生命的研究之后，仿“生”就行了。可惜，生物、医学、神经生理学家至今还没有完全弄清楚大脑的机制、思维的法则，智能科学想仿也没有明确的途径。从技术或工程角度而言，智能的本质就是利用已知解决未知；从已知到未知就只能靠想象了，目前主要的方式有结构主义、功能主义、行为主义等。人想象靠大脑。大脑是开放的，几乎可以瞬间感知自己所有已知的知识，并推理未知的世界、未知的问题。机器想象靠什么？目前只能靠算法，而且是封闭的算法。迄今为止，不管是多么复杂的机器算法，几乎全都限制在机器的内存空间中。如果算法不“解放”、不开放，人工智能永远只能“人工”，无法逼近人类、无法“类人”：人工智能就只能滞留在第一境界，利用已有的知识，解决已知的问题，就是目前Google和百度正在追求的水平，无法到达智能的第二境界。问题是算法如何开放？王飞跃认为算法只能在第三世界开放，这个第三世界不是政治意义上的第三世界，而是波普尔的第三世界。一般人只熟悉两个世界，物理世界和心理世界；但波普尔告诉我们，还有个第三世界——人工世界。农业社会干了什么？简单来说就是开发了物理世界的地表资源。工业社会又干了什么？主要是通过文艺复兴，开发心理世界，解放了思想，发展了科学，发明了蒸汽机和电动机，回过头又开发了物理世界的地下资源。到了今天，第一世界开发了，第二世界也开发了，物联网、云计算、大数据来了，必须开发第三世界了，这就是智能时代的使命。农业社会的完成打破了“血缘的不对称”，当时是靠出身、靠家族；工业社会到了今天打破了什么，打破的是“信息的不对称”；那么新智能时代崛起的就是“智力的不对称”了。开放智能算法，开发人工世界，最终消除“智力的不对称”，就是新智能时代的历史任务。算法一定要在第三世界开放，为什么？物理世界，人类只是行动的主体；到了心理世界，人类是认知的主体；只有在人工世界，人类才是真正的主宰，愿意干嘛就干嘛，唯一的约束就是想象，特别是爱因斯坦的“想象”。未来世界的和谐，一定是这三个世界的和谐，加起来就是平行世界。我不是学物理的，但知道物理学中有个平行宇宙的概念，四个阶层的平行，从简单地重复到数学上的抽象。平行世界需要平行智能——就是开放的算法带来的开放智能，这是解除人工智能“常识难题”或“常识诅咒”这一瓶颈的最有效的途径；对我而言，这就是新智能科学的发展方向。未来，人的生活空间50%在现实的空间，50%会在虚拟的空间。这就是化解复杂性以及智能化矛盾的方法，就是一定要使用ACP的平行理念：人工社会+计算实验+平行执行。将来，一定是真人与虚人一体化的平行人：平行人=人+i人，平行物=物+i物，开始是虚实的一对一，然后是一对多，多对一，最后是多对多，形成虚实互动、互生、互存的平行社会。从本质上讲，ACP的平行理念的核心就是把复杂性与智能化系统“虚”的和“软”的部分建立起来，通过可以定量实施的计算化、实时化，使之“硬化”，真正用于解决实际的问题。而所谓的大数据、云计算、物联网正是支撑ACP方法的核心技术。通过构建人工系统和实际系统闭环反馈、虚实互动、平行执行的平行系统，使两者协同发展，并确保系统按照人类期望的目标发展。不仅系统需要平行，将来的人、物、设备、工业过程、智能系统、农场、企业、组织、社区、城市、社会，甚至世界，也一定要是平行的才是完整的，一对一，一对多，甚至多对一，最后将实现多对多。平行智能体系包括：一个核心，就是平行；两个支撑，ACP和CPSS；三个主题，也就是智能系统、智慧管理和社会智能。

（七）元宇宙社会媒介理论

传播理论一代宗师哈罗德·英尼斯强调一个基本观点：“一种新媒介

的长处，将导致一种新文明的产生。”媒介是人类文明得以传承和传播的重要介质。人类社会的文明发展史伴随着传播媒介的不断演进。大众传播媒介，从图文媒介、视听媒介、网络媒介发展到“元宇宙”阶段，产生了鲜明的跨代特征，预示着未来媒体的基本形态。2021年“元宇宙”概念受到各界高度关注，在此之前，中科院提出“平行智能社会”，腾讯科技提出“全真互联网”，中国传媒大学提出“全时全域沉浸媒介”，工业界实践“数字孪生”，地理信息界则强调“时空大数据”，这些都是紧密相关的概念。产、学、研、用各方虽着眼角度不同，但对未来媒体预见的基本理念是一致的，即基于TCP/IP/HTML的“Web互联网”将进一步演化为全时沉浸的“3D时空互联网”。在系统梳理媒介发展历史，深入研究新一代ICT技术及“时空大数据”的广泛应用，融合产、学、研、用各方对媒介演进趋势预见基础上，我们提出“孪生媒介”“虚构媒介”两个概念。孪生媒介，是将物理实体空间及其构件的虚拟数字孪生体作为信息承载、展现、组织及传播的介质，基于互联网络为用户提供实时在线、沉浸交互体验的新一代媒介。虚构媒介，是基于物理空间不存在的虚构的数字体作为传播介质的媒介，MMORPG游戏是虚构媒介的典型应用。对各类媒介多个维度做横向对比，从印刷图书为载体的图文媒介，到以电子信号为载体的视听媒介、以互联网为载体的网络媒介，到以孪生/虚构数字体为载体的孪生媒介/虚构媒介，人与媒介的关系，其沉浸感、参与感、交互性逐步趋于增强。尽管人们对“元宇宙”做了各种诠释，但形成全时在线、互联互通、互操作的统一时空，才是元宇宙成型的基本条件。在此之前，尽管互联网平台可做到随时在线、网站可通过HTML实现全球互联，但并未形成统一的3D时空及在其中的应用互操作。从“元宇宙”内容角度看，可分为拟真、虚构两大类。拟真的元宇宙，其本质是孪生媒介；虚构的元宇宙，其本质是虚构媒介（或称为：游戏媒介）。随着人类向地外星际宇宙的不断探索，以及向人类精神内在的持续探求，借助元宇宙的媒介力量，将逐步突破地球限制、突破自然规律限制，甚至演化为星际物种、数字物种。

元宇宙媒介（孪生媒介、虚构媒介）是构建未来媒体，乃至构建平行智能社会的新基点。

五、世界各国元宇宙的政策与现状

元宇宙风起云涌，成为2021年最热门的术语，元宇宙相关的每一个新闻都会迅速成为人们的谈资。各国也在积极备战元宇宙赛道，纷纷出台了相关政策。

（一）美国元宇宙的政策与现状

美国政府对于元宇宙仍处于观望状态，尚未提出明确的元宇宙建设纲要性文件和官方表态，其对数据安全的担忧及产业巨头垄断风险的警惕暂时占据上风。美国的监管机构重点关注数据安全和隐私保护问题。毕竟在元宇宙中，不论是用户直接提供的，还是间接产生的信息数据，如生物特征、位置和银行信息、消费习惯、游戏习惯等，都属于数据安全和隐私保护的范畴。为了遏制数据滥用和隐私泄露，美国的监管机构采取了执法行动，2018年美国联邦贸易委员会对Facebook的消费者数据泄露行为处以50亿美元的罚款，并对这个社交媒体平台实施了更严格的隐私限制。监管部门的重拳出击让互联网公司不得不更加谨慎地对待用户数据。2021年10月，美国两党参议员提出《政府对人工智能数据的所有权和监督法案》，要求对联邦人工智能系统所涉及的数据特别是面部识别数据进行监管，并要求联邦政府建立人工智能工作组，以确保政府承包商能够负责任地使用人工智能技术所收集的生物识别数据。这一新规体现出美国国会对于基于数据与身份识别的数字化渗透持谨慎态度。另外，美国企业持续推动美国政府加强对元宇宙的认知，以塑造有利的竞争和创新环境，让美国相关产业在全球脱颖而出。Meta等科技巨头正积极与美国政策制定者、学者、合作伙伴和专家洽谈，以帮助其以“负责任”的方式来构建元宇宙版图，并试图与各方为元宇宙虚拟世界创建标准和协议，塑造科技巨头对于新兴互

联网形态的自我监管模式。美国政府与业界间的博弈短期内难见分晓。

（二）欧洲元宇宙的政策与现状

欧洲对元宇宙持高度谨慎态度。欧盟《人工智能法案》、“平台到业务”监管法规、《数字服务法案》、《数字市场法案》等立法说明了监管机构在处理元宇宙时可能采取的立场和倾向，包括增加透明度、尊重用户选择权、严格保护隐私、限制一些高风险应用。这些立法预示着欧盟更关注元宇宙的监管和规则问题，试图在治理和规则上占据先发优势，进而保护欧洲内部市场。欧洲缺乏互联网基因，没有大型的原生态互联网公司，其市场基本都被美国互联网巨头占领。欧洲的诉求是加强互联网企业的监管，防范数字龙头企业利用垄断地位扼杀竞争活力，反感美国科技巨头在欧洲赚取巨额利润却仅缴纳微薄税款。2020年12月，欧盟委员会公布了《数字服务法》和《数字市场法》两项法律的草案，这两项法案共同为包括社交媒体、在线市场和其他在线平台在内的所有数字服务提出了一套新规则。它们旨在促进整个集团的竞争，同时保护用户免受网络伤害。在元宇宙时代，预计欧盟将继续推动对虚拟世界的监管，维护欧盟市场的竞争与活力。

（三）日本元宇宙的政策与现状

日本寻求扶持元宇宙相关产业，建立新型国家优势。日本经济产业省于2021年7月发布《关于虚拟空间行业未来可能性与课题的调查报告》，将元宇宙定义为“在一个特定的虚拟空间内，各领域的生产者向消费者提供各种服务和内容”。报告认为，该行业应将用户群体扩大到一般消费者，应降低VR设备价格以及VR体验门槛，并开发高质量的VR内容留住用户；政府应着重防范和解决“虚拟空间”内法律问题，并对跨国、跨平台业务法律适用等加以完善；政府应与业内人士制定行业标准和指导方针，并向全球输出此类规范。这些建议体现了日本政府对元宇宙行业布局的思考，即通过现有的发展成果尽可能在民众范围内推广元宇宙理念，同时通过指导与政策制定来规范元宇宙的建设。日本的元宇宙市场的构建正在加速。日本的加密资产（虚拟货币）兑换平台FXCOIN等在2021年12月中旬成立元宇宙的业界团体，业界团体名称为“一般社团法人日本元宇宙协会”。相关团体将与金融厅等行政机关相互配合，启动市场构建，力争使日本成为元宇宙发达国家。除了FXCOIN和CoinBest等日本的虚拟货币兑换平台之外，涉足电子钱包业务的Ginco等也将参加，同时还将呼吁其他互联网金融公司和游戏公司等加入。日本将成立的元宇宙协会除了研究世界动向之外，还希望加深与行政机构的沟通，为方便日本企业在元宇宙市场展开活动而铺平道路。例如，日本的《民法》只承认实物的所有权，因此除了如何处理虚拟物的所有权等法律问题之外，还将梳理位于元宇宙的虚拟土地变为非同质代币（NFT）、虚拟货币被用于相关支付之际能否在虚拟货币兑换平台以外完成与金融的接触点。

（四）韩国元宇宙的政策与现状

一是率先成立元宇宙协会。在全球范围内，韩国政府对元宇宙反应最快，率先成立了元宇宙协会。2021年5月18日，韩国信息通讯产业振兴院联合25个机构（韩国电子通信研究院、韩国移动产业联合会等）和企业（LG、KBS等）成立“元宇宙联盟”，旨在通过政府和企业的合作，在民间主导下构建元宇宙生态系统，在现实和虚拟的多个领域实现开放型元宇宙平台。随着韩国政府大力推动元宇宙相关项目，如今该联盟已经包括了500多家公司和机构，如三星、KT（韩国电信巨头）。公司和行业团体在此联盟中将共同分享元宇宙趋势和技术，并组成一个与元宇宙市场相关的道德和文化问题的咨询小组。该联盟还将承担联合元宇宙开发项目。韩国科学和信息通信技术部表示将向该联盟提供支持，特别是在帮助公司建立开放的元宇宙平台方面。二是产业政策扶持。在产业政策上，韩国政府希望在元宇宙产业中发挥主导作用。2020年年底，韩国科技部公布了一份《沉浸式经济发展策略》，目标是将韩国打造为全球五大XR（扩展现实）经济国家。在2021年7月韩国公布的Digital New Deal 2.0中，也能看到元宇

宙与大数据、人工智能、区块链等被列为发展5G产业的重点项目。韩国数字新政推出数字内容产业培育支援计划，共投资2024亿韩元，其中XR内容开发、数字内容开发和XR产业基础共支援760亿韩元。2021年8月31日，在韩国财政部发布总共604.4万亿韩元（3.23万亿人民币）预算中，政府计划拨出9.3万亿韩元用于加速数字转型和培育数字经济产业。其中，计划斥资2000万美元用于元宇宙平台开发，并斥资2600万美元开发有关数字安全的区块链技术。三是首尔政府实践元宇宙平台。2021年11月3日，首尔市市长吴世勋提出首尔愿景2030计划，它旨在使首尔成为一个共存的城市、全球领导者、安全的城市和未来的情感城市。为期五年的元宇宙首尔基本计划是打造未来城市愿景的一部分，该计划旨在改善公民之间的社会流动性并提高首尔市的全球竞争力。目前，首尔计划为该项目投资39亿韩元。根据该计划，首尔的元宇宙生态系统主要分三个阶段进行，分别是引入（2022年）、扩张（2023—2024年）、定居（2025—2026年）。首尔计划在2022年第一阶段建立名为元宇宙首尔的高性能平台，并在经济、教育和旅游等领域提供服务，在年底前完成该平台的创建并向公众展示。未来，首尔市政府还会将元宇宙平台应用扩展到市政管理的所有领域，以提高政府官员的工作效率。吴世勋市长在接受采访时曾说，如果这个项目成为现实，那么首尔市民很快就可以戴上他们的VR设备，与市政府官员会面进行虚拟咨询。同样的，市政府也可以参加群众活动。放眼全球，首尔市政府是第一个制订全面的中长期元宇宙政策计划的地方政府。根据计划，首尔市政府将陆续在元宇宙平台上提供各种商业支持设施和服务，包括虚拟市长办公室、首尔金融科技实验室、首尔投资和首尔校园城等。该计划中，搭建的元宇宙所提供的服务将涵盖经济、教育、旅游、通信、城市、行政和基础设施这7个基础领域。首尔市政府也专门制定了提供公共服务的政策，以通过使用先进技术开发的元宇宙平台，克服现实世界中时空限制和语言障碍等问题。在经济领域中，首尔将在元宇宙中设立首尔金融科技实验室，其目的是在虚拟世界中提供经济领域的相关服务。首尔金融科技实验室将在元宇宙中帮助企业吸引外国投资，虚拟人物将为外国投资者提供咨询等一站式服务。此外，谷歌为创业者设立的首尔创业营Campus Town中的创业公司培育业务将在元宇宙平台中进行，包括数字内容创作培训和社交活动等。在元宇宙中最活跃的教育领域方面，首尔市政府将设立首尔开放城市大学的虚拟校园。首尔市政府运营的在线教育平台Seoul Learn，将为青少年提供各种沉浸式内容，例如讲座、导师计划和招聘会等服务。在旅游观光方面，首尔将建设旅游景点，如光华门广场、德寿宫和南大门市场等将成为元宇宙首尔虚拟旅游的特殊区域。根据首尔市政府的介绍，游客可以乘坐城市观光巴士在元宇宙中游览。首尔的代表性节日和展览，如首尔鼓节和首尔灯节，未来可以作为3D沉浸式内容在元宇宙平台中举行。此外还有公共服务，如民诉、咨询、公共设施预订等。以上这些服务也将在元宇宙中提供，为市民提供更便捷的服务，这也将提高首尔整体的数字城市水平。首尔市政府未来还将在市政厅创建一个元宇宙版本的市长办公室，并将其作为政府与居民之间的开放式沟通渠道。首尔也计划利用虚拟现实、增强现实和扩展现实相结合的技术升级城市管理，为弱势群体提供众多服务以确保他们的安全和便利，包括使用扩展现实设备为残疾人提供安全和便利的服务。最后则是首尔将引入元宇宙会议来举办不同的活动，并将其作为沟通渠道。首尔还将利用最先进的技术开发基于元宇宙的远程工作环境。首尔市政府表示，将在虚拟空间中推出智能办公室，虚拟形象的公职人员提供咨询服务将成为现实。首尔市元宇宙生态系统的构建目的是扩大对公共城市服务的访问空间，通过公共需求与私人技术的结合，开创一个名为“元宇宙首尔”的新大陆，让首尔成为一个智能、包容的城市。

（五）中国元宇宙的政策与现状

一是《上海市电子信息产业发展“十四五”规划》提到：加强元宇宙底层核心技术基础能力的前瞻研发，推进深化感知交互的新型终端研制和系统化的虚拟内容建设，探索行业应用。新一代信息技术融合应用，围

绕人工智能+大数据、云计算+边缘计算、5G+扩展现实、区块链+量子技术、云边端协同、数字孪生+数据中台等方面，推进技术协同攻关、标准规范制定和平台建设、应用创新等。二是国家《“十四五”数字经济发展规划》指出：创新发展“云生活”服务，深化人工智能、虚拟现实、8K高清视频等技术的融合，拓展社交、购物、娱乐、展览等，促进生活消费品质升级。三是《金融科技发展规划（2022—2025年）》提出：搭建多元融通的服务渠道。以线下为基础，依托5G高带宽、低延时特性将增强现实（AR）、混合现实（MR）等视觉技术与银行场景深度融合，推动实体网点向多模态、沉浸式、交互型智慧网点升级。四是《2022年武汉市政府工作报告》中提出：武汉要加快壮大数字产业，推动元宇宙、大数据、云计算、区块链、地理空间信息、量子科技等与实体经济融合，建设国家新一代人工智能创新发展试验区，打造小米科技园等5个数字经济产业园。五是《2022年合肥市政府工作报告》提到：未来五年，合肥将前瞻布局未来产业，瞄准元宇宙、超导技术、精准医疗等前沿领域，打造一批领航企业、尖端技术、高端产品，用未来产业赢得城市未来。六是无锡市滨湖区在《太湖湾科创带引领区元宇宙生态产业发展规划》明确：要注重空间布局和产业推进相结合，整体规划、系统推进产业集聚、人才引育、生态发展和应用场景等工作；注重应用引领和场景驱动相融合，围绕滨湖区产业发展需求和智慧城市建设的新场景，发挥试点示范作用，推动元宇宙技术在多领域深度应用；注重协同发展和一体发展相整合，推动元宇宙产业上下游各环节、各主体协同发展，加快元宇宙与集成电路、区块链、人工智能、云计算等技术融合创新发展。到2025年，滨湖区将通过元宇宙生态产业集聚发展、关键技术创新发展、专利标准引领发展、应用示范跃迁发展、专业人才梯次发展等手段，打造成长三角元宇宙技术创新高地、生态产业发展高峰、人才集聚高原，基本形成技术引领、企业集聚、示范应用、标准完备的元宇宙产业生态，成为国内元宇宙产业发展的典范，打造元宇宙的“滨湖名片”。七是《关于加快北京城市副中心元宇宙创新引领发展的八条措施》提出：对在元宇宙应用创新中心新注册并租赁自用办公场地的重点企业进行50%、70%、100%三档补贴；在内容设计上，突出元宇宙与文化旅游融合发展的特色；在产业空间上，规划“1个创新中心+N个特色主题园区”的元宇宙产业空间布局；在应用场景上，瞄准数字赋能、文化科技融合领域，“打造实数融合的文旅新场景”，为企业提供技术展示创造空间。

六、元宇宙的体系架构

在国际标准组织、开源组织引领下，诸多科研机构、技术供应商、商业资本，以及领先国家的合力推动下，新一代ICT技术群（包括5G泛在网、边缘计算、物联网、高密度集成电路、云计算、大数据、人工智能、区块链、数字孪生、XR、量子计算、智能终端等）已成为全球广泛共识的通用技术体系。各类私有的、无法达成国际共识的技术，将无法获得全球应用的机会。基于现有互联网要构建起完整统一的三维虚拟世界，并能够模拟自然环境规律、人类社会基本规则，元宇宙形态才可以基本成型。

（一）元宇宙的系统互操作性

元宇宙不可能由一家企业或机构建成，也不可能由一个平台统一支撑。不同的元宇宙系统及应用间要实现互联互通互操作，需要建立在大量的标准规范基础之上。要实现全球范围“孪生地球”的互操作，就必须达成全球范围共识的国际标准体系。互操作可分为基础时、设计时、进行时三类。基础时互操作是指终端层、网络层的接口规范、网络协议、OS+SDK规范、交互指令及访问协议等与硬件相关的标准规范。设计时互操作要求有关文件格式、数据结构、语言语法、表现形式等静态的标准规范。时互操作在基础时、设计时基础上还需要更多的服务过程（注册、发现、组合、调用）和应用过程（应用发现、应用使用、应用穿梭）等相关体系规范。元宇宙是在现有互联网基础之上发展而来，现阶段在网络

层（TCP/IP/5G等）、数据层（OpenGIS/IFC/IFD等）、平台层（ISO/IEC 17788等）有良好的标准规范基础，但应用层(HTML/WebGL等)、终端层（OpenXR等）处于快速发展变化过程中，有部分规范标准建设成果，但将有巨大的更新、发展空间。

（二）元宇宙的应用行为逻辑

从图文媒介、视听媒介发展到网络媒介，电子化、数字化、网络化技术一波波叠加提升了社会信息生产和传播能力，从而引发了信息大爆炸。这带给个人的是信息过载，面对海量信息的麻木和无措。为了解决用户有效获取信息的问题，信息组织方式必须不断演进。图书出版物丰富之后，产生了图书情报和档案管理的编目、文献检索方法；广播电视节目越来越多之后，线性频道演化出电子节目指南EPG，进而演变出可访问海量点播节目库的分级菜单；互联网通过HTML协议将数十亿的Web page、Video、Game、App关联起来。“元宇宙”构建的虚拟世界，本质是新一代的传播媒介——孪生媒介。元宇宙对信息的组织方式要求更加直观可视化，易于语义理解，利于逻辑推理，便于自然交互式沟通。过往离散碎片化的信息，将更大程度上趋向形成一致的知识图谱。过往以平面展现和功能实现为主的应用，也将趋向更加人性化的3D孪生应用。过往许多割裂的、独立的业务系统，也将趋向于开放融合；孪生应用相互连接，形成平行世界的社会生态巨系统。用户使用元宇宙中各类应用，需通过访问终端接入元宇宙虚拟世界，以自己的数字人为虚拟化身代理自己在元宇宙中进行各类操作行为。各类元宇宙应用均是3D交互形式的，应用间跳转通过瞬移、穿梭门等形式互相连通。元宇宙中各类对象通常是现实物理世界中实体对象的孪生体。用户与虚拟对象交互，通过应用功能实现。复杂应用的部分功能可通过调用云平台的各类共性服务来实现。ICT基础设施及支撑平台为元宇宙的正常运行提供保障。物理对象通过IoT平台可驱动虚拟对象的行为及状态变化，用户在虚拟环境中对虚拟对象的操作可通过支撑平台传递给物理对象，实现虚实平行的控制执行。元宇宙中虚构的游戏应用，现实世界中并没有孪生体，也不存在平行执行条件。仿真推演的孪生应用，如暂不进行平行执行，则可通过副本方式运行，待要正式执行时再启动平行执行机制。

（三）元宇宙的技术支撑骨架

一是现实世界。现实世界，是孪生地球元宇宙生成的物理原型基础，也是其作用的对象。真实的现实世界，可分为自然物质环境、人造物质环境、人类社会环境三部分。其中，自然物质环境是指人们所生活的、肉眼可见可感知的自然物理世界，包括山川平原、江河湖海、土壤、绿化、植被、动物、气候、自然规律等；人造物质环境是指人类以自然物质为材料人为改造形成的环境，包括道路桥梁、城镇楼宇、村庄、水利、工业、交通、安防、煤水电、供给循环系统、文化设施等；人类社会环境是指人类社会运行所遵循的基本规则，包括政治经济（国际交流、国家治理等）、法律法规、文化道德、市场、金融、行业自律、社交等。二是接入访问终端。用户需通过接入访问终端，才能进入元宇宙的虚拟世界。接入访问终端需要为用户提供视、听、触、味、嗅全方位的感官沉浸体验，同时要提供更加自然的运动感、力反馈的自然交互方式，必要时还需提供代理机器作为物理身体的替代或延伸。接入访问终端包括XR终端、自然交互、动感模拟及代理机器等。其中XR终端主要指VR、AR、MR终端设备，也涵盖传统的PC、TV、PAD、Phone、LED屏等终端产品；自然交互是指摆脱键盘鼠标，通过语音、动作等更加自然方式获得视听触味嗅感官信息的交互方式，可分为语音交互、动捕交互、表情捕捉、眼动跟踪、气味模拟、触觉模拟、脑机接口（BMI）等；动感模拟是VR模拟仿真应用创新的重要支撑技术，为VR用户在虚拟环境中的快速运动提供位移感知，乃至全方位移动感知的模拟体验；代理机器可以是人形服务机器人、仿生机器人，也可以是工业机器人，用户接受度高，可用于陪伴、服务、教育、娱乐等场景。仿生机器人，主要是模仿各类生物，替代人去完成人无法完成的任务，如模拟飞鸟、四足动物、昆虫、鱼类等的代理机器；工业机器人主要

用于生产线以替代工人完成更加高效、准确的流水线作业。如需基于数字孪生进行管理控制，代理机器的行为数据可以同步到元宇宙中的数字代理人，并驱动数字代理人的行为。三是基础支撑平台。作为定位面向全国、全球的公有云平台，从建设之初就应考虑公有云的架构及布局。元宇宙支撑平台的规划建设必须摆脱小而全、定制化项目的旧模式，走标准化、规模化的云平台之路。元宇宙应用涉及大量图形渲染、AI计算、内容分发等需求，且对端到端访问带宽、时延的要求较目前的网络直播、短视频等应用会更高，采用“云+网+边+端”协同的平台架构才可有效保障用户体验。元宇宙应用可充分发挥5G泛在网的优势，必将成为5G及后续6G的关键应用。四是孪生基座。元宇宙孪生基座层主要实现现实物理世界1：1模型复刻的孪生虚拟场景，构建起虚实平行的孪生地球新时空。其数据采集是通过卫星影像、机器视觉、扫描点云、IoT采集等方式获得丰富的数据源。采集的地形物貌、建筑等数据经处理形成3D基础图层；标示信息、可移动物、人员活动、社会活动等数据分主题经处理形成要素图层。机器视觉，是采用AI技术对图形图像基于模式识别进行自动化分析、处理的智能技术。其反馈控制主要是依托数据交互，包括3D场景数据、IoT感知数据，以及社会活动数据的采集与反向控制。其模型构建包括基于3DGIS引擎的场景模型构建、整合及渲染，包括自然规律拟真模型的构建及维护，也包括主流价值观底层逻辑的模型构建及维护。孪生媒介的基础是大规模的室外室内3D场景模型。3D场景数据可来源于卫星影像、全景拍摄、激光扫描等。这些海量数据可通过(3D Geographical Information Systems)引擎进行整合处理，并面向XR、TV、PC、MOB等各类终端提供高效流畅的访问体验。要对上百平方公里的城市，乃至全国、全球的地形地貌进行高精度场景建模，在过去是个耗资巨大，几乎不具备可行性的事。近年来，随着AI技术的发展和算力的提升，只需具备一定规模的计算集群，通过汇集多源数据，基于AI算法即可自动高效建模，并可实现以天为单位的数据更新维护。这使得建设和长期运营“孪生地球”的实用可行性大大提高。五

是数据智能。元宇宙的数据智能层，主要实现对采集数据的信息化处理形成语义化知识，进而实现基于孪生地球模型的各类仿真任务执行。主要依托大数据+人工智能实现，其中AI技术的核心是在大数据基础上的智能算法及数据处理应用。海量的数据、信息如不进行有效分析，并进一步形成语义理解基础上的知识网络，其价值无法得到有效利用。模式识别、神经网络、模糊系统、强化学习、知识图谱等一系列AI技术，将对海量信息处理、特定问题求解提供有效工具。仿真模拟，是对因果关系的推理活动，基于有效数据集和模拟算法，在3D场景的仿真验证机制，类似人脑对某个问题的综合分析的形象化思考。由于数据、算法都不可能一步到位，因此这是个反复推演的机制。仿真模拟是基于孪生地球“元宇宙”提供功能型、智能型服务的基本机制和方式。六是共性服务。元宇宙的共性服务层，可实现基于孪生地球元宇宙云平台的可充分共享、可重复使用的功能、组件、模型、资产、算法、工具、流程的规范化，服务提供支持各类孪生应用的敏捷开发和运行。为了向上层应用提供便捷的服务/微服务管理支撑，需遵循全流程DevOps。服务提供方可以是平台运营方，也可是经认证的合作伙伴。符合规范的服务经审核后可在孪生媒介云平台正式发布，如该服务得到诸多应用的使用，则服务提供方可获得相应收益。其依托的孪生媒介，以孪生地球的虚拟环境及孪生体作为媒介的载体，为广大用户提供大众传播服务。可提供的共性服务有模型资产管理、信息组织发布、内容算法推荐、舆情商情分析等。造就的数字人，业界也称作虚拟化身、AVATAR、虚拟角色、虚拟代理人，是指通过3D技术构建的人体3D模型，可配备衣着等装饰，通过动作捕捉、表情捕捉等技术赋予其动作，通过真人声音或语音合成技术赋予其独特的声音，从而实现高度逼真或卡通风格的虚拟角色，用于影视制作或虚拟社交、游戏等在线应用。推行的信用体系是基于区块链技术支撑，对用户的资产、劳动进行确权，无法被篡改，提供可信证链。认可的价值体系与信用体系有一定关联，同样可基于区块链技术支撑实现各类交易，交易物可包括各类资产、劳动、NFT等。打造

的故事引擎，首先提供剧本创作辅助工具，并可与虚拟模型资产、数字人等服务能力打通，获得场景、人物资源，借助创作工具进行虚拟制作，并实现对创作作品的管理。常用的渲染引擎，包括离线渲染引擎、实时渲染引擎、渲染流化引擎三类。元宇宙的应用创作工具，需要有3D模型转换、3D场景框架、UI框架、XR引擎、设计Studio（包括场景设计、模型设计、数值系统设计、关卡交互设计、版本发布的IDE集成开发化境）等功能构成，并通常与实时渲染引擎密切配合使用。七是生态应用。元宇宙的生态应用层，必然要构建一个开放的应用生态，就像现实世界里一样，人是自主的主体，其行为有无限种可能。具体的元宇宙生态应用包罗万象。不同类型的用户，可以是政府、社会组织、企业、军队，也可以是小组、个人，通过创作工具，充分利用共性服务和平台资源，都有机会创作出优秀的孪生应用，实现自我价值和社会价值。

七、看那些先行者如何创造元宇宙

目前，元宇宙生态的发展还处于早期的萌芽阶段，但是一些具有远见卓识的公司或者项目正在努力将元宇宙的伟大愿景变为现实。其中，Roblox、Decentraland是比较有前瞻性和代表性的应用。

Roblox：华尔街追捧的元宇宙超级独角兽。2021年3月，一家名为Roblox的游戏公司登陆纽交所。该公司旗下只有Roblox一款产品，看起来就是一个小游戏平台。但令人惊奇的是，该公司上市首日的市值就超过了400亿美元。400亿美元是什么概念呢？是《刺客信条》游戏开发商老牌游戏大厂育碧的六倍，是全球第二大游戏公司任天堂（Nintendo）的六成。为什么这家名不见经传的公司会受到华尔街投资机构的追捧？为什么会有如此高的估值？事实上，Roblox并非一家简单的小游戏公司，而是一家致力于用自己的方式构建元宇宙的公司。在创始人大卫·巴斯祖基的眼中，“元宇宙是一个将所有人相互关联起来的3D虚拟世界，人们在元宇宙中拥有自己的数字身份，可以在这个世界里尽情互动，并创造任何他们想要的东西”。在Roblox的世界中，游戏玩家不仅是游戏的参与者，也是游戏世界的创造者，可以自己搭建游戏应用并获得收益。这些收益既可以在该平台的其他游戏应用中使用，也可以提现。玩家只需要精心创造一个形象，就可以用这个形象参与Roblox的所有游戏。在招股书中，该公司专门总结了其眼中元宇宙的八大特征，分别是身份、朋友、沉浸感、随时随地、低摩擦、多样化内容、经济系统和安全。Roblox在测试版发布后的一段时间里的用户量非常小，高峰期大约只有50人同时在线。后来，该公司推出了Roblox Studio，玩家可以自己创建游戏应用。到2018年，Roblox已经拥有400万名创作者、4000万款游戏，日活用户超过1200万人。头部的创造者年收入达到了300万美元，整个移动端的收入达到4.86亿美元，Roblox成为当时收入最高的沙盒游戏。2019年和2020年，Roblox日活跃用户数量持续上升，分别达到了1800万人和3300万人。特别值得注意的是，Roblox的用户群体非常独特。它在北美Z世代（1995—2009年出生的一代人）中极受欢迎，每天平均有3620万用户登录。现在，Roblox已经成为一个大型的多人在线创作平台。整个生态非常多元化，不仅包括游戏体验、游戏开发、编程教育等应用，还打造了一个完整的经济生态。Roblox通过Robux打通游戏中消费者和创造者的连接通道，形成了一个完整的数字生态闭环，可以理解为一种元宇宙的早期形态。在该平台上，用户可以体验模拟经营、生存挑战、开放世界、跑酷、角色扮演等诸多数字场景，从而获得独特的精神体验，并建立和维护社交关系。

Decentraland：去中心化的元宇宙新空间。这是一个基于以太坊区块链的3D开放数字世界，在2015年由创始人兼开发者阿里·梅利希和埃斯特班·奥尔达诺共同开发。梅利希最早的灵感来自《雪崩》，通过以太坊区块链，他让这个灵感变成了现实。作为区块链原生的元宇宙项目Decentraland与游戏类项目存在很大差异。2017年12月，它进行了第一批“数字土地”的拍卖。这一次总计拍卖了34356块“数字土地”，成交额

为价值约3000万美元的MANA通证。但是，这些通证并没有进行二次分配，而是被全部销毁，这就减少了通证的流通量，相当于将对应的价值平均分配给了所有通证的持有者。2018年12月，它进行了第二次拍卖，参与竞拍的玩家最终以价值660万美元的通证购买了所有剩余“数字土地”。和现实中的土地一样，持有者可以在二级市场上随时出售自己的“数字土地”。2020年2月，Decentraland正式上线，上线后一周的活跃玩家数超过了12000人。Decentraland还将应用场景扩大到了学习、会议、拍卖和展览等多个领域，搭建了一个更真实的世界。Decentraland的Genesis City共有90000块“数字土地”，每块面积为10×10平方米，“数字土地”以坐标的方式代表所在的位置。同时，持有者可以在“数字土地”上建造建筑物，能够开展娱乐、创作、展示、教育等各种类型的活动。2020年4月，由于新冠疫情的影响，线下的Coinfest Conference改在Decentraland中举行。除了参与会议外，参会者还可以在数字游乐场娱乐，通过游戏的方式获得这个世界中的通行资产，也可以参观艺术馆并一键传送回主会场。2021年6月，全球最大的拍卖行之一苏富比在Decentraland中建起了其标志性的伦敦新邦德街画廊。该数字画廊包括五个空间，在门口还设置了苏富比伦敦门卫汉斯·洛穆德的经典形象。苏富比的数字画廊展出了很多NFT作品，访客只要点击展览的作品就可以查看相关的拍卖信息，也可以直接跳转到苏富比的拍卖页面。2021年6月10日，苏富比举行主题为“Natively Digital”（原生数字化）的NFT艺术品展览及在线拍卖活动。拍卖品主要是早期在以太坊区块链上发行的收藏品NFT，整场拍卖也在苏富比数字画廊中同步进行直播。在这场拍卖中，一个编号为#7523的加密朋克NFT的成交价达到了1175万美元，并创下了单个加密朋克NFT历史成交纪录。

未来，我们每个人都将在元宇宙中工作、学习、社交和娱乐，尽情创造，快乐生活，充分发挥创造力的价值，并将这种价值反馈到现实世界中。元宇宙会给我们每个人带来同时超越物理世界和数字世界的“双超越”的人生体验。

（一）元宇宙中的工作和学习

在新冠疫情期间，全世界大多数人都在居家办公，大多数活动和会议通过线上语音或者视频会议的方式进行，但这种会议效率实际上并不高。扎克伯格就曾经抱怨："在过去一年的工作会议中，我有时发现很难记住开会的人都说了些什么，因为他们看起来都是一样的，经常被记混。我认为部分原因是我们（在网络会议中）没有那种空间感。而借助VR和AR技术，元宇宙将帮助我们（在数字空间）体验'临场感'，我认为这种临场感将让我们在互动上自然得多。"因此，不少公司将活动搬到了元宇宙中。2020年7月，一位名为艾伦·诺瓦克的加拿大用户通过元宇宙的方式参加了一场数字空间中的会议活动。这种形式的线上会议与传统的视频和音频会议相比，沉浸感更强。参会人员可以选择坐在任何地方，可以看到会场的其他参与者，也可以举手发言并参与交流。很多学校不仅将课堂搬到了线上，甚至把毕业典礼也搬到了元宇宙数字空间中。2020年，美国加州大学伯克利分校的100多名学生与校友，在《我的世界》中搭建了大部分校园建筑，并成功举办线上毕业典礼。哥伦比亚大学傅氏基金工程和应用科学学院的师生也在《我的世界》中搭建了一个数字校园，并举办了毕业典礼，这让毕业生即使不回到学校也能身临其境地感受毕业的氛围。

（二）元宇宙中的社交

社交是元宇宙的关键应用场景，物理世界里的大多数社交场景正逐渐在元宇宙中实现，比如和朋友聊天、约朋友逛街、参加聚会、看电影、旅行等。Decentraland中就有各种各样的展览和活动，用户可以把坐标地址发给朋友，让大家一起参与进来。目前，Decentraland中每个月都有几十场活动，涵盖会议、音乐、游戏、艺术等各个领域。在Steam VR和Oculus商店中曾经排名第一的免费VR应用VRChat就是一个大型的在线社交平台。玩家可以自定义形象，自由穿梭于游戏、活动中，与来自世界各地的玩家一起进行社交和探索。凭借VR设备或者电脑，玩家可以通过语音、手势进行极为真切的情感交流，甚至可以配合使用体感设备在数字世界中实

现触摸、拥抱。2020年11月，VRChat有24000人同时在线，其中使用VR设备接入的用户的占比高达43%。在VRChat中，大部分虚拟场景都是用户自主生成的，其社交和创造环境非常自由，充斥着各种流行文化和亚文化，形成了一个带有浓厚Z世代气质的文化场域。VRChat网站上有一个官方日历，列出了各个虚拟房间举办的各种活动。这些活动包括开放麦之夜、日语课程、冥想练习和即兴表演等。

（三）元宇宙中的娱乐

目前，娱乐是与元宇宙结合最密切的落地场景。除了一些元宇宙游戏外，很多商场中都有VR游戏体验场所。人们只要戴上VR头显设备，坐在模拟的座舱里，就可以身临其境地体验过山车、海盗船、宇宙探险等奇妙场景。但这只是一种虚拟现实的游戏体验，不能算是真正的元宇宙娱乐体验。元宇宙中的玩家应该既是游戏的参与者，可以尽情地参与互动，也是游戏的创造者，可以开发他们想要的游戏场景。比如在Roblox中，我们随意打开一款水上公园的小游戏，就会发现这个游戏是由玩家自行创建的。进入游戏后，我们可以挑选喜欢的衣服、帽子、太阳镜，装扮虚拟形象。之后，我们可以体验各种水上游戏项目，就像专业运动员一样。基于元宇宙的娱乐场景对社会发展也有着重大意义。根据马斯洛的需求金字塔理论，人类的需求可以分为五级，从底部向上分别为生理（食物和衣服）、安全（工作保障）、社交（友谊）、尊重和自我实现。其中，自我实现是最高层次的需求。但是，在物理世界中满足自我实现需求的门槛实在太高，只有一小部分人有机会能够实现。元宇宙让更多的人有机会满足自我实现的需求。无论一个人的年龄、职业、身体条件如何，他在元宇宙中都能和所有人一样拥有广阔的数字世界。即使是养老院的一位老人，也可以在元宇宙中周游世界。哪怕是行动不便的残疾人，也能在元宇宙中上天下海，无所不能。在由游戏工作室Ready At Dawn开发的基于VR平台的Echo（回声）系列游戏中，用户可以使用VR设备接入一个可以自由飞翔的世界，在零重力环境下探险、竞技。罗杰·怀尔德是一位居住在英国的51岁帕金森患者，其病症严重到影响他的记忆，就连工作、生活都变得困难。在那之后，他经常用VR设备玩《回声竞技场》这款游戏，生活质量因此有了明显提升。罗杰·怀尔德表示："在《回声竞技场》中待得越久，就认识越多人，如果你也因为帕金森病等问题在真实世界中的社交圈子有限，感到孤独，那么VR也许能为你提供和全世界交流的机会。"在这些元宇宙的娱乐场景中，即使是身体残疾的用户，也能创造傲人的成绩。瑞安·格林是一名强直性脊柱炎患者，需要长期坐在轮椅上，但是在游戏《太空镖客》中，他甚至冲进了VR联盟赛第三赛季的总决赛。

八、元宇宙发展的大趋势

日光之下并无新事。前五百年无新事，后五百年也无新事。有的只是旧事以不同表象重新呈现。从过去推测未来，是对趋势的一种判定。那些在历史长河中的不变量还有一个洋气名字：第一性原则。从第一性原则出发，就可一步一步像福尔摩斯一样推算出未知的未来，从而帮助我们做出各种决策。

（一）元宇宙的经济发展趋势

一是资源无限。传统经济学假设人都是理性的，资源总是有限的，而在元宇宙中，所谓资源，不过是一个0和1组成的数据的集合，所谓资源数量，不过是一个变量，可以轻易地改为无穷大。二是逆天改道。在元宇宙中，我们完全可以创造一个没有引力的元宇宙，于是每个人都会飞了；我们也完全可以创造一个4D元宇宙，在时间上来回就像在空间上来回一样容易，所以元宇宙里或许真的有后悔药吃。三是元宇宙不稀缺资源。宇宙里的资源无非以信息形态、物质形态、能量形态存在。信息本身就是可以被复制的。而物质和能量通过改写宇宙底层的质量守恒定律和能量守恒定律，在元宇宙里也可以被复制了。四是时间不稀缺。小明在1小时可以搬砖100块，小明可以在元宇宙里有100个化身，那么这100个化身1小时可

以搬砖10000块。于是1小时并没有变化，但是小明的搬砖能力却是可复制资源。五是元宇宙中稀缺的是创新能力与本体的体验。要继续深究时间是不是可复制资源的问题，前方就会分岔出两条路。一条路上摆着不可并行问题。通常来说，这类问题多见于创造性工作（如科研、艺术等），而非机械性工作。另一条是排除分身，研究“某本体（非分身）生物时间”是不是可复制资源的问题。但是有什么事情非要本体去做不可呢？那就是愉悦的体验——自成目的的体验。六是可持续性被刻在大脑结构里。马斯克已经能推动人类文明的进程，如果人人都拥有马斯克的资源，人类文明会如何爆炸式发展？元宇宙恰恰就是这样一个资源无限的宇宙。当一个人已经要啥有啥的时候，他活着的意义必然是突破自己完成自我实现，这是刻在人性里的。七是共献经济的可行性。元宇宙是一个未来概念，但是共献经济自古都存在。亚当·斯密早就指出在恶劣环境中的工人要比在美好环境中的工人收到更多的工资，这叫补偿性工资差异。反过来说，工作环境营造得越美好，就可以越少给工人付工资。那么工作环境如果好到极致，是不是就可以不付任何工资了呢？八是付费发表学术论文。科学家在发表学术论文的时候，不同于其他的期刊发表，作者不但拿不到一分钱稿费，反而还得自掏腰包付费去发表自己的文章。读者如果没在学术圈待过的话一定会觉得不可思议，这样的经济生态是怎么持续的？九是元宇宙把代价降到零。元宇宙可以违反物理，元宇宙可以使时间倒流。元宇宙本来就是一个资源无限的宇宙，浪费一点成本又有啥大不了的呢？就算真的出现了什么重大浪费，大不了时间回流一下就解决了。即使是相对稀缺的“本体生物时间”，以上我们也解释了，在资源无限的元宇宙里，做创新、做熵减，仍然是共献经济的效率更高。所以，元宇宙经济学将是人类行为的一次范式转换：从结果大于过程变成过程大于结果。这是探索—开发问题的一个极端解，人只负责有趣的探索，AI负责无趣的开发。如果你有一个思想，我有一个思想，彼此交换，我们每个人就有了两个思想，甚至多于两个思想。

（二）元宇宙的社会发展趋势

一是谁最先进入元宇宙。弱势群体、残疾人等。在元宇宙里高位截瘫的残疾人戴上VR设备可以不用脚就驰骋整个元宇宙，霍金这样的渐冻人插上了脑机接口也能像普通人一样体验生活。二是从人治到法治到数学治。比人治更高的是法治。虽然法的制定和执行都还是人，但却不是个体人，而是人的共识体，所以是一次进步。但法依然是人定的。是人就会犯错，是人就会不自洽，是人就会不精确，是人就会多变，是人就有时间成本，所以永远做不到0交易摩擦。而数学治可以解决以上的“人”问题，做到0交易摩擦。三是一言九鼎的诚信社会。马斯克说：“我见过打破法律的人，却从未见过打破物理的人。”不巧，在后元宇宙时代连物理都是可以打破的了，而最后无法打破的底线是数学。而元宇宙里的契约就是用数学书写的，即使签写契约的人都死了，契约仍然还是会如期履行，分毫不差，就像《哈利波特》里的魔法一样，元宇宙的契约才是真正不可打破的誓言。元宇宙里没有意外，如果有，那只怪你没把合约写清楚、看清楚。四是人人都是企业家。注意这不是在说“人人都可以是企业家”，而是确确实实的“人人都是企业家”。在元宇宙里，成立公司进行社会活动就像注册账号一样简单，因为在元宇宙里成立公司就是注册账号，而且还不是跟某个中心化的组织去注册账号，而是跟数学注册账号。只要是承认数学的地方都会承认你的账号。你唯一需要做的就是随机产生两个质数，然后根据这两个质数生成公钥和私钥，分别相当于你的账号和密码。五是人类负担不起元宇宙崩坏的代价。元宇宙将是人类本世纪重要的发明，甚至可能超过互联网的重要性。这么重要的基建，我们如何保证它不朝意外的方向去发展？保证它不被一些别有用心的人垄断了利用来囚禁人类？用来压榨打工人？用来洗脑大众？甚至像电影《黑客帝国》里那样，元宇宙本身进化出了意识把人类囚禁了？答案就是元宇宙从底层设计上就不允许被任何人垄断，元宇宙必然是开放式的。

（三）元宇宙的生产发展趋势

一是比3D打印更低的试错成本。3D打印只能打印单一介质的生产资料，组合、分离、变化都需要人工操作。而万能打印技术站在3D打印的肩膀上，不仅可以利用3D打印技术制造生产资料，还可以用3D打印技术来生产组合、分离、变化的工具，真正做到全自动无人参与，所以比3D打印更高效。因此，用来做小规模的试错当然成本也更低，而大规模的生产却不适用，就像没人用家用打印机去批量生产书籍一个道理。二是AI是可以全自动驱动的创新过程。从0到1生产出来靠的是万能打印技术的完备性，而生产质量的好与坏可能会是一个试探过程，就像做一盘菜，放多少克糖多少克盐仅仅是一个参数问题。而调参数恰恰是AI最擅长的工作。所以，仅需建立一个评估好坏的反馈渠道，AI就可以通过“梯度下降法”自动找到最优参数，实现全自动创新。三是穷人卖给富人的保险。传统的商业模式由商人去揣测用户的需求，猜对了商人就赚钱，猜错了商人就亏钱，其实是一种畸形的模式。谁最了解用户的需求？当然是用户自己。为什么要去揣测用户的需求？不让用户自己提出需求？传统模式下用户很难描述自己的需求，而元语言解决了这个问题。这种模型下能降低商人的风险，让商人可以更准确地调度资源，那商人当然愿意让利出一部分来购买这个保险。四是创意是唯一的技能。硅谷有句话：“talk is cheap,show me your code”。而在元语言技术成熟后，这句话将倒过来。就像30年前使用Word写字是一个值得写在简历上的技能，而今天却是一个小学生都会的常识。写出程序不难，元宇宙更是能自动执行这个程序制造出无穷个产品。所以，元宇宙唯一稀缺的是开始它的那个创意，一如既往地稀缺，而且越来越稀缺。

（四）元宇宙的科技发展趋势

一是元宇宙推动数学，数学推动科学，科学推动科技，科技推动一切。元宇宙里一切都是虚拟的，除了数字就是数学。共献经济最适合孵化数学、科学这样的创新发展。二是元宇宙与星辰大海相辅相成。“元宇宙是囚禁人的牢笼，星辰大海才是人的终极归宿？”这是多么幼稚的单细胞生物才能说出的言论。元宇宙囚禁人只会发生在垄断的情况下。事实上已经发生了，就发生在互联网2.0的架构下，而元宇宙新的3.0架构的出现恰恰是为了打破这种病态的架构，让没人可以垄断互联网，没人可以囚禁人。恰恰相反，元宇宙里的数学发展、仿真等技术，才会更好地帮助我们设计更高效的火箭去探索星辰大海。可控核聚变等技术大概率会诞生于元宇宙里的AI辅助式科研。而我们去其他星球捕获的能量又将反过来驱动元宇宙的AI模拟计算，两者实现正反馈。三是探索无穷能量与探索无穷信息，哪个才是终极目标？那么问题就来了，元宇宙里面的信息可以帮助我们获得更多能量，而更多的能量可以帮助我们计算更多的信息，所以到底哪个才更本质？四是凡人之躯，比肩神明。当人类掌握基因编辑技术之时，人类或将成为已知宇宙中首个完备的生物——可以按照自己的意愿进化成任何样子。到时候你还会说元宇宙是囚禁人类的牢笼吗？恐怕到时候我们倒会反过来想关上这个牢笼。

（五）元宇宙的教育发展趋势

一是什么是学，如何不同于记？什么是学？有课堂就是学？有老师就是学？有校园就是学？有同学就是学？反过来问，没有课堂、老师、校园、同学就不能学？二是记忆不是学习，遗忘才是学习。学习和记忆的区别在于：学习可以解决没有学过的情况，学习可以纠错之前被教错的地方，而记忆不能解决之前没记过的情况，记忆不能纠错之前记错的地方。记忆在数学上的名字是“过度拟合”，而解决过度拟合的方法叫抽象，而遗忘正是大脑实现抽象的手段。所以，元宇宙的价值是营造一个好的环境来帮助人类的大脑快速实现不过度的拟合，提前帮助大脑选取最有效的（最少）样本数据去学习。这又是AI的最适合的工作。三是书本真的是信息的最佳载体吗？由基础算法学可知，检索信息的最佳结构是分形的树状结构。然而，传统纸质书籍由于物理性质的限制，只能以全序的形式呈

现信息，以其他形式呈现必将造成大量的纸质和人力浪费。而元宇宙有无穷的动态适应空间，适合以更优的数据结构呈现信息。四是因材施教。元教育绝对不是仿真课堂、仿真老师、仿真校园、仿真同学。元宇宙可以通过学生大量的历史数据样本精确计算出每一个学生需要的教育场景。五是读万卷书不如行万里路。元宇宙可以把传统教材上需要学生自行脑补的插图，利用元宇宙的算力替学生完成这个脑补的部分，保证学生无论智商差异都可以接受信息。六是从应试教育到体验式学习。学习骑车最好的方式是给他一辆自行车，而不是让他读自行车的说明书。让学生亲自上手体验，大脑自动会学习。让他摔倒，但是元宇宙负责保护他不被摔伤。做对和做错都是学习的一部分。元宇宙的仿真模拟技术可以让学生亲自体验所有他想学的事情。仿真没错，错的是搞不清楚应该仿真的是什么。仿真的不该是呈现信息的屏幕而是学习的体验。七是从（教育+游戏）到（体验躬行-不良情绪）。元教育是快乐的，但不同于传统的游戏化教育，元宇宙并没有加入游戏时间去稀释学习时间，降低学习效率。相反，元宇宙让学生上手体验学习，并且减去枯燥、焦虑等感受，提高学习效率。八是教育内容与NFT。元宇宙的开放架构很重要的一部分是UGC（用户生成内容）。而元教育最缺的就是仿真内容，这些应该由各个领域的大师来长尾生产，然后NFT技术恰好可以用来保护UGC生产者的IP权益。

（六）元宇宙的生活发展趋势

一是完全信息对称。传统市场没有信息对称，信息对称很难做到，成本高，还算情有可原，消费者也可以理解。而进入100%信息化的宇宙中之后，谁还不信息对称那就不是情有可原了。所以，不执行信息对称的商家必然在竞争中处于劣势，因为元宇宙的开放框架不允许垄断发生。二是食品安全。我吃的每一种菜x都能在元宇宙里找到它的镜像x'，在元宇宙里看它之前是长在哪块田里的具体位置，每天平时浇的是什么水，施的是什么肥。我吃的每一块肉x都能在元宇宙里找到它的镜像x'，看它之前是长在哪只动物身上的哪个部位，每天的运动量是多少，这只动物的爸爸

妈妈是谁……当然这些也不需要我亲自来看，由我的镜像分身来负责把关就好了。三是就业公平。工人本身的能力重要，还是对这个能力的背书重要？非名校毕业的人的能力就一定不如名校毕业的学生吗？50岁才开始学习就一定赶不上吗？女员工就不如男员工吗？对于每一个员工x，雇主都能在元宇宙里找到镜像x'，（在隐私信息授权情况下）看到x的完整学习、工作、义工历史、团队合作能力、每个项目上的表现与贡献……雇主本人看不懂也没关系，元宇宙的AI工具可以利用大数据帮助分析x的潜力、爆发力等传统情况下看不到的优秀品质。元宇宙里信息对称，也没有名义上“保护X”的法律来实际迫害X，众生平等。四是廉洁政府。对于政府的每一笔税收x，人民都可以在元宇宙里找到x'，看到它的来龙去脉。五是元宇宙让世界更简单。所有人都会拥抱元宇宙就像所有人都会拥抱互联网，因为元宇宙让世界更方便、更简单。六是人生的意义是做决策。人活着就是一个接一个的决策，此时此刻的读者你可以选择停止阅读我的文章去做其他事情，或者你也可以觉得笔者我写得还挺好的而选择继续读下去。一个人一辈子如果做了大量正确的决策，就会得到一个成功的人生；相反如果做了大量错误的决策就会混得很失败，而且充满后悔。那么如何帮助人类更好地做决策？七是可预测。能先预测到结果，那么任何决策都会轻而易举。即使是买股票这样可以扭转人生的重要大难题，若能先预测到结果的涨跌，似乎也变得轻而易举。八是传统的公平无法被共识地定义。雨公平地滋润大地上的植被，大树吸收的量多，小草吸收的量少。为了追求表面的公平，把大树的量给小草，或者把小草的量给大树，这难道是真的公平吗？王思聪生下来就达到了很多人毕生不可及的高度，公平吗？王健林的私人财产不能传承下去，公平吗？所以，元宇宙里不讨论传统的公平。差异即公平，开放即公平，自由即公平。九是缸中之脑。“缸中之脑”是希拉里·普特南1981年在他的《理性、真理与历史》一书中阐述的假想。“一个人（可以假设是你自己）被邪恶科学家施行了手术，他的大脑被从身体上切了下来，放进一个盛有维持脑存活营养液的缸中。大脑的神经末

梢连接在计算机上，这台计算机按照程序向大脑传送信息，以使他保持一切完全正常的幻觉。对于他来说，似乎人、物体、天空还都存在，自身的运动、身体感觉都可以输入。这个大脑还可以被输入或截取记忆（截取掉大脑手术的记忆，然后输入他可能经历的各种环境、日常生活）。他甚至可以被输入代码，'感觉'到他自己正在这里阅读一段有趣而荒唐的文字。"有关这个假想的最基本的问题是："你如何担保你自己不是在这种困境之中？"十是梦醒之后。做梦问题和缸中之脑问题是等价的，本身是无解的。所以，为了解决这个问题我们必须引入一个额外状态，"梦醒之后"才可以区分做梦，即某些情况下你能确认是梦醒状态，但其他情况下你不一定能确定自己的状态。就像《盗梦空间》里用陀螺来区分做梦，那么什么可以作为那个陀螺呢？

后记

随着数字经济的发展，整个社会将越来越智能化。人们有更多的机会选择做感兴趣的事情。那些重复性、缺乏创造性和想象力的工作将由智能机器替代。在工业时代，工作、生活、学习相互割裂，个体无法柔性安排工作与生活，较为严格地遵守八小时工作制。

在数字时代，就业模式转变为自由连接体——越来越多的个体成为知识工作者，人人都是某个领域的专家。这让个体的潜能得到极大释放，每个人的特长都可以方便地在市场上“兑现”，逐渐呈现出了自由连接体的新形态。同时，个体的工作与生活也将更加柔性化。工作、生活、学习一体化的“SOHO”式工作、弹性工作等新形态将更为普遍。当然，“人人都是专家”“人人也都必须要成为专家”，这既意味着某一能力的优异，也意味着要像专家那样“每个人都是自己的CEO”——自我驱动、自我监督、自我管理、自我提升。

如果放眼更长远的未来，“个体作为经济主体的崛起”，更是一个宏大历史进程的一部分。中国社科院金融所周子衡认为：“公司将不再是经济活动的主体，个人将成为经济的主体。公司理性最终要被个人理性所解构与替代。这是近两个世纪以来经济矛盾的根本所在。就是说，经济问题的中心，将不再是所谓的市场与政府关系掩盖下的企业与政府的关系，而是个人与个人的关系。”

在元宇宙中，人们在学习、工作、休闲、社交、娱乐时的行动，首先会被全方位实时地用数据的形式记录下来，这相当于在虚拟世界保存了个人生活轨迹。挥动手臂开启的视像屏幕，自动调节温度、湿度、亮度的室内环境控制系统，饮食配餐的电子助手，传递时尚资讯与配搭技巧兼具购物功能的智能衣柜，智能穿衣镜，休闲娱乐的机器伴侣，睡眠中监测健康的元件……时刻在线联结。那些真正以消费者为中心设计运转的产业部门，如零售、制造、金融等，组合变化出多种多样的产业图景，为人们的未来生活带来了无限的便利和想象空间。